发行企业信息化理论与实践

夏 莉 李列群 著

科 学 出 版 社

北 京

内 容 简 介

　　发行企业信息化建设是企业发展和转型的重要组成部分。本书主要梳理发行企业信息化建设过程中的理论与方法，阐述发行企业信息化建设中跟随业务变化的发展路径；重点探讨信息系统建设与企业战略、业务发展的关系，信息化建设中的管理方法；分析信息系统建设所涉及的信息技术与实施方法；还介绍发行企业实现标准化管理的信息系统建设案例。

　　本书可供发行企业信息化主管和项目管理者阅读参考。

图书在版编目（CIP）数据

　　发行企业信息化理论与实践 / 夏莉，李列群著. —北京：科学出版社，2021.4

　　ISBN 978-7-03-068463-9

　　Ⅰ．①发…　Ⅱ．①夏…　②李…　Ⅲ．①图书发行－信息化－研究　Ⅳ．①G235-39

　　中国版本图书馆 CIP 数据核字（2021）第 052042 号

责任编辑：李　嘉 / 责任校对：贾娜娜
责任印制：张　伟 / 封面设计：无极书装

科学出版社出版
北京东黄城根北街 16 号
邮政编码：100717
http://www.sciencep.com
北京建宏印刷有限公司印刷
科学出版社发行　各地新华书店经销

*

2021 年 4 月第　一　版　开本：720 × 1000　1/16
2021 年 4 月第一次印刷　印张：12 3/4
字数：257 000
定价：146.00 元
（如有印装质量问题，我社负责调换）

前　　言

随着科技的进步和社会、经济及管理环境的变化，企业科学发展与系统管理的要求日益突出和紧迫，需要按照系统的观点，采用系统分析的方法来认识、研究和解决。一场以云计算、大数据、物联网、移动应用、人工智能控制技术为代表的新一代技术应用风起云涌，图书发行企业面临新技术环境下的业务变革，它将重塑图书发行企业的信息化应用模式。本书在归纳图书发行企业信息化建设所涉及的理论与方法的基础上，分析信息化应用规划的关键与重点，针对图书发行企业信息化建设现存的难题，探讨企业信息系统建设与企业战略及业务发展的关系，提出信息化建设中的管理方法、风险防控策略以及信息系统建设所涉及的技术应用与实施策略。同时介绍图书发行企业信息系统建设标准化管理的成功案例，为发行企业信息化建设提供一定的理论指导和参考。

全书共十章，第一章主要介绍信息化与发行企业信息化的理论定义、信息化对发行企业发展的客观影响；第二章主要介绍现代信息技术的发展趋势、现代信息技术发展的阶段性特征、现代信息技术处理内容的阶段性特征、现代信息技术应用指导思想的阶段性特征及其对企业组织结构与企业商业模式的影响；第三章主要介绍发行企业基于信息技术应用的业务流程重组内容和方法以及组织结构的变革；第四章主要介绍发行企业信息化战略管理框架、规划方法、匹配模型等内容，以及发行企业信息化整体解决方案的具体内容和实施途径；第五章主要介绍发行企业信息化的应用技术，包括需求分析与建模方法、平台建设与集成技术的实现方式；第六章主要介绍发行企业信息化管理与组织实施的整体过程，包括信息化管理概述、信息技术组织设计、信息系统分析与立项、信息系统开发方法与设计管理；第七章主要介绍发行企业信息化工程监理概念、内容与方法，以及实施工程监理的发展趋势；第八章主要介绍发行企业信息化风险的特征与识别、风险评估与分析、应对和控制信息化风险的内容与方法；第九章主要介绍发行企业信息化绩效评价指标体系、信息技术竞争能力评价内容和方法，重点包括 ERP 能力、电子商务能力、CRM 能力；第十章全面介绍发行企业信息化管理案例——上海新华传媒 CNONIX 国家标准的应用及云服务平台的建设案例，重点分析CNONIX 国家标准的应用原则、企业信息化及标准化建设的规划思路、企业流程再造目标及云服务平台建立的内容技术架构以及平台建设后的成效。

本书第一章至第九章由教授级高级工程师、北京印刷学院兼职教授、原云南新华书店集团副总经理夏莉同志编写，第十章由上海新华传媒连锁有限公司技术总监、全国出版物发行标准化技术委员会委员李列群同志编写。本书的编写同时也得到了出版发行行业中的多位同仁、朋友给予的大力帮助和支持，在此一并表示衷心的感谢。

发行企业信息化理论与实践涉及的知识面越来越广泛，而且是一门尚在发展中的交叉学科，限于作者的水平，书中不足之处在所难免，恳请大家批评指正。

作　者

2021 年 1 月

目　　录

第一章　信息化与发行企业信息化

第一节　信　息　化

一、信息化的一般定义

"信息化代表了一种信息技术被高度应用，信息资源被高度共享，从而使人的智能潜力以及社会物质资源潜力被充分发挥，个人行为、组织决策和社会运行趋于合理化的理想状态。同时信息化也是信息技术产业发展与信息技术在社会经济各部门扩散的基础之上的，不断运用信息技术改造传统的经济、社会结构从而通往如前所述的理想状态的一段持续的过程。"从这个描述中可以看出，信息化并不仅仅是一个技术的进程，更是一个社会的进程；信息化不仅具有生产力（生产技能与生产工具）发展的内涵，更重要的是，信息化意味着生产关系（管理流程和组织机构）的变革。

二、信息化的理论定义

信息化的首要问题是信息的数字化。这种数字化的结果使得在人们生活的物理世界之外，又产生了一个数字世界，或者人们常说的虚拟世界。以前是数据和文字进入了数字世界，现在，图片、语音、视频也进入了数字世界；以前是已经发生的事情进入了数字世界，现在通过 Web 2.0、流媒体、IPTV[①]等新的技术，正在发生的事情也进入了数字世界。这些，都是数字化的结果。这些结果通过数据库、服务器、网络等构成一个无比庞大的数字世界，成为人们的现实生活在数学世界的映射，从而可以得到信息化理论上的定义，即信息化就是将人们生活的物理世界通过同态映射变换为数字世界；同时，又利用逆变换将数字世界转换至物理世界，成为人们认识和改造物理世界的工具。在同态映射过程中，人们利用的是信息时代的核心产业，即信息技术产业（information technology industry，ITI，包括微电子、计算机、通信与软件产业）和信息内容产业（information content

---

① IPTV（internet protocol television）即交互式网络电视，是一种利用宽带网，集互联网、多媒体、通信等技术于一体，向家庭用户提供包括数字电视在内的多种交互式服务的技术。

industry，ICI）。在由数字世界至物理世界的逆变换中，人们所依赖的主要是信息服务产业（information service industry，ISI）。

从信息化的理论模型可以看出，信息化的过程是一个非常复杂的庞大的社会工程，信息化所要实现的是由工业社会向信息社会的转变，而这个转变绝不是仅仅依靠计算机或软件人员就可以完成的。物理世界与数字世界之间的映射和逆变换需要物理世界的每一个人参与其中，共同完成。

第二节　信息化对发行企业的影响

一、发行企业信息化概述

1. 发行企业信息化的定义

对于发行企业信息化的定义，学者从不同视角和关注领域对发行企业信息化赋予了不同的理解。

（1）发行企业信息化是指企业运用信息与通信技术来改造自己的业务与流程的过程。这种转化或改造过程既包括运用网络技术来实现内部员工之间、企业与外部相关企业和客户之间的信息分享及合作过程，也包括运用计算机技术来改造企业内部单个工作内容的过程。

（2）发行企业信息化是指企业应用先进的信息技术（包括计算机技术、通信技术、自动化技术）和现代管理方法来优化产品的生命周期，包括市场需求分析、产品定义、研发、设计、制造、服务等，信息化的目标是使制造业企业更灵活、更强大、适应性更强，并最终获得市场竞争力。

（3）发行企业信息化是指企业利用现代信息技术，通过信息资源的深度开发和广泛利用，不断提高生产、经营、决策的效率和水平，进而提高企业经济效益和企业竞争力的过程。

（4）发行企业信息化是以先进的管理理念为指导，通过在企业的生产、经营、管理等各个方面实现信息技术的应用，对信息资源进行深入开发和广泛利用，以提高企业生产经营、科学决策的效率和水平，并促使企业进行业务流程重组、组织结构优化、管理模式和组织文化变革，从而提高企业的经济效益，增强企业市场竞争力的过程。

2. 发行企业信息化的阶段

企业信息化作为信息技术应用的一个过程，具有阶段性。按照信息技术在企业的应用水平，可以将发行企业信息化大致分为以下 4 个阶段。

（1）单机应用阶段。单机应用阶段主要是在单独的计算机上采用各种软件来进行工艺设计、报表处理、日常办公活动等简单的应用。

（2）局域网应用阶段。随着网络技术的发展，企业可以通过网络来实现企业内部跨部门的计算机应用。

（3）企业范围内集成应用阶段。如果说局域网应用阶段仅仅是几个部门之间的数据交换，而企业范围内集成应用阶段是在网络数据库的支持下，企业将各部门的计算机应用集成起来，形成资源共享的内部网络。最为突出的应用就是企业资源计划（enterprise resource planning，ERP）的引入，将原有的独立子系统整合成为覆盖整个企业范围的信息系统，以达到共享企业资源、提高效益、增强竞争力的目的。

（4）企业间集成应用阶段。这一阶段主要依赖于网络技术的支持。因特网使信息传递更加方便快捷，传播范围也大大扩大，企业可以突破自身的界限，将信息化应用扩展到供应链的上下游以及企业经营的外部环境，从而形成较为完整的信息体系。主要应用包括客户关系管理（customer relationship management，CRM）、电子商务（electronic commerce，EC）、虚拟企业（virtual enterprise，VE）等。

二、信息化对发行企业发展的影响

信息化对发行企业发展的影响，可以从外部环境、内部管理模式两个方面来理解。

1. 影响企业的外部环境

（1）网络环境的形成。信息技术的发展使整个世界越来越小，这也意味着企业的竞争环境将由区域化向全球化发展，企业所处的宏观环境实际上是技术环境与经济环境结合在一起的大网络，企业应在这种大网络概念下来考虑企业的经营战略和企业管理模式。

（2）行业竞争结构的改变。互联网的广泛应用可以从多个方面改变行业竞争结构，也使竞争更加激烈。在互联网上，客户获取产品信息更加方便，可以对多种产品的价格、服务等进行分析，并且购买产品可以不再受时间和地理位置的限制，买方讨价还价能力自然会有很大提升。为了吸引和留住客户，竞争者之间的竞争方式也将从传统的关注利润向关注客户转移。因此，互联网时代是"客户定制规则"的时代。

（3）客户需求行为的变化。互联网不仅为客户了解产品提供了极大的方便，其本身也是一个理想的产品销售渠道。国外的相关研究表明，在客户服务方面，购物者对网上零售的满意度已经超过了传统购物方式。商对客（business-to-consumer，

B2C）电子商务的发展，势必引起客户消费模式和需求行为的变化，这种变化要求企业对营销战略进行调整，以适应新的市场环境。

（4）企业交易模式的改变与价值链的再造。信息技术逐渐渗透到企业价值链的各个环节，最为明显的是供应链和销售方式的重大变革，企业间电子商务发展的势头迅猛。企业对企业（business-to-business，B2B）交易的优越性不仅在于降低了交易成本，而且改变了传统的交易流程，缩短了交易时间。企业内部价值链扩展连接到企业的供应商和客户网络，企业通过电子商务强化的供应链，大大缩短了从接受订单、原材料采购到发货的周期，通过供应商、分销商和企业库存实时共享，实现实时主动的生产计划。

2. 改变企业内部管理模式

信息技术不仅改变了企业的外部环境，内部管理模式也将因此而发生重大变革，主要表现在组织结构、营销方式、内部协调方式、企业处理流程等方面。

（1）组织结构的变革。信息技术在企业中的应用使传统的等级管理向全员参与、模块组织、水平组织等新型组织模式转变，管理幅度可以冲破传统管理模式的限制，垂直的层级组织中大量的中间层已经没有必要，企业内部上下级之间的距离大为缩短，组织结构向扁平化方向发展。

（2）营销方式的扩展。互联网已经成为现代企业重要的营销工具，网络营销是企业整体营销战略中一个有机的组成部分，以互联网为基本手段营造网上经营环境，不仅通过互联网来销售产品，还包括提升品牌形象、增进客户关系、改善对客户的服务和网上市场调研等方面。

（3）内部协调方式的变革。基于网络的管理方式使企业内部的沟通和协调不再受地理位置的限制，在"虚拟企业"和"SOHO [①]"等概念背后，揭示了传统管理职能的变迁。协调是管理工作的核心内容，传统的协调以面对面交流为主要手段，企业内部网和各种新型通信手段将改变这种交流模式，也使内部协调更加高效，成本更为低廉，这种协调方式也为区域性企业向全国甚至全球范围扩张提供了有利的条件。

（4）企业处理流程的改变。由于现代信息系统的特征［如 ERP、办公自动化（office automation，OA）等］，传统的业务流程借助信息系统可以进行大幅度的改进，无论从效率还是本身的质量和科学性上都可获得质的改变。

---

① SOHO：small office（and）home office，是一种新经济、新概念，指自由、弹性而新型的生活和工作方式。

第二章　信息技术及其对组织结构与商业模式的影响

第一节　信息技术及其发展

一、信息技术的定义

自 20 世纪 60 年代初期第一套计算机联网系统出现以来，计算机之间的数据通信得到了迅猛发展。微电子与数字处理技术的进步，使传统的通信技术与计算机技术的区别逐渐模糊，并且产生了信息技术的定义，即以数字技术和微处理技术为基础的各种硬件和软件技术。国际上，判断一项技术是否属于信息技术有两个标准：一是以数字技术为基础；二是基于微处理技术。

目前，国际上通行的信息与通信技术（information and communications technology，ICT）实际上也是指以先进的数字处理技术和微电子技术为基础的现代信息技术。

二、现代信息技术发展趋势

现代信息技术的发展有三个重要的里程碑，即 1946 年世界上第一台电子数字计算机（electronic numerical integrator and computer，ENIAC）的诞生；1971 年，英特尔公司生产的世界上第一个微处理器芯片 4004；20 世纪 90 年代初互联网在全球的普及和发展。

多年来，描述现代信息技术发展趋势的主要定律有四个。

第一个也是最重要的定律是摩尔定律（Moore's law）。1968 年，摩尔与格罗夫、诺伊思共同投资创建了英特尔公司，生产计算机存储器芯片。1965 年 4 月 19 日，摩尔在《电子学》杂志上发表的一篇文章中预测，计算机芯片的性能每年增加一倍，而制造成本也会相应减少。1975 年，他对该定律进行了修正，将性能提高的期限修改为每两年。后来的发展证明，微处理器的处理能力大约每 18 个月翻一番，摩尔的预测也因此成为著名的"摩尔定律"。

纳米技术研究处于世界领先地位的国际商业机器（International Business Machines，IBM）公司认为，在 21 世纪 30～40 年代，自旋电子将可以用来制造非易失性随机存储（non-volatile random access memory，NVRAM）芯片，并且推测，随着技术的发展，未来一个电子将可以保存 1bit 的数据。

自旋电子技术可以以更低的功率完成更多的工作，还可以提高接口速度，提升计算性能，实现量子计算。因此，摩尔定律的适用性是有时限的，微处理器芯片的工艺达到其物理上的极限之日，可能就是摩尔定律重新定义之时。

第二个比较重要的定律是贝尔定律（Bell's law）。贝尔提出："如果保持计算能力不变，微处理器的价格和体积每 18 个月减少一半。"

第三个比较重要的定律是吉尔德定律（Gilder's law）。1996 年吉尔德出版了 *Telecosm* 一书，并预言在未来的 25 年内，带宽的增长比计算机中央处理器（central processing unit，CPU）计算能力的增长至少要快 3 倍，全球主干网的带宽将每 6 个月增长一倍。

第四个比较重要的定律是梅特卡夫定律（Metcalf's law）。梅特卡夫是著名的 3COM 公司的创始人，他提出："网络的价值与网络节点数量的平方成正比。"因此，与传统经济时代的"物以稀为贵"相反，在网络时代，"网以多为贵"，上网的人越多，拥有的用户群体越大，共享程度越高，产生的效益就越多，其网络的价值越能够得到最大程度的体现。

三、现代信息技术发展的阶段性特征

就信息技术而言，其发展过程可以分为三个阶段，即主机阶段、微机加局域网阶段、互联网（网络计算）阶段。

1. 主机阶段

世界上第一台电子数字计算机 ENIAC 于 1946 年在美国问世，它的发明像蒸汽机的发明一样，开创了人类发展的一个新时代——信息时代。20 世纪 50 年代至 70 年代末也因此被称为主机与小型计算机的时代或主机时代。在主机时代，计算机的操作者大多是计算机专业人员，计算机的生产是纵向的、集中的模式，IBM 就是主机时代的"王者"。

2. 微机加局域网阶段

IBM 公司于 1981 年成功地推出了第一款 IBM 微机，而且迅速发展成为个人计算机的产业标准。在微机设计过程中，IBM 首次将微机的组件生产外包给其他公司，处理器的芯片来自英特尔公司，磁盘操作系统（disk operating system，DOS）来自只有 32 人的微软公司。正是这一外包的方式完全改变了计算机产业的生产方式和产业生态。从此，再没有一家公司能够生产一台计算机的全部软、硬件，计算机的生产由纵向的、集中的模式转向横向的、分工的模式，软件生产走向专业化和工业化。计算机从此走出了科学家和工程师的象牙塔，由科学计算的工具演变为人类信息交流和通信的工具，而且通过电缆将微机连接在一起，实现数据/信息的交换，共享软、硬件资源和打印机等外部设备，成为用户迫切的需求。1977年，DataPoint 公司首先推出了 ARCNET① 系统，成为全球第一个商用局域网。局域网的发展使"微机加局域网"的计算格局开始形成，20 世纪 80 年代中期局域网的发展标志着"主机"时代的结束和第二代"微机加局域网"时代的开始。

3. 互联网（网络计算）阶段

1969 年美国国防部高级研究计划管理局（Advanced Research Project Agency，ARPA）网被视为互联网的雏形，其初衷是建立一个供美国全国范围内的研究人员共享各种理念的计算机网络。但是，ARPA 网并不是真正意义上的互联网，因为它连接的是主机，而不是网络。

1990 年，ARPA 网被更先进的、由美国国家科学基金会（National Science Foundation，NSF）所建立的骨干网所取代。与此同时，微机的性能呈正指数上升，价格却呈负指数下降，微机在各行各业趋于普及。在局域网上的微机可以通过局域网与主机相连。甚至几百万台、几千万台的微机同时连接在这个计算机网络上，网络的威力就呈现出来了。

多媒体技术在 20 世纪 80 年代末和 90 年代初的发展对互联网的急剧膨胀起到了推动的作用，多种形式的信息都可以通过互联网传送。20 世纪 90 年代，在美国信息高速公路计划的刺激下，互联网在全球的普及和应用有了爆炸性的发展，信息网络的形成成为"信息社会"的一个主要标志和物质基础，它对现代信息技术的发展，对经济活动和人们的工作方式，以及对信息化的进程产生了巨大而深远的影响。

四、现代信息技术处理内容的阶段性特征

与现代信息技术的发展相对应，就现代信息技术处理的内容而言，也经历了三个发展阶段，即数据管理、信息管理和知识管理。

无论政府、企业还是任何其他组织，基本上都由一个三层的、金字塔式的实体构成，即决策层、管理层和操作层。每一层代表了不同的控制和管理权限；同时，也从不同的视角和权限覆盖范围对数据和信息提出了不同的要求。计算机在

---

① ARCNET 是典型的令牌总线网络，1999 年成为美国国家标准 ANSI/ATA 878.1。从 OSI 参考模型来看，ARCNET 定义了 ISO/OSI 七层网络体系模型中的数据链路层和物理层，其开放底层接口，允许用户自行开发嵌入式设备。

管理领域的应用发展与这样的三层结构密切相关，而且，随着现代信息技术的发展，它经历了一个由低层次应用向高层次应用逐渐发展的过程。

1. 数据管理

对一个组织而言，操作层一般来说都是面向数据和数据处理的，其主要的"输入"是特定的数据或者是可以由其各种业务活动所生成的数据。因此，在任意一个组织中，操作层都是数据的主要接收者和处理者。

因为操作层的业务比较单纯，目的比较明确，其业务流程就比较容易程序化和制度化，所以，往往也容易实现高度的标准化和规范化。显然，这样的业务流程比较适合于利用计算机的逻辑运算和处理功能。所以，在计算机应用于管理的早期，其主要的功能是进行数据的处理和管理，并由批数据处理逐渐走向实时数据处理。20 世纪 50 年代中后期，计算机强大的数据处理功能首先在银行和金融界获得了广泛的应用，随后又广泛地应用于各种企业的会计、财务管理之中。

2. 信息管理

20 世纪 70 年代以后，逐渐发生了一场关于信息管理的革命性变革。信息管理作为一个组织机构处理信息的能力，被看作最重要的组织能力和管理能力。

在一个组织中，管理层分别负责组织和管理各种业务与生产活动，同时也执行着监管和督察的任务，处在管理层的干部和工作人员往往更加依赖的是由数据派生出来的信息而不是数据本身。因此，对一个管理信息系统而言，并不仅仅是一个数据的采集和处理问题，而是要从数据中提炼出对管理有用的信息。一般来说，管理信息系统是按用户的需求开发并进行客户化设计，主要用于管理层监控和管理单位的日常业务，并且由系统的用户管理和控制，主要任务往往不是简单地对业务活动中的流水数据进行采集和报告，而是对操作层面所获得的数据或报表进行分析、加工，对业务的进行和发展情况提出报告，达到对本单位业务活动更好地进行控制、协调和规划的目的。一个组织有多少管理业务，就有可能需要多少个管理信息系统。因此，每一个组织首先需要从其众多的业务活动中区分出什么是组织的核心业务，这样才能确定组织信息管理的重点方向。

在管理信息系统发展的基础上，决策支持系统也获得了快速的发展，并在20 世纪 80 年代迅速发展成为一个新的学科，使计算机在管理系统中的应用进一步上升到一个新的层次，即组织的决策层。由于决策层处于一个组织的最高层，其责任是制定政策和战略、提供导向和指南，工作的侧重点是单位的战略定位和功能实现，决策层所需要的数据和信息是与组织"关键成功因素"密切相关的数据和信息，如显示组织发展的基本状况或反映发展趋势的一些关键文字、图表和信息。这些战略数据往往不仅是组织内部业务活动所产生的数据和信息，而且包括从外部环境所获得的数据和信息，后者往往更为重要。

3. 知识管理

知识管理的理论先驱可以追溯到 20 世纪 70 年代的德鲁克（Peto Drucker）。这位现代管理学的奠基人首先提出了知识工人（knowledge worker）或知识工作者的概念。知识管理理论的形成和发展一方面与信息技术的飞速发展所带来的信息处理能力的急剧提高以及政府、企业信息的海量积累有关；另一方面也与信息技术所带来的工作方式转变和全球化所造成的竞争加剧密切相关。

20 世纪 90 年代中期，人们开始广泛地认识到一些著名的跨国公司的竞争优势实际上源于他们的"知识资产"，如认识和适应市场的能力、客户关系、技术与管理创新等。企业的成功与失败不仅取决于企业采集和处理信息的能力，更重要的是还取决于企业分析和利用信息的能力，即"将信息转变为知识，将知识转变为财富"的能力。知识管理也因而成为任何一个希望在市场上取得领导地位的企业最重要的业务内容和管理目标之一。知识管理作为一种管理哲学和一种技术现象已获得广泛的认可，但目前尚处于未成熟的早期阶段，大规模的成功实践还不多。

早期的知识管理实践由于过分专注于知识管理的技术手段，并不成功。例如，将知识管理看作寻求某种自动产生知识的工具，从海量的数据中自动地提取企业需要的信息和知识，如数据商场（data mall）、数据挖掘（data mining）、数据仓库（data warehouse）等。经过认真研究和分析之后，人们发现，知识管理真正的焦点是人，而不是技术。

应该看到，知识管理的概念并不是完全建立在技术的基础之上，而更重要的是一种管理的理念。适当的技术可以支持知识管理，但不是知识管理工程项目的起点。对于各种知识的需求、知识模型的建立，才是知识管理系统建设的起点。

五、现代信息技术应用指导思想的阶段性特征

与现代信息技术发展的阶段性特征相对应，应用现代信息技术的指导思想也有着明显的阶段性特征。其经历了计算机化、业务流程再造和机构改造三个不同的发展阶段。

1. 计算机化

20 世纪 80 年代以前，计算机应用的指导思想是在生产和管理的过程中，能

用计算机的地方尽可能地使用计算机，即将原有的业务流程"计算机化"（computerization），以达到提高工作效率、提高管理水平的目的。最早的典型应用除了科学计算之外，就是财会和各种统计信息的处理。无论批处理还是实时处理"计算机化"，在本质上都是将计算机能代替人做的事交给计算机去做，仅此而已。

迄今为止，计算机化仍然是现代信息技术应用的一个重要目标。例如，利用计算机进行各种复杂的科学计算和计算机仿真的"高端计算"，仍然是现代信息应用技术最重要、最先进的领域之一。

2. 业务流程再造

随着 20 世纪 80 年代中期微机和局域网技术的发展与普及，分布式的信息采集、处理和利用至少在局域范围内成为可能。技术上的这个发展使人们应用信息技术于生产和管理的指导思想有了重要变化，即从计算机化原有的业务流程转向如何对原有的业务流程进行重新设计，使其更精简、更有效、更合理、更能充分发挥现代信息技术的潜力。

一个业务流程是指为履行一个职能所必须完成的一系列的相关行动或任务。业务流程中的每一项行动或任务通常是独立的，但是它们彼此之间的逻辑关系，即从一个行动转到另一个行动，或者从一项任务转到另一项任务，在业务流程的定义中需要做出明确的规定。在很多情况下，业务流程是围绕数据或相互依赖的信息组织在一起的业务行动组合。在信息系统的设计和实现中，业务流程的识别非常重要。因为只有建立了每一项业务的"职能-流程-行动"链，才能对每一个单位或部门的业务系统进行分析，以及对每一个职能部门进行识别和建立业务模型。

现代信息技术的真正潜力并不在于使原有的业务流程运作良好，而在于能够使组织或部门打破原有的规章制度和过时的设想，创建新的工作方式和工作流程。

3. 机构改造

互联网技术的发展和普及应用，使人们在应用信息技术的观念上产生了一次新的飞跃。因为应用了互联网，人们在任何时间、任何地点获取任何信息或与任何人进行数据通信成为可能。因此，可以将整个组织的业务置于互联网和全球化这个大环境中来研究，研究如何利用包括互联网技术在内的信息技术对组织形态和结构进行信息化的机构改造（transformation of organization），使其能够适应于信息时代的要求。当然，技术本身并不能改造一个机构，但没有信息技术参与其中，任何一种机构改造都不可能帮助企业或政府应对全球化和信息社会带来的挑战。从这个意义上讲，现代信息技术已成为一个组织的战略资产，而不仅仅是一个技术手段而已。

计算机化、业务流程再造、机构改造三者并不是相互排斥、替代的关系，而是相互补充、促进的关系。

第二节　信息技术与组织结构

一、信息技术结构和组织结构发展的一致性

从信息技术结构的发展来看，在计算机或信息系统环境下，从只有一个中央处理器的相对僵化的设备来服务外围设备，根据一组探索性的方法或算法处理请求，到分布式系统把数据和处理分配到多台机器上，还可以相互交换结果，经历了一个从集中式到分布式变化的过程。相对于集中式系统，分布式系统没有中央控制器，信息处理的任务被独立地转移，能够以相对高的自由度来通信和分享资源，允许信息通过网络以交互的模式发送，使系统处理信息的质量、数量、可靠性和能力都提高了。

从组织结构的发展来看，在过去的半个世纪里，由于运营环境的变化和管理理论的发展，组织结构经历了多次变化。早期阶段要通过一个机械官僚式的结构以达到高效的目的，这种结构在以稳定性和较少的复杂性为特征的环境中是可行的。例如，从第二次世界大战末期直到 20 世纪 70 年代早期，经济在扩张，许多组织的环境都是平静的、宽松的。企业的主要目标是为消费者提供产品，组织运行在一种稳定的环境中，带着有限的不确定性。因此，组织需要的是一种稳定而连续的商品流，而这种机械的集中式结构很好地契合了这种环境。

而如今的竞争压力既要效率，又要效益，公司必须快速适应市场压力和竞争对手的创新，同时要控制甚至降低产品和服务的成本，为了更好地适应环境的变化，公司事业部的管理结构逐渐替代了集中式官僚结构。这种事业部结构是一个管理框架松散地连接在一起的半自治实体的集合，半自治的实体通常指战略事业部，它们决定了组织的战略组合。从整个组织的角度看，它们是分权的形式，而在事业部内，又是集权的，或者以其他的结合形式存在。

综上可知，信息技术结构的发展和组织结构的变化在形式上具有一致性，两者都是从集成走向分散。

二、信息技术对组织结构的影响

在市场经济国家，从 20 世纪 80 年代早期开始持续到现在，随着政府对许多行业放松管制的影响，加上前所未有的全球竞争，组织被迫变得更加有效率和更加具有柔性，以适应这些不确定的环境。创建更加柔性的结构的一个途径就是再

造。组织需要减少层次、增加柔性，并由市场机制而不是管理程序控制，根据自己的核心竞争力把自己排列在一个产业价值链上，通过战略联盟和外包来获得补充的资源。在这个过程中，组织需要处理大量的信息，并且要使自己的员工和战略联盟伙伴能够获得这些信息，就需要通过信息技术的不断发展来实现。信息技术使非常规的任务得到更有效的分析，并能减少或消除任务的变化和不确定性，从而使组织更加具有柔性，在环境中变得更加敏感和主动（原海英，2011）。

第三节　信息技术与商业模式

一、商业模式的演进

打造成功的企业是一段旅程，而不是一个目的地。商业模式和企业一样，都不是静止不变的。恰恰相反，当管理层不断利用机会，响应威胁并培养能力时，商业模式也会随着时间的流逝而演进。商业模式的演进通常有四种重要途径。

（1）产品或市场升级：对现有战略或能力的不断改进。

（2）市场扩张或产品拓展：进入新的市场或推出新的产品类别。

（3）业务探索：推出新的业务和培养新的能力。

（4）退出：停售产品，退出市场或外包。

以亚马逊为例，它的创始人兼首席执行官杰夫·贝佐斯（Jeff Bezos）从1995年靠第一个产品白手起家一直到2006年，制定了一系列战略决策。

很多商业模式上的变动（如升级产品或改进流程的决策）表明了公司对商业模式的不断调整。当管理层启动一种新的业务时，不仅仅局限于新产品、市场或渠道的变化，而是更具革命性的变革。这些彻底的商业模式变革通常不仅仅涉及对产品与市场定位的改变，还需要进入有新竞争对手和新业务网络的全新行业。例如，亚马逊管理层在2000年制定的有关退出玩具零售业，并运用自身以信息技术为动力的供应链及网上零售能力，为玩具反斗城（Toys "R" Us）公司提供物流服务的决策，标志着其商业模式的根本性改变。

亚马逊的案例为"原生数字化"的公司怎样在持续创造以信息技术为动力的创新潮流的同时，出色地扩展公司经营规模和范围这一点提供了有力的佐证。

二、信息技术对商业模式的影响

1. 信息技术对企业战略和能力的影响

企业的商业模式决定了企业的战略和周围环境，以及实施战略和为股东创造价值所需的能力这三者之间的协调性。信息技术已经越来越成为设计和改进企业商业模式与价值定位的中心。

1）信息技术对核心战略的影响

根据在确定产品、市场、业务网络和界限定位方面所扮演的重要角色，信息技术提供了一种促进差异性、可持续优势和专利资产开发的机制，并在较长一段时间内，为企业的成长提供了路径。

2）信息技术对核心能力的影响

信息技术在培养执行战略必须具备的能力方面也充当了重要角色。这些能力包括流程和基础设施、人员和合作伙伴、组织和文化，以及领导和管理。重要的是，要注意到这些能力可能位于组织内部，也可能分散在业务合作伙伴网络中。所以同样重要的是，要分析业务网络中的能力（如端到端的流程和治理机制），而不仅仅是位于组织围墙内的那些能力。

信息技术影响图可用于分析单一项目的影响，还可用于分析一段时间内公司通过的一系列战略发展项目。由影响图可以分析，IBM 是如何运用信息技术影响图来改变商业模式的。

在 1994～2001 年间，IBM 在业务流程再造、整合内部流程方面付出了极大的努力。从后台事务流程开始（如薪酬、采购和福利管理），然后深入以供应链管理和新产品开发为代表的核心运营流程。这些再造的流程和内部共享服务能力成为在 IBM 全球服务部内开展商业流程外包（business process outsourcing，BPO）的基础，因此，除了在 20 世纪 90 年代凭借业务流程再造所实现的费用大幅度节省之外，IBM 还能够凭借提供新服务带动收入的大幅度增长。而这些新服务也是建立在其内部以信息技术为动力的业务流程基础之上的。到 2002 年，IBM 的全球服务部占据了近 45% 的公司收入；到 2005 年，这个比例增长到 52%。2002 年 IBM 成立了全球服务部并且它逐步成为实现公司战略的三大核心业务之一。它的商务流程外包业务现在被称为业务转型外包（business transformation outsourcing，BTO）。全球服务部不仅关注以信息技术为动力的流程外包，而且聚焦于为客户创造商业价值和可持续优势，改变其商业模式战略和能力所需的咨询服务。

正是通过像 IBM 这样的公司所实行的一系列信息技术规划和项目，企业才能将战略转化为现实，并建立执行战略所需的能力。理想情况下，项目的资源配置（如资金、人员、时间、关注力）应与企业的战略目标和业绩目标密切保持一致。信息技术发展的迅猛步伐已经严重加剧了信息技术对商业战略和能力的影响。这些影响不仅扰乱着已确立的定位，也创造威胁和机遇。

2. 运用信息技术驱动商业策略

1）运用信息技术改变竞争基础

20 世纪五六十年代，当信息技术首次被引入商业用途时，信息技术应用的主要目标就是使那些常规性的、信息密集型的后台事务（如薪酬管理、会计）实现自动化。基本目的在于提高效率和生产力。企业很快学会将这些益处应用于前台事务活动，这些活动包括与供应商、分销商、客户及价值链上其他参与者进行的交易活动。但实际上，当企业学会运用信息技术，将它不仅应用于自动化，而且用于促进信息化和改变公司结构时（尤其在跨越企业界限时），信息技术的影响力就会显著增强。一条流水线信息化，整合了的价值链都有助于公司消除重复冗余的活动，减少循环时间，并获得更高的效率和生产力。

2）运用信息技术打造进入市场的壁垒

当公司发掘到由技术所产生的信息价值，并利用专有的能力和资产持续创新及发展商务战略时，第二道进入壁垒就搭建起来了，这也是公司可持续发展的优势。同时，一个由使用特定公司的专有数字化设施和资产开展业务的供应商、客户和合作伙伴所共同组成的，忠诚而具有归属感的利益共同体也有助于第二道进入壁垒的建立。

以亚马逊公司为例，自动化交易基础设施产生了宝贵的信息，被输送到一个复杂的商业智能基础设施，使各层次的管理者和员工都能实时了解市场动态及个体消费者和商业客户的需要。他们运用所获得的信息协调和控制运营——不仅在公司内部，而且在各种组织之间，运用日益增多的客户偏好信息来使自己的网上服务更为个性化，还能向供应商提供有价值的信息。这些专有能力和利益共同体壁垒为亚马逊提供了一个可持续的、坚实的进入壁垒。

3. 运用信息技术增加行业转换成本

作为持续稳定的收入来源，理想的信息技术系统应该是容易上手，但不易弃用的。被系统所吸引的客户在经历一系列不断增长的、有价值的优化过程之后，应该越来越愿意依赖于信息系统的功能性。一旦系统的应用根植于日常活动，想要转换成另一套系统就变得非常困难而且成本巨大。

在过去专有技术为主的时代，高额的转换成本缘于转换行为通常需要购买由另一个网络服务提供商拥有和运营的专有网络与系统。这就导致了旅游业的美国航空公司、零售业的沃尔玛等先行者，能够牢牢地将客户与供货商控制住。然而，在公共互联网上，简单链接的成本却相对低廉，进入市场所需的技术也并非专有。因此，转换成本往往大大降低。例如，客户从亚马逊购物变成在巴诺书店购物的转换成本仅仅需要按一按键盘而已。转换行为的便捷也使价格比较更为轻松。这让大众普遍认为，想要获得客户的忠诚绝非易事。

尽管这是一个看似无法避免的事实，但机智的管理者，如直觉公司（Intuit）的斯科特，已经找到了运用网络力量来提高（而不是降低）转换成本的方法。成立于 1983 年的直觉公司，向没有任何财物和技术基础的用户提供了易于使用的低成本财务软件（Quicken TurboTax 和 QuickBooks）。刚开始时，这些财务软件通过提供更为简单易行的方式来完成那些耗时的重复性工作以吸引客户，然后又提供简单的方法来存储客户的个人信息。如此一来，当客户转换到不同的产品时，这些信息就不需要重新输入。这样该公司也在较长时间内牢牢留住了客户。这一战略使该公司很快成为个人和小型公司财务软件市场的领先者。整个产品线占 80%以上的市场份额，客户保持率也超过了 90%。

在第一个财务软件成功推出 10 年后，该公司推出了一个在线理财服务门户：Quicken.com，用以补充和拓展它的通用软件商品。通过将公司的互联网业务与它的传统桌面软件联系起来，直觉公司可将桌面产品线的用户转化到成本更为低廉的互联网产品线，同时提供更易于使用也更实用的服务。

公司很重视开发能为客户提供独特价值定位的服务类商品，以及通过这些商品提供更简单易用的方法来完成那些耗时的重复性工作，从而使公司获得了稳定的客源。一旦用户在存储个人信息和建立在线交易的联系方面付出了努力，想要更换另一家公司就变得很困难。

4. 运用信息技术增加产品和服务价值

信息技术除了能够降低成本、提高质量、改变实力对比之外，还能增加原有产品和服务的价值或者创造新的产品。

为了利用它的信息技术优势，创造新的服务性商品，波音公司通过并购一些高成长性的航空业软件公司（如杰普森桑德森公司 Jeppesen Sanderson，Inc.）并推出咨询业务，获得了这些新的能力。它的咨询业务云集了具有资深航空、技术和商业经验的顾问、决策科学家和信息专家。顾问团队与航线运营团队密切合作，充分发挥波音公司的信息技术优势，为波音公司及其客户、供应商和合作伙伴提供创造价值的机会。

第三章 业务流程重组与组织结构变革

第一节 业务流程重组的方法

一、业务流程重组的一般方法

1. 渐进式重组法

渐进式重组法也可称为系统化改造法，是指在现有流程基础上创建新流程，是一种局部的、持续的、累积式的改良模式。其优点是对组织的正常运营影响较小，不会打破现有组织的均衡，风险较低，收效迅速。其缺点则是绩效的提升空间有限。渐进式改良变革的绩效改进会受到现有流程结构的制约。随着渐进式改良变革的发展，当对现有流程进行绩效改进的可能性降至最低时，组织就应该采用全新设计式的跃变式再造变革。

因此，渐进式改良变革的根本理念就是对现有的流程结构进行小步骤的、持续的调整和改进，以最大限度地挖掘现有结构的最大潜在绩效。

2. 跃变式重组法

跃变式重组法也称为全新设计法，是指从根本上重新考虑产品或服务的提供方式，重新设计流程，是一种非连续的变革模式。其优点是抛开现有流程中隐含的全部假设，打破原有框架，从根本上重新设计企业业务流程，一步到位，为企业提供绩效飞跃的可能性，变革的效果可能成倍提高。当组织内在深层结构与环境要求之间出现严重的不适应或现有的流程结构继续取得绩效改进的可能性降至最低时，一般应采取这种变革模式。其缺点则是由于跃变式重组涉及面广，重组力度大，容易引起组织内部的抵制行为。而且这种方法对企业正常运营影响较大，风险较高，尤其是在重组过程中其他配套措施不完备时容易造成重组的失败。

3. 综合性重组法

渐进式重组法和跃变式重组法是理论上对于变革方法的划分，然而在实践中往往不存在单纯的渐进式重组和跃变式重组，大多都是两者的有机结合。因为实践中企业的业务流程重组经验不足,进行跃变式重组的风险很大,所以企业在进行跃变式重组之前常先以渐进式重组为其营造良好的变革氛围。此外,企业业务流程重组是一个持续的"计划、实施、评价、改进"的螺旋上升过程,因此,在跃变式重组之后还需要以渐进式重组来实现企业经营绩效的持续提高。这一方法的优点在于,能够根据实际情况随时对阶段性目标进行修正和完善,通过阶段性目标的实现,逐步释放变革可能引起的企业内部的抵触情绪,提高业务流程重组成功实施的概率。

二、业务流程重组的具体方法

1. 价值链模型

迈克尔·波特的企业价值链模型是企业业务流程体系再造的重要指导思想,对流程诊断、设计、持续改进等各个环节具有重要的指导作用。将企业的业务过程描绘为一个价值链,竞争不是发生在企业与企业之间,而是发生在企业各自的价值链之间。企业价值链模型将一个企业的活动分解为与战略相关的许多活动,这些活动在物质上和技术上界限分明,是企业创造对买方有价值的产品的基石,因此称为价值活动。企业正是通过比竞争对手更廉价或更出色地开展这些重要的价值活动,从而形成能够赢得竞争优势的企业业务流程体系。

价值活动分为两大类:基本活动和支持性活动。基本活动是涉及产品的物质创造及其销售、售后服务的各种活动。支持性活动是辅助性活动,通过提供采购投入、技术、人力资源以及各种公司范围的职能来支持基本活动。在企业价值链中,总价值与从事各种价值活动的总成本之差就是利润。

2. 流程增值分析模型

流程增值分析模型是在企业价值链模型思想的指导下,对流程中每一项作业任务进行价值增值分析,其最主要的目的是回答以下两个问题:哪一项作业是必需的或是浪费的;哪一项作业是增值的或是非增值的。根据作业是否增值,把作业分为增值作业与非增值作业。增值作业是指能增加客户价值的作业,需要提高效率、降低成本以增加利润。

3. 帕累托原理

帕累托(Pareto)原理,也称为二八原理,是由意大利著名经济学家帕累托在19世纪末发现的自然界存在的普遍不平衡现象——关键的少数与次要的多数(vital few and trivial many),即80%的价值来自20%的因子,其余的20%的价值则来自80%的因子。帕累托原理的核心思想是要关注关键的问题,把资源集中在解决关键问题上。利用帕累托图进行业务流程诊断，用帕累托等级对业务流程进行排序，找出关键问题因子，集中注意力解决造成最大缺陷的问题。

4. 标杆管理法

标杆管理法（benchmarking）也称为基础比较法，是 20 世纪 70 年代末由美国施乐公司首创的，通过不断地将企业流程与世界上居领先地位的企业相比较，以获得帮助企业改善经营绩效的信息。标杆管理法业务流程诊断包括以下三个部分。

（1）基准业务流程，根据企业和行业具体情况对基准业务流程进行选择，可以是企业内部较优的业务流程，也可以是行业领先企业的业务流程，甚至是不同行业领先的相似业务流程。

（2）对企业关注的方面进行研究，收集全面信息，将本企业实际情况与之进行比较，分析这些基准业务流程之所以优秀的原因。

（3）确定关键流程，综合分析考虑哪些业务流程需要进行重组，并制定有效的重组方法和策略。

第二节　基于信息技术的业务流程重组

一、生产过程的业务流程重组

生产过程主要是针对工业企业来说的，商业企业或服务企业等可能不存在严格意义上的生产过程。

生产过程业务流程重组的目标主要包括以下几个方面。

（1）降低成本。重组后的流程能够迅速根据市场需求变化，合理制定采购和生产计划，减少企业库存资金占用和仓储成本，从而降低生产成本，增加利润。

（2）优化资源配置。企业资源的有限性要求企业应当合理配置资源，以达到对资源的高效利用。业务流程重组应达到增强企业组织及流程团队灵活性、优化资源配置、提高资源利用率的目的。

（3）明确职责，加强团结协作。业务流程重组将企业被割裂的流程进行重构，形成完整的业务流程，每个流程都指定人员负责整个流程的管理和监督。流程导向下对组织成员的绩效评价与其所处流程的最终绩效相关联，因而在生产过程中，流程团队中的所有人都能团结协作，及时有效地处理生产过程中的问题，保证产品质量，并通过市场反馈信息及时对产品进行改进，以满足客户需求。

二、管理过程的业务流程重组

1.管理过程业务流程重组的目标

1）提高管理水平和管理效率

业务流程重组，实质上是现代先进管理思想和信息技术应用的集成。通过流程重组，将先进管理思想融入企业管理模式，建立科学合理的管理流程，推动企业管理过程的规范化和制度化，从而提高企业的基础管理水平。同时，建立企业基础信息管理平台，充分利用信息技术手段，建立高效、流畅、清晰的信息传递路径，确保各种信息的准确性、有效性和及时性，为管理人员进行科学的管理决策提供依据，提高企业管理效率。

2）降低管理成本，增强柔性

由于企业管理水平的普遍提高和部分管理职能的自动化，企业管理层级减少，机构和人员精简，企业层级结构趋向扁平化，从而降低了企业的管理成本。同时，也使企业变得更加柔性，对市场的需求变化做出快速反应，增强企业核心竞争力。

2. ERP 环境下的财务会计流程重组

ERP 利用信息技术，以系统化的管理思想，把企业的物资资源（物流）、人力资源（人流）、财务资源（财流）、信息资源（信息流）统一起来进行管理，把客户需求和企业内部的生产经营活动以及供应商的资源整合在一起，为企业决策层及员工提供决策支持的管理平台。

ERP 是面向工作流的，它实现了信息的最小冗余和最大共享。传统需要几个步骤或几个部门来完成的任务，在实施 ERP 系统之后可能只需要一次便能完成了。因此企业要让 ERP 系统发挥作用，有必要在业务流程和组织机构方面进行重组，使之符合 ERP 的实施要求。

企业管理过程的涵盖面广泛，在此仅以财务会计流程为例，介绍企业管理过程的业务流程重组。

1）建立新的财务会计理念

在财务会计流程重组的过程中，首先应从改变思想方面开始，建立新的财务会计理念，主要包含以下几个方面。

（1）客户导向。财务会计流程的产品是以报表等为载体的信息，客户就是信息使用者，包括企业的管理者、员工以及利益相关的外部使用者。满足不同信息使用者的信息需求，是财务会计流程重组的目标和导向。

（2）团队合作。在由流程团队构成的流程导向型组织中，会计人员原本相互独立的工作方式也被打破，转而以团队的方式进行。团队成员需对流程的结果负责，且绩效和报酬也与团队业绩相关。

（3）价值创造。在 ERP 环境下，会计人员被认为不仅仅只是进行资金管理和财务处理工作，而且进行企业综合资源的优化配置，要求会计人员变被动为主动，积极与其他人员协调、互动和合作，促进企业实现价值增值的目标。

（4）面向未来。现今信息使用者更希望财务会计流程能够提供面向未来、对企业未来预期有所用处的信息。因此，应当建立以对未来的预期及设想为中心的预期型系统。

（5）全面集成。在财务会计流程重组的过程中，应当以企业整体网络系统为基础，注重各流程的集成和信息共享，以达到整合企业资源、提高经济效益的目的。

2）财务会计流程重组

（1）传统财务会计流程与 ERP 环境下财务会计流程的比较。

传统财务会计流程与 ERP 环境下财务会计流程的差异主要表现在以下几个方面。

①数据采集不同。从采集方式上看，传统财务会计流程是按需求分部门分别采集完成的，这就使同一业务活动的相关数据被分别采集和存储，容易导致数据重复、冗余，产生数据不一致现象。ERP 环境下数据采集是按发生地一次采集完成的，包括财务和非财务的所有相关信息，并存储在数据服务器上共享使用。

从采集范围上看，传统财务会计流程是按照会计事项的定义和是否对财务报表产生影响来采集会计信息的，因此，只包含部分业务活动的部分数据。ERP 环境下则不仅采集和处理财务信息，还采集和处理非财务信息，因此所采集的数据范围几乎包括全部业务活动的全部数据。

从数据时效性来看，传统财务会计流程的数据实时性差，数据具有明显的滞后性，无法实现信息的实时支持。ERP 环境下财务会计流程的数据实时性强，能实现数据的实时采集，及时处理、存储和传输。

②会计凭证生成方式不同。传统财务会计流程的会计凭证是由会计人员填制的，业务部门发生经济业务后，由经办人员将业务发生的情况进行记录，并将所取得的原始凭证交给会计部门，再由会计人员统一填制记账凭证，登记账簿。ERP 环境下业务部门发生的经济业务的会计凭证由 ERP 系统自动生成，并自动传递到总账模块，而款项的收、付等其他业务的会计凭证则仍由会计人员填制。这样可以保证财务处理的及时性和会计数据的一致性。

③成本核算体系不同。传统财务会计流程采用实际成本核算体系，这使得成本核算人员耗费大量的时间去计算材料成本差异额、材料成本差异率、产品完工程度、各种分配率等。ERP 环境下则是按标准成本来组织成本核算的。先按产品

所耗物料的构成制定出产品的物料清单，并由 ERP 系统评估出各种物料的标准价格，然后对每种产品消耗物料形成的半产品进行完工确认，并按照标准成本对生产的半成品进行增加库存的账务处理，同时通过产品成本"收集器"归集各种原料、辅料的实际消耗和完工产品应承担的定额制造费用，到了月末，会计人员将定额费用调整为实际费用，计算出产品的实际成本。对于日常销售的产品，ERP 系统自动产生结转产品销售收入的会计凭证，同时按标准成本结转产品销售成本。这种按标准成本进行产品成本核算的方法，有利于对企业生产经营的实际情况进行实时监控。

④会计信息输出形式不同。传统财务会计流程的信息输出形式比较固定，而 ERP 环境下财务会计流程所输出的会计信息形式多样，ERP 系统将大部分业务数据以原始的、未经处理的方式存放，大部分处理是记录业务的个体特征和属性，分类、汇总、余额计算都放在查询输出过程，这比传统会计流程更为简单，只要确保数据被及时完整、准确地记录在正确的文件中，就可按照用户的信息需求参数任意组合，准确地报告数据。

（2）财务会计业务流程重组的目标。重组后的财务会计信息流程应实现的目标包括系统集成化的信息收集方式、业务事件驱动的信息处理方式和实时报告的信息使用者自助式信息获取方式。

①系统集成化的信息收集方式。原始数据的采集是会计流程的起点。针对传统会计流程的缺陷，根据业务流程重组的思想和 ERP 系统的集成管理方式，利用局域网和信息技术将各管理子系统集成，并通过互联网与企业外部客户及供应商信息系统相连，充分利用文件传输、邮件及电子数据交换等功能，接收业务事件信息，并存储于共享数据库中，需要时直接从数据库中调用数据进行加工，以达到减轻财务会计人员的工作量，提高数据采集的准确性、一致性、完整性和及时性的目的。

②业务事件驱动的信息处理方式。ERP 环境下财务会计流程是业务事件驱动的信息处理方式，当业务事件发生时，根据数据处理规则，各业务部门将业务事件数据存入业务事件数据库，业务事件数据库中的数据为只经过初步加工的源数据，当信息使用者想从系统中获取信息时，由信息使用者输入信息处理代码，系统启动相应的信息处理程序，对业务数据库中的信息进行加工处理，并将处理结果实时反馈给信息使用者。企业通过 ERP 系统将各信息系统集成，使原始数据收集分散化，而数据处理和存储集中化，从而实现了财务和业务的协同。

ERP 应用过程中对于会计数据的处理，强调业务处理和会计核算的整合，利用集成化的信息系统实现双向、迅速的信息沟通。一方面，各业务部门在业务处理过程中实时地采集业务信息，自动生成会计核算信息，另一方面，财务模块通过执行处理和控制规则，实时地对业务的合理性、经济性进行监测，从而使财务管理具有事中控制能力。

③实时报告的信息使用者自助式信息获取方式。重组后的财务会计流程应当实现实时报告的用户信息定制。一方面，模型工具中包括加工模型库和报告生成器，加工模型库中具有相应的会计处理程序，对业务事件数据库中的数据进行处理，生成用户需要的信息，由网络传递给用户。另一方面，由于 ERP 系统是通用设计的，在实施时可以根据客户行业性质的特点及其对管理、信息的需求的不同，对 ERP 系统进行相应的配置。当模型库中没有合适的处理程序时，就需要信息使用者使用 ERP 系统内含的模型工具，自己设计相应格式的事件驱动模型来满足企业管理的需要。

此外，重组后的财务会计信息系统提供面向企业内外部信息使用者的、可自定义的、界面友好的模型化查询工具，信息使用者可以自助式地设置模型参数，利用查询工具从业务事件数据库、财务信息数据库等数据库中调用相关数据，生成实时报告信息来满足决策需求。

（3）重组后的财务会计业务流程。ERP 环境下，重组后采用系统自动收集和事件驱动的会计流程。

重组后的会计流程可以描述如下。

①业务事件发生，各管理信息子系统录入业务事件数据，并将其存储到全局数据库中。

②为落实经营管理责任，对业务事件数据中的货币计量信息进行审核，并编制记账凭证，将其存入数据库中。

③根据规则对业务事件数据进行编码并存储到业务事件数据库中。

④当信息使用者需要某项信息时，可以随时由信息使用者通过浏览器向事件驱动会计信息系统输入信息处理代码。

⑤系统从事件数据库中提取需要的业务事件数据，并根据加工模型库中的会计模型对数据进行处理。

⑥定期生成各种账簿，以备财产清查所用。

⑦定期产生各种通用的常规报表，提供给会计信息使用者。

3）财务会计组织结构变革

重组后会计信息系统的数据采集工作由各业务部门实现一次输入，因此，业务部门要设立专门的数据处理部门，下设数据录入员、数据审核记账员、数据文档管理员，负责业务数据的录入、审核、记账和存档等工作。财务会计部门在流程重组后只需设立系统部及财务流程小组。系统部主要负责财务会计信息系统的使用、维护及数据库管理。而财务流程小组也不划分专门的职能岗位，财务流程小组的主要职责是利用各种信息，对有关的要素进行管理、监督，并为业务流程的改进提供建议。

三、商务过程的业务流程重组

1. 商务过程的业务流程重组目标

企业商务过程是企业与外部客户、供应商之间进行种类、资源、知识、信息等产品的交换过程。

随着经济全球化和信息时代的到来,企业竞争的深度和广度都发生了巨大的变化,市场需求或客户需求成为企业的根本目标。商务过程的业务流程重组目标正是以此为导向,通过信息技术支持,建立面向客户的业务流程,增强与客户的沟通和联系,及时准确地响应客户需求,提升企业的市场竞争力。

下面以 CRM 为例来说明企业商务过程的业务流程重组。

2. CRM 与商务流程重组

CRM 是以信息技术为手段,以客户为中心对业务功能进行重新设计,并对工作流程进行重组,从而建立以客户为中心的信息结构,其焦点是自动化并改善与市场营销、销售、客户服务等环节的客户关系有关的商务流程。

1）CRM 环境下的企业商务流程分析

下面从市场营销、销售、客户服务三个环节分析 CRM 环境的企业商务流程。

（1）市场营销。CRM 环境下,要求企业的市场营销活动能够实现以下六个方面的功能。

①针对企业客户定位,制定市场营销战略和目标。

②设计针对性强、效率高的市场推广活动。

③管理实施活动的各种渠道与方式或对活动的进程进行调整。

④评价活动结果,最终找出效果最好的营销活动形式。

⑤获得关键客户的互动资料。

⑥进行营销活动的市场分析,提出决策参考意见。

为保证市场营销功能的自动化,CRM 在营销功能模块方面需要充分体现数据仓库的特性,以适应其进行高端决策管理、面向营销的市场分析等需要。CRM 利用集中了各种客户信息的数据库,实现客户机与服务器之间的交互。这种反应式的通信还要求可靠灵活的基础设施和较高的安全性。

（2）销售。销售过程包括报价、订货、折扣、给付差价、售点管理、订单管理等一系列内容。在销售环节,CRM 将为企业提供一个管理销售各流程的全面解决方案,主要包括以下几点。

①实现销售信息导入、市场时机的选择、渠道的选择、订单管理等活动的自动化。

②支持直销、间接销售、代理销售、电视销售、网络销售等各种不同类型的销售方式，支持不同销售方式的工作人员通过多种渠道共享客户信息。

③帮助企业决策者掌握全球范围内产品的销售情况和市场前景。

在实施销售流程的优化时需要考虑，由于支持的用户在本质上是移动的和分散的，销售自动化极大地影响到企业基础设施的开发和网络的规划。迅速变化的环境使网络信息流的负载和模式发生改变，也使连贯、可靠和安全的网络至关重要，同时还要求提供多服务接入平台来接受移动办公的员工的通信申请，包括对其进行审核、解密和批准等。

（3）客户服务。在客户服务环节，要求企业提供颇具竞争力的售后支持、上门维修和消耗品维护服务，其中包括维护人员的预约与派遣、备件的管理、后勤保障、服务收费和根据合同提供野外维护服务等项目。同时，支持客户自由选择电话、网络等自己认为最方便的通信方式与企业联系，而且无论他们采取何种渠道，都能在最短的时间内得到统一专业的服务。企业则通过内部与客户打交道的各个环节，最终得到与客户相关的各种资料，真实、全方位地掌握客户需求，并将资料及时反馈给营销和销售部门。

在 CRM 环境下，企业提供客户服务时因为覆盖了从与客户的初次接触到最后的服务账单管理的整个服务业务流程，所以要使用呼叫中心、电子邮件、Web 网站等渠道，因此网络技术上必须支持跨系统的应用集成，如语音和数据的统一、基于 Web 的呼叫代理、自动化知识引擎，以及跨平台质量监督客户交互记录系统等。

2）CRM 环境下的企业商务基本运行流程

CRM 环境下的企业商务基本运行流程为：首先通过分析客户信息和识别市场机遇进行知识发现，然后根据客户信息制订市场计划和投资策略，进而启动客户跟踪系统和销售系统，与客户保持良好的互动，最后分析、提炼来自客户的信息，促进企业进一步的知识发现。整个流程是一个循环系统，也是基于客户驱动的学习与行动过程。

第三节　组织结构变革

一、从"职能导向"到"流程导向"

业务流程重组不仅需要重新设计流程，伴随着流程的改变，工作设计、组织结构、管理系统都要进行相应的改变，尤其当业务流程是跨功能或跨组织时，需要将原来按功能划分的组织转变为按流程划分的组织。

1. 职能导向型与流程导向型组织的对比分析

职能导向型组织在信息化环境下存在的缺陷包括：①与主张平等的社会价值相背离；②底层员工个人发展空间不大，工作积极性不高；③组织内部人际关系扭曲；④等级制度造成企业内部信息沟通产生阻滞；⑤等级制度可能造成管理层做出不科学的决策；⑥严格的组织规范致使员工缺乏创新意识；⑦对外部环境的应变能力较差；⑧客户（在企业内部则表现为上下游部门）满意度下降。

流程导向型组织正是为了克服职能导向型组织忽视最终客户需求的缺陷而产生的。关于流程导向型组织的描述很多，从目的、组织形态等不同角度考虑，比较典型的包括：①流程导向型组织是一种扁平化的组织结构，打破职能部门之间的隔阂，促成信息流和物流等在水平方向和垂直方向的顺畅流动；②流程导向型组织关注组织内部的各种跨部门流程的执行情况和结果，以达到最终使客户满意的目的；③流程导向型组织根据业务有序活动的各个关键环节来配置相应人员，分配工作，通过人员之间的相互协作，将组织的投入转化为最终产出。

综合来说，流程导向型组织是以客户为导向、以流程间关系为纽带而建立起来的业务流程的集成。它强调以客户的需求和满意度作为企业的目标，以业务流程作为企业管理的核心内容，并利用先进的信息技术和管理手段，最大限度地实现技术上的功能集成和管理上的职能集成。

职能导向型组织与流程导向型组织的主要差异如表3-1所示。

表 3-1 职能导向型组织与流程导向型组织的主要差异

比较项目	职能导向	流程导向
目标	产出	客户需求和客户满意度
关注点	局部优化	整体优化
组织结构	科层制的组织结构，决策权集中于高层管理人员	组织结构扁平化、柔性化，决策权下移或外移
权力结构	集权	分权
企业文化	冲突导向	合作导向
工作单位	部门	团队
工作描述	狭窄	广阔
业务流程	业务流程被职能部门人为割裂开来，存在大量中间审核与监督流程，将相互分离的工序联结起来	接触点减少，审核和监督流程随之减少，同时也减少了冲突
作业方式	连续性作业方式，各工序之间需按程序逐一进行	同步工程，即多道工序在互动的情况下同时进行，提高流程效率，缩短运行周转时间

续表

比较项目	职能导向	流程导向
流程间的衔接	通过缓冲储备	组织间的协调机制
信息和知识	各部门人员掌握和了解相对独立的信息和知识，信息传递路径长	通过信息技术的应用实现信息和知识共享，提高企业综合能力
管理人员角色	领导者，对下属以监督、控制为主	指导、帮助和支持基层工作，更多地发挥服务的功能
绩效评价薪酬体系	与个人在组织中的地位、所在职能部门效益及上司评价相关	与自身工作对团队、整个流程及面向客户的最终价值相关
适用性	组织环境相对稳定、市场需求变化较少的工业时代	客户需求多样化、个性化，市场竞争激烈，经济环境等不断变化的经济全球化，信息时代
优势	(1) 控制体系明确； (2) 对员工素质要求相对较低； (3) 稳定性较强，通过规模经济降低成本，提高组织的效率	(1) 工作程序明确； (2) 明确的授权机制，提高决策成功率； (3) 打破职能部门的工作壁垒，提高工作效率； (4) 以客户为中心，组织应变能力和灵活性强； (5) 减少管理层次，压缩管理成本

2. 职能导向型组织与流程导向型组织的业务流程对比分析

职能导向型组织的焦点集中于组织流程（organization process），即职能部门如何完成工作；而流程导向型组织则更关注工作流程（work process），即工作是如何完成的。

在流程导向型企业中，企业的关注点转为企业的整体优化，解决问题的视角扩展到企业所处的整个价值链上，客户需求（包括内部客户和外部客户）成为企业一切流程的目标所在。在运营过程中，利用先进的信息技术，每个相对独立的流程与相对应的直接客户都能够进行零距离的沟通和信息传递，从企业运营的根本上提高企业的应变能力和灵活性，提高客户满意度和企业的市场竞争力。

3. 业务流程重组与组织结构变革的关系

（1）企业的业务流程和组织结构是企业构成中两个不同方向的重要部分。企业的组织结构是一个企业的基本构架，它确定了企业内部各单元间的关系和整体架构。可以将企业的组织结构理解为企业构成的纵向维度，业务流程则是横向维度，两者不可分割，共同构成企业并维持企业正常运营。

（2）组织结构变革是业务流程重组的必然要求。在业务流程重组的过程中，仅仅依赖于业务流程的再设计是不够的，还必须摆脱传统职能导向型组织结构的弊端，辅以客户满意度为目标的组织体系，从而提高企业的市场反应速度和经营绩效。

二、构建流程导向型组织

1. 建设协同环境

1）硬环境

硬环境主要指用于组织内部信息传递的硬件设施和支撑系统等。一般来说，包括计算机设备、数据库及其管理系统、网络设备及其协议，以及信息交流环境。

流程导向型组织中的信息技术平台应具备的特性如下。

（1）支持企业流程化运作和管理。

（2）基于共享知识库的信息流的协调。

（3）信息系统的高柔性。

（4）对决策的支持。

（5）对新的工作方式的支持。

2）软环境

与硬环境提供物质支持不同，软环境则偏重精神上的支持，主要包括以下几个方面。

（1）强调团队精神。

（2）保证信息沟通的及时性和准确性，及时发现并解决流程中存在的问题。

（3）强调客户的参与。

2. 构建流程导向型团队

1）流程导向型团队的特点

流程导向型组织的基本工作单位是流程导向型团队，团队实行自主管理。按照其存在时间的长短可以分为临时流程团队和长期流程团队两类。临时流程团队是为了完成某项活动或者任务而临时组建的团队，主要完成非程序化的工作。长期流程团队主要完成程序化的工作。

流程导向型团队具有以下特点。

（1）独立性强。流程导向型团队一方面具有自我管理、自我决策、自我构造的权利；另一方面由于其成员包含各类职能的人员，功能较为完整。

（2）凝聚力强。团队成员积极主动性强，成员之间信息沟通快，具有协作精神。

（3）客户满意度高。流程导向型团队各自负责相对独立的流程，直接面向客户，与客户的沟通路径短，有利于提高客户满意度。

（4）持续提高团队成员能力。流程导向型团队具有持续学习的精神，通过相互学习，成员可以获取新的知识和能力，且由于工作内容不再局限于某一职能，扩大了团队成员的知识技能的范围。

（5）组织结构扁平化。流程导向型团队有利于推动组织结构扁平化，提高管理效率。

2）构建流程导向型团队过程

首先，要将核心流程的工作进行整合，在整合后的流程范围内构建流程团队。选取团队成员时还应考虑其技能的互补性，包括专业技能和人际关系、解决问题等各种技能，这样可以通过团队内的相互学习提高成员个人素质，进而实现团队的优化。

其次，要对团队内部的权责进行重新定义。一般来说，流程导向型团队由流程经理和参与团队的职能人员组成，流程经理负责流程的设计、统筹、指导和协调，以确保流程的质量和组织的顺利运行。

3. 构建流程导向型组织的过程

1）流程导向型组织变革原则

（1）面向客户。企业最终赚取利润或实现自身的持续发展，其最根本的手段就是依靠为客户提供产品或服务获取价值增值。可以说，客户是影响企业生存发展的最关键因素。企业由职能导向转变为流程导向的根本目的也就在于此。

（2）适当分权。流程导向型组织结构的特点是后扁平化、柔性化，管理人员更多的是承担指导、服务的职能，进行适当的分权，以保证组织的灵活性和适应性。

（3）流程管理与职能管理相结合。在组织变革的过程中，我们说要打破原有的职能结构，建立客户导向的流程团队，并不是完全不考虑职能分工，而是将职能与流程相结合。在构建流程导向型组织的过程中，坚持流程的主导作用，以职能管理为流程运行提供辅助和支持。

（4）协调性。企业资源的有限性决定了不同流程团队间会在资源使用方面存在冲突。企业应当根据自身战略来考虑各流程的优先顺序。

2）流程导向型组织变革过程

第一阶段：传统的以各职能部门驱动的运营管理，各部门之间是独立分工的，需要更高层的领导来协调各部门之间的利益关系。此时尚未有流程的概念。

第二阶段：管理者认识到流程的重要性，在各职能部门之间贯穿了流程的概念，但职能部门还是占主要地位。

第三阶段：以流程驱动的运作方式，企业内部所有运营以关键流程为主线，职能部门的概念淡化，所有员工以团队的方式工作，负责某一流程。

根据企业类型、外部环境不确定性程度等因素的不同，组织由职能导向向流程导向转变的过程中可能表现出流程导向与职能导向的混合特性。

3）改革绩效评价体系

完善的绩效评价体系是对组织成员工作成果的评价和奖惩依据，是组织成员行为的指引，对组织成员的工作积极性具有重要的影响。流程导向型组织的绩效评价体系应具有以下两个特点。

（1）将个人业绩和整个流程的产出挂钩，以流程的结果来衡量组织成员的业绩，有助于提高组织成员的全局意识和团队协作意识。

（2）鼓励组织成员以客户为中心，通过建立激励机制强化组织成员的服务意识。

4）企业文化变革

组织文化观认为，企业文化与组织结构两者是一种错综复杂的互动关系，结构与文化之间的匹配是企业组织有效运作的前提条件。必须在新的组织结构建立之际，完成组织的文化转型，使企业文化不会成为组织变革的障碍，而成为组织变革的强大推动力。

流程导向型组织的企业文化主要表现在以下几个方面。

（1）以人为本，注重员工的充分解放和全面发展，促进企业知识的交流和进步，不断提高员工的创造性和企业的核心能力。

（2）建立学习型组织，促使员工通过学习不断完善个人能力，确保组织竞争优势的持久度。

（3）团结协作，充分发挥团队力量的企业文化，推动职能导向型组织向流程导向型组织的转变，并确保组织变革的成功实现。

5）流程导向型组织结构

基于流程的组织结构强调横向关系，是一种新型的横向型结构。

第四章 发行企业信息化战略

第一节 发行企业信息化战略管理框架

战略管理框架用于提供高层的方向和策略指导，保证发行企业信息化管理沿着正确的战略方向开展。需求管理、规划过程管理、实施过程管理、运行维护过程管理、信息技术支持下的企业业务运作管理都是在战略性管理的指导下和支持性管理的支持下进行的。

具体内容包括以下几个方面。

（1）战略性管理：企业建立信息化管理的战略视图，从信息化变革和战略匹配的角度与高度来管理和指导发行企业信息化的进程。

（2）需求管理：从业务运作的需要出发，总结整理发行企业信息化的业务需求，并采用有效的管理机制来获取、规范和记录业务需求，同时研究信息技术的现状和发展趋势，分析企业现有信息系统和技术的应用情况，找出发行企业信息化应用存在的差距，以及制约业务效能提高的瓶颈。

（3）规划过程管理：完成对业务战略规划、信息系统/信息技术战略规划、信息技术资源规划过程的管理。一方面要确保规划结果的正确性、有效性和实用性；另一方面要达到提高规划过程效率的目的。

（4）实施过程管理：主要包含三个方面的内容，一是对信息技术和信息系统的选型过程进行管理，提高所选择的技术/系统的适用性和先进性，保证其能够满足企业的业务需求；二是对信息系统的实施过程进行项目管理，保证项目的实施符合进度、质量和成本的要求；三是对信息系统的实施进行风险管理，通过采用有效的评估机制和控制方法，制定必要的风险防范措施，使项目失败的风险降到最低。

（5）运行维护过程管理：其目的是保证信息系统稳定可靠地运行，保持企业信息技术的优势，使企业信息技术资源发挥最大作用，从信息化建设的成果中获益。实现运行维护过程管理的有效手段是高水平的信息技术服务管理方法和工具。

（6）信息技术支持下的企业业务运作管理：是企业日常的管理工作，强调充分利用所建设的信息系统和获得的信息技术、信息资源来支持企业实现管理模式、组织、流程、产品和服务的创新，提高企业业务运作的效率，提高客户的满意度，从而使企业获得竞争优势和良好的经济效益。

（7）支持性管理：是指为了实现信息化环境下的企业运作管理而在组织、岗位、流程、制度和标准方面实施的管理措施，包括设定企业首席信息官（chief information officer，CIO），建立信息化组织和部门，制定信息化管理制度和管理流程，设定信息化岗位职责和考核体系，制定和发布信息化相关标准。

第二节　发行企业信息化战略规划

一、发行企业信息化战略规划的定义

发行企业信息化战略规划是以企业的目标和战略以及各部门的功能为基础，制定发行企业信息化发展战略，以达到充分有效地利用企业的信息资源、全面系统地指导发行企业信息化进程并最终满足企业业务发展需要的目标。

发行企业信息化战略规划最根本的驱动力来自企业的业务战略，发行企业信息化应用架构的驱动力决定了发行企业信息化应用架构的战略和规划。主要驱动因素包括信息化应用架构、技术架构和关键成功因素三个方面，是发行企业信息化规划过程中需要考虑因素最多的规划工作，相对而言也是比较复杂的规划工作（廖勇，2016）。

二、发行企业信息化规划方法的发展

信息化规划方法关注的重点分为三个阶段。

第一阶段（20 世纪 50 年代初～70 年代末）：主要以数据处理为核心，围绕决策信息进行企业的信息化规划，主要方法包括企业系统规划法（business systems planning，BSP）、战略集合转移法（strategy set transformation，SST）（李冠等，2014）、关键成功因素法（critical success factors，CSF）（陈德良等，2013；杨青和黄丽华，2003）。

第二阶段（20 世纪 70 年代末～80 年代中期）：主要以企业内部管理信息系统为核心进行规划，主要方法包括信息工程法（information engineering，IE）（王玉珍，2014；郝杰忠，2000；Martin，1989）、战略系统规划法（strategic systems planning，SSP）、战略栅格法（strategic grid，SG）。

第三阶段（20 世纪 80 年代末至今）：在综合考虑企业内外环境的情况下，以集成为核心进行规划，主要方法包括价值链分析法（value-chain analysis，VCA）、战略匹配模型（strategy alignment model，SAM）、基于模型的发行企业信息化规划方法（范玉顺，2015）。

三、企业系统规划法

企业系统规划法基于信息技术支持企业运行的思想，其核心是对企业进行自上而下的目标识别和细分，通过识别企业目标、业务流程及数据分析，围绕企业流程和数据进行规划；然后自上而下进行数据建模、系统结构设计，以支持企业目标的实现。通过这种自上而下的规划、自下而上的实施，有利于利用信息系统战略表达出企业各个管理层次的需求。

企业系统规划法可以归纳为四个步骤：定义企业目标、定义企业过程、定义数据类和定义信息系统总体结构。

1. 定义企业目标

在企业确定进行信息系统规划项目后，首先要明确企业目标，确保企业目标在企业各级管理部门中取得一致的看法，使信息系统能有效支持这些目标的实现。

2. 定义企业过程

整个企业的经营管理活动由若干业务过程组成。定义企业过程所获得的信息也构成了信息系统的基础性信息，支持基于业务过程构建信息系统的思路，使所建立的企业信息系统对企业发生的各种变革具有良好的适应性。企业的任何活动均包含计划和控制、产品/服务、支持性资源三个方面，因此企业所有业务过程也都来源于这三个方面。

在定义企业过程时，首先要识别计划和控制过程。计划和控制过程反映了与企业战略和管理相关的业务过程。

产品/服务过程和支持性资源过程反映了企业为了完成产品制造和服务提供，其材料、资金、人员和设备四类支持性资源所涉及的业务过程，并将这些业务过程按照资源生命周期，分解到产生、获取、服务和归宿四个阶段中，其目的是更清晰地了解业务过程。

企业过程和组织关系矩阵反映了企业组织与业务过程之间的关系，分为主要负责、主要参与、一般参与和不参与四类。

3. 定义数据类

根据信息资源的管理过程可以将数据分解成四类，每个实体都可以用这四种数据类来描述，即计划型（反映目标等计划值）、统计型（反映企业的综合状况）、文档型（反映实体的现状）、业务型（反映生命周期各个阶段相关文档型数据的变化）。

将实体（产品、客户、设备、材料、资金、人员、其他）和数据类（分为计划型、统计型、文档型、业务型四种类型）绘制在一个表内，就得到了实体/数据类矩阵。将实体/数据类矩阵中的数据与企业业务过程联系起来，可以得到业务过程与数据类之间的关系。若将业务过程分解为若干业务功能，则可以得到数据类与业务功能之间的关系，即功能/数据类对应关系矩阵，其中横向代表数据，纵向代表功能，每一个交叉格中的字母 C 代表功能产生该数据，U 代表该功能使用该数据，因此该矩阵也称为 U/C 矩阵。

4. 定义信息系统总体结构

通过信息系统总体结构，可以刻画出未来信息系统的框架和相应的数据类型。定义信息系统总体结构就是根据 U/C 矩阵划分子系统，并确定它们之间关系的过程，其过程如下。

U/C 矩阵是一张表格，它可以表示数据/功能系统化分析的结果。它的第一列列出系统中各功能的名称，第一行列出系统中各数据类的名称。表中在各功能与数据类的交叉处填写功能与数据类的关系。

（1）用表的行和列分别记录下企业所有信息系统的数据类和过程。表中功能与数据类交叉点上的符号 C 表示这类数据由相应功能产生，U 表示这类功能使用相应的数据类。

（2）对表做重新排列，把功能按功能组排列，然后调换"数据类"的横向位置，使矩阵中 C 最靠近对角线。

（3）将 U 和 C 最密集的地方框起来，给框起个名字，就构成了子系统，落在框外的 U 说明了子系统之间的数据流。这样就完成了划分系统的工作。

作为最早提出的一种信息系统规划方法，企业系统规划法从数据角度入手进行信息系统的整体规划，为推动信息技术在企业中的应用发挥了重要作用。企业系统规划法特别强调高层人员的支持和参与，这种参与是规划成败的关键。

四、基于模型的发行企业信息化规划方法

基于模型的发行企业信息化规划方法包含以下五个步骤。

1. 准备

做好项目启动准备阶段的工作，是信息化规划工作取得成功的必要条件。根据信息化规划项目的特点，在项目启动准备阶段需要做好以下具体工作。

1）沟通
在规划工作中要高度重视组织中不同人员的参与。一般情况下，规划过程中

80%的工作是与部门和参与人员进行沟通，20%的工作是规划方案的设计。通过沟通，明确发行企业信息化规划工作的目的以及要达到的目标。

2）确定范围

信息系统的职责是对关键信息和系统实施监控与管理，可以用"酸性测试"的方式来决定包含在规划范围内的业务信息系统。如果对下面的问题回答"是"，则需要将其包括在规划范围内。

（1）是否是对公司运作非常关键的信息？

（2）是否是多个职能业务部门使用或者访问的信息？

（3）是否是与公司外其他实体（客户、供应商、代理机构）交互的信息？

3）制订项目计划

对于信息化规划项目，立项建设一般由企业的信息技术部门提出，也可以通过信息技术部门和企业业务部门组建的信息化规划项目筹备团队提出并撰写立项建议书，制订出详细的项目计划。良好的立项建议书应该具备很强的说服力，保证企业决策层通过立项建议书了解项目目标、资源需求、项目流程等，并确保项目能够通过审批并及时启动。

4）组建项目团队

对于信息化规划项目，组建的项目团队一般是由以下几种角色组成的。

（1）项目执行委员会：由企业高层、各相关业务部门经理组成，是整个规划项目的领导委员会。其主要作用是协调项目实施过程中出现的各类问题，并最终做出决策。

（2）项目主持部门：信息技术规划的具体主持部门一般是企业的信息技术部门，通常是信息技术规划项目的发起部门，负责主持项目各项工作。

（3）项目负责人：也称为项目经理，是项目实施的实际组织者、管理者。

（4）项目核心小组：是执行项目规划工作的核心人员，以项目负责部门为主，同时需要业务、管理、信息技术人员搭配，基本上全职参与项目。

（5）项目协作人员：信息化规划项目在很大程度上依赖于业务部门的大力支持和协助，因此需要确定相关业务部门与信息化规划项目的接口，形成广泛的协作群体，配合项目核心小组完成部门调研、需求分析、结果分析与反馈等工作。

（6）扩展的团队：聘请信息化咨询服务提供商、供应商或相关领域专家构成的外部专家团队，作为规划项目的扩展团队，但是否需要聘请外部专家团队，取决于企业或项目的实际需要。

一般而言，信息化规划项目工作组的划分既有职能导向的，也有流程导向的。如今的组织变革越来越趋向于建立流程导向的工作小组。

5）培训与启动

培训的目的是使从事发行企业信息化工作的相关人员能够用战略的观点和系

统化的方法，从整体角度来看待发行企业信息化规划工作。培训内容主要包括先进制造模式和信息技术的基本概念与内涵、企业战略规划与信息系统规划方法、发行企业信息化整体解决方案组成、企业建模与诊断方法、业务流程再造方法、企业信息系统集成技术与方法、标准与规范技术、信息技术与电子商务技术等。

信息化规划项目正式启动需要选择一个最佳时机，也就是需要具备以下三个条件。

（1）高层主管由实际行动全力支持信息化。

（2）企业内外部对信息化普遍认同，形成了有利于信息化的企业文化。

（3）拥有稳定的信息化人才梯队，资金、人力等资源要素能进行持续投入。

2. 面向信息系统实施的业务战略规划

面向信息系统实施的企业业务战略规划，包括企业定位、企业现状分析、确定业务目标与所采用的先进制造战略（advanced manufacturing strategy，AMS）、确定关键成功因素、确定主要措施与目标、确定企业业务模型六个步骤。

下面对每个步骤进行介绍。

1）企业定位

通过调研、研讨等方法分析企业存在的理由和目的，明确企业服务的对象以及服务的类型、方式，展望企业的发展远景以及未来价值，形成具有操作性的企业战略定位报告。

2）企业现状分析

企业核心能力与伙伴关系分析是为了使企业充分认识到其赖以生存和发展的核心能力到底是什么，使企业充分认清其周围环境，发展与其他企业良好的伙伴关系，适应当今制造全球化和敏捷制造的大趋势。在充分考虑信息技术支持下深入进行业务流程分析，必要时要为业务流程再造提供科学依据。

3）确定业务目标与所采用的先进制造战略

确定企业主要的业务目标，并对业务目标按照重要性进行排序。业务目标要具体，如降低产品成本10%。在此基础上，企业要确定实现业务目标需要采用的先进制造战略。例如，缩短产品的制造周期可以采用并行工程方法，也可以采用网络化制造技术，还可以采用虚拟制造技术。

4）确定关键成功因素

对业务目标进行分析，列出影响企业业务目标实现的关键成功因素（key success factors，KSF），并用高、中、低表示关键成功因素对业务目标实现的影响程度，可以建立关键成功因素与业务目标的对应关系。

5）确定主要措施与目标

首先要确定为实施先进制造战略和实现业务目标而采取什么措施，然后分析采取的措施对实现企业目标的影响，并提出所采取措施的预期效果与评价指标，建立一组面向某个目标的主要措施阶段预期成果表。

6）确定企业业务模型

以业务过程模型为核心，采用集成化企业主建模工具对企业的业务过程、功能、信息、组织、资源、产品进行全面描述，建立过程、功能、信息、组织、资源、产品等视图，以及功能与组织、功能与资源等不同视图之间的关联。这些关联确定了企业业务对信息、软件功能、组织结构和资源优化配置的需求，是开展信息系统规划与实施的基础。通过建立企业业务模型，可以得到业务对信息系统需求的具体描述。

（1）组织模型：信息系统应该覆盖或者支持的范围。

（2）产品模型：信息系统应该支持的产品线和产品生命周期中的阶段。

（3）过程模型：信息系统需要支持的核心流程。

（4）功能模型：信息系统需要支持的业务功能和业务功能之间交换的信息（接口）。

（5）信息模型：业务需要的信息（包括产生、使用和存储的信息）。

（6）资源模型：信息系统需要管理的资源。

（7）文档库：企业业务运作和管理涉及的各类文档，实质上是企业的基础知识库。

3. 信息系统战略规划

在信息系统的业务战略规划阶段需要完成的工作，是从企业的业务系统框架到信息系统框架的转化。在这个阶段重点关注的是信息系统的功能、架构、管理体系、组织岗位设置、信息系统实施战略和方法，在此不解决具体的网络和硬件平台，软件平台，应用软件的型号、配置、提供厂商等技术性问题。

下面分别对信息系统战略的实施步骤涉及的工作内容进行介绍。

1）确定信息系统战略方向与愿景

根据企业的业务战略确定信息系统的战略方向和发展愿景，说明企业信息系统建设和信息化部门存在的价值、企业信息系统建设的战略目标。

（1）信息系统的使命：在业务战略引导下，通过提供集成化的业务系统和服务提高公司运作效率，使信息系统的成果对公司产生最大价值。

（2）信息系统的愿景：在安全机制约束下，信息系统用户在正确的时间、地点，以正确的方式得到正确的信息。

（3）信息系统战略目标：按照业务方向和优先级来调整信息系统项目的方向和优先级，为变化的业务需求提供响应能力和柔性；满足外部客户需求，支持面向客户的业务问题解决方式；按照业务需求和投资回报率来平衡信息系统资源和投资；采用经过验证的先进技术，降低技术风险；培训用户，提高其信息技术能力。

信息系统发展战略如下。

（1）提升：在可能和可行的情况下，致力于提升信息系统解决方案的水平，满足业务需求。

（2）用户参与：使用户拥有、发起和推销每个项目，以保证业务问题启动技术解决方案。

（3）供应商提供软件包：在可能的情况下，采用供应商提供的软件包。对供应商提供的软件包进行修改或者尽可能少的修改，使应用成本达到最低。

（4）开放系统：采用开放系统，保证跨系统的可能移植性和互操作性。

（5）可访问性：任何人可以在正确的时间、正确的地点以正确的方式获得正确的信息。

（6）系统开发工具：将业务系统设计成可以满足业务迅速变化需求的系统。使用 CASE[①]工具和系统开发方法降低新系统实施和老系统改造的时间。

（7）数据仓库：如果公司需要全球数据，则使用公共的数据仓库。

（8）用户界面：提高用户的生产率，减少用户培训和跨系统功能的支持成本。

（9）数据：虽然数据存放于多个地点，但是要保证系统数据仅录入一次。

（10）信息：以业务需求的方式提供信息的汇总、排序、表示。

（11）信息交换：在用户尽可能少的干预下完成跨系统信息交换。

（12）基础结构：根据信息系统的开发需求确定对基础结构维护和提升的需求。

2）信息系统建模

在企业业务过程模型的基础上，建立信息系统的流程模型。本阶段所确定的信息系统流程模型及其相应的输入/输出信息，是后续信息技术规划阶段中进行应用软件选型的依据，也是建立信息模型的信息来源和建立知识库的文档来源。从流程模型的输入/输出信息中提取业务系统对信息的需求，在此基础上进行信息的规范化整理，建立企业信息模型。将信息系统功能模型与过程模型进行关联，建立信息系统功能与过程的映射关系。

3）制定发行企业信息化的相关标准和规范

本阶段的工作是在充分了解已有信息化相关标准与规范的基础上，制定一个符合本企业实际情况和需求的发行企业信息化标准与规范手册，以此来约束和规

---

① CASE：计算机辅助软件工程（computer aided software engineering，CASE）原来是指用来支持 MIS 开发的、由各种计算机辅助软件和工具组成的一个大型综合性软件开发环境，随着各种工具及软件技术的发展、完善和不断集成，逐步由单纯的辅助开发工具环境转化为一种相对独立的方法。

范企业的信息化工作，并通过贯彻标准与规范化的方法，来保证设计的集成框架和信息系统具有良好的开放性、可集成性和柔性。

4）信息系统架构设计

本阶段的工作是设计信息系统的集成框架，配置信息系统的功能，并设计信息集成接口。集成框架是支持企业集成的一套方法和体系。根据企业集成的需求，企业集成框架必须具备的特性包括分布性、开放性、应用可移植性和互联性、标准化、可靠性、安全性、高性能、企业集成框架本身的可移植性。前四个特性是企业集成框架的基本属性。

（1）分布性、开放性的要求来源于企业环境本身是分布和开放的，作为支持企业集成的基本架构，集成框架不能排除任何用户将来可能用到的东西，因此它必须采用开放的结构。

（2）应用可移植性和互联性是指应用可以在多个硬件/软件平台上运行和互操作的能力，这是用户对企业集成框架的基本需求。

（3）采用标准化技术或与现有标准兼容是保证企业集成框架开放性和可移植性的基础。

（4）可靠性作为一个关键属性，是指系统持续提供其功能的能力。就像操作系统一样，企业集成框架必须保证系统整体不失效。即使某些服务失效，系统也可以采用恢复服务的方法来提高系统的可靠性。

（5）安全性是用户数据和业务活动的保障，使其不受异常事件的影响，这些事件可能导致用户数据的丢失或引起对集成设施的非法操作。

（6）高性能反映企业集成框架的设计必须具备足够的性能，必须满足应用操作层的需求，这也是在异常和危险情况下系统生存的能力。例如，计算机软件在输入错误、磁盘故障、网络过载或有意攻击情况下，不死机、不崩溃的能力。

（7）企业集成框架本身的可移植性关系到企业集成系统的不断升级，基于企业集成框架的企业集成是一个逐步发展的过程，企业某些关键功能首先被集成上来，然后根据实施计划，逐步将其他功能领域移植进来。因此，企业集成框架的组成、运行方式和运行环境都是动态变化的，必须能够适应和处理不断变化的过程，这就要求企业集成框架本身具有很好的可移植性，以适应不断变化的环境。

在完成集成框架设计后，要进行信息系统功能配置，将功能模型中定义的功能，按照一定的组合，组织成为若干个应用软件系统和子系统。在进行本阶段工作时，如果企业选用商用软件作为其实施信息化的主要工具，则应尽可能参照在当前市场上流行的软件系统和功能模块的划分方法进行系统功能配置。

5）确定信息技术服务管理架构和管理流程

确定信息技术服务管理系统体系结构包括确定服务管理系统所必需的功能与管理方法、信息系统运行管理与维护方法、数据管理和备份方法、网络管理与性能监控方法等。在管理系统的设计和实施中，同样要参照当前市场上比较通用的系统管理软件的功能和性能来进行。信息技术服务管理系统所包含的主要功能有以下几个。

（1）总体计划（管理维护计划）：制订行之有效的信息技术系统管理维护计划。

（2）日常管理，主要包括以下内容。

①信息技术设备管理：信息技术设备包括个人计算机、工作站、服务器、交换机、路由器等硬件设备，信息技术设备管理是对这些硬件设备资产的管理。

②信息系统管理：管理全企业范围内应用的各个信息系统的名称、系统功能描述、版本、开发商/软件供应商、开始应用时间、功能模块描述（或子系统描述）、覆盖的业务域或职能部门等。

③网络通信管理：实时监控企业局域网内的各个服务器、交换机、路由器的运行状况，及时记录各种网络软硬件故障以及维护状况、时间等信息。

④配置管理：配置管理是对配置信息及配置过程的管理。配置信息包括各个应用信息系统的硬件配置信息和软件配置信息。硬件配置信息是应用信息系统所需配置的各种硬件信息；软件配置信息是信息系统与各个子系统间的配置信息（信息系统与子系统的组成关系）。

⑤变更管理：包括各个信息系统的版本、开发商/软件供应商、开始应用时间、原始版本的记录、升级版本号、升级时间、升级版本功能、实时升级状况的记录等。

⑥日志管理：管理各个应用系统用户登录、退出和操作记录以及业务操作情况（如数据库备份等）的日志信息。

⑦故障管理：记录并管理应用信息系统事故/故障发生状况、发生时间、故障原因、故障分析、故障预测以及维护时间、维护状况、解决方案（故障处理方法）等相关信息。

（3）基础管理，主要包括以下内容。

①标准规范管理：管理各个硬件设备和应用信息系统的使用说明文档以及信息系统操作和维护手册、操作和维护的流程规范等相关文档的信息。

②信息人员职责管理：定义企业各信息系统操作人员和管理人员（统称信息人员或信息技术人员）的职责及信息系统关系矩阵，明确信息人员的岗位和职责。

③安全管理：包括网络防火墙的管理和维护、企业各个信息系统的用户权限管理、非法操作的监控和报警等。

6）确定信息系统的实施计划和评价体系

信息系统战略规划的最后一个阶段就是制订一个具有良好可实施性的信息系统实施计划，并根据实施计划，确定信息系统实施过程中的评价指标和评价方法。有多种方法可以用来制订信息系统实施计划，如 Gantt 图方法、Pert 图方法等。

4. 信息技术战略规划

信息技术战略规划关注的是具体信息技术架构和应用系统选型等问题，主要包括确定计算结构、确定信息资源分布、信息技术基础设施建设规划、应用软件选型四个方面的工作。

在确定计算结构的时候，首先要明确计算结构来源于业务需求。通过描述业务需求到计算结构要素的映射关系，对每个计算结构要素进行细致描述可以确定企业对计算结构的要求。

其次要确定信息资源分布，如分布在全球多地点的公司，通常关心某种信息存储在什么地方、什么信息是公司层的、什么信息需要共享等问题。可以用 CRUD（C——产生，R——代替，U——更新，D——删除）来表示每个部门对信息的责任。

再次是进行信息技术基础设施建设规划，创造出良好的信息技术环境，使各种业务解决方案、应用系统和数据都能够不受约束地实现有效的"组装"。信息技术基础设施建设规划的具体目标是：定义系统之间的组织结构；定义不同部件或者层之间的相互关系；定义平台、数据和系统间联系的工具、协议与接口，实现可连接性；制定信息技术资产标准化、购买、开发、实施、管理和淘汰的指导原则；推进不同系统间协同工作的能力；制定强化系统可靠性、稳定性、安全性、可延展性的各种措施和原则。

最后一步工作是进行应用软件选型，选型的主要依据是功能、业务流程、信息格式、系统性能、公司信誉与业绩、成功案例、价格与后续服务能力。

5. 信息资源规划

著名信息资源管理专家霍顿指出：信息资源与人力、物力/财力和自然资源一样，都是企业的重要资源，因此，应该像管理其他资源那样管理信息资源。信息资源规划是指对企业生产经营活动所需要的信息，从产生、获取到处理、存储、传输及利用进行全面的规划。

信息资源规划强调将需求分析与系统建模紧密结合起来，需求分析是系统建模的准备，系统建模是用户需求的定型和规范化表达。在进行信息资源规划时，首先要根据业务工作、内容（而不是按照现行的机构部门）划分出一些"职能域"，然后由业务人员和分析人员组成小组，分别对各个职能域进行业务和数据的调研分析。在进行数据分析的时候，要调研和分析职能域之间、职能域内部、职能域与外单位间的数据的流向，进而建立单位信息系统的功能模型和信息模型，作为整个信息化建设的逻辑框架，并以模型为载体使领导、业务人员和分析人员在信息化建设"要做什么"的问题上达成共识。信息资源规划过程中，还要做好相关标准规范的制定工作。

现有的信息资源规划方法强调以"职能域"划分和数据视图分析为主线，以数据标准为基础，重点形成系统的功能模型和信息模型，在开展信息资源规划时，要注意识别主要业务过程，研究新的管理模式，与机构改革和管理创新相结合，并采用业务流程模型驱动的方法，即以优化后的业务流程为基础，构建企业功能模型，从业务流程中抽取业务需要的信息，形成信息模型，保证信息资源规划的成果能够满足发行企业业务的需求。

五、战略匹配模型与管理框架

1. 战略匹配模型

战略匹配模型是麻省理工学院的 Henderson 和 Venkatraman 于 20 世纪 90 年代提出的一个非常有影响力的模型（秦岭和张志清，2007）。模型从内部环境到外部环境、发行企业业务到信息技术系统两个维度分析了保持发行企业业务与信息技术系统战略匹配的重要意义。他们所提出的战略匹配模型，包含企业战略、信息技术战略、组织基础设施和流程、信息技术基础设施和流程四个组成部分。

1）企业战略

企业战略是指企业的市场和产品的竞争战略，包括企业范围、核心能力、经营管理体制三部分。

（1）企业范围是指企业的业务经营范围、产品类型、所服务的客户群、企业经营的区域分布。

（2）核心能力是指企业如何就其产品和服务与竞争对手展开竞争，采用什么战略使自己的产品和服务区别于其他竞争对手。

（3）经营管理体制关注的是企业所有权的问题，即企业进入特定市场时，以单个实体、联盟、伙伴关系、资源外化中的哪种方式进入。

2）信息技术战略

信息技术战略是指企业信息技术的定位与选择方法，包括技术/系统范围、系统能力、信息技术管理制度三部分。

（1）技术/系统范围是指支持或者创新企业战略的特定信息技术能力（如电子商务），需要与企业战略中的企业范围匹配。

（2）系统能力是指能够推动或者更好地支持现有企业战略的独特的信息技术战略属性，如系统的可靠性、成本/效益水平、系统的灵活性等，它与企业的核心能力概念相关，支持业务所需要的定价、质量、增值服务、优良的分销渠道等战略属性的实现，目的是获得超过竞争对手的比较优势。

（3）信息技术管理制度关注的是为获得信息技术能力所制定和选择的相关管理制度（如信息技术资源外包、开发新的信息技术能力）、决定自主开发还是购买商业软件的决策方法，以及企业与信息技术公司之间的关系（采购、联盟、市场交换、合资）等。

3）组织基础设施和流程

组织基础设施和流程是发行企业的内部资源，为发行企业市场竞争战略的实施提供有效的支持，体现资源的战略整合，包括基础设施结构、流程、技能三部分。

（1）基础设施结构反映了企业的经营结构、各部门的角色、责任和权利结构，如企业采用的部门功能组织结构、管理层次、决策的分散化程度、管理工作流程等。

（2）流程反映了企业的业务流程，包括管理流程和生产流程，体现了企业在价值链上的活动。

（3）技能是指执行企业战略的人员所需要的技能，即为了实现企业战略，需要什么样的经验、能力、职责和相应的准则，需要什么新的技能，和传统的价值准则是否矛盾。发行企业所需要的具有相应技能人员的选聘工作主要由人力资源部门负责。

4）信息技术基础设施和流程

信息技术基础设施和流程是指企业信息技术的相关基础结构、信息技术处理流程和信息技术能力，包括信息技术架构、流程、技能三部分。

（1）信息技术架构是指根据企业业务运营需求和信息技术战略确定的当前和未来的应用系统架构，包含系统组成、应用组合关系、软硬件、通信系统和基础数据结构。

（2）流程是指信息技术处理流程，以信息技术基础设施建设和运行为中心的工作过程，如系统开发流程、系统维护、监控系统的运行过程。

（3）技能是指管理和操作信息技术基础设施所需要的技能，如系统开发、维护、数据管理等能力。

2. 发行企业战略匹配的实现方式

发行企业战略匹配的实现方式包括四种。

第一种方式是从战略执行角度实施一致性匹配，其驱动力是发行企业战略，由高层管理者负责制定企业战略，再将企业战略目标分解到业务部门。信息系统管理者负责实施相应的信息技术支持系统，同时充分考虑信息技术系统的实施成本和服务性能。采用这种方式的一个关键点是对现有组织结构和业务流程进行再造。

第二种方式是从技术潜能角度实施一致性匹配，其驱动力依然是企业战略，高层管理者不仅制定企业战略，还要提出对信息系统的愿景。信息系统的管理者则负责制定信息系统架构，同时要保证技术领先，然后进行信息系统实施。这种方式与第一种方式的差别是在实施信息系统架构和系统时没有组织结构的约束，这就要求组织结构具有一定的柔性。

第三种方式是从竞争潜能角度实施一致性匹配，其驱动力是信息系统战略，由高层管理者根据信息系统战略明确采用信息技术可以获得的竞争优势，据此提出业务发展战略愿景，充分考虑采用信息技术促进产品创新和改进业务流程。信息系统管理者的作用是不断促进发行企业采用先进的信息技术，使企业保持业务领先。

第四种方式是从提高服务水平角度实施一致性匹配，其驱动力也是信息系统战略，由高层管理者根据信息系统战略确定如何采用信息系统战略与信息系统基础结构来改进组织的服务，并确定执行业务改进的优先顺序，用客户满意度作为评价准则。信息系统管理者的作用是指导信息系统的实施，通过信息技术支持业务服务性能的改进。战略匹配的执行是一个不断迭代的循环过程，以信息需求分析作为沟通业务领域和信息系统领域的桥梁。

3. 信息系统战略匹配管理框架

在讨论信息系统战略匹配管理框架之前，先介绍信息系统战略栅格和信息技术的迁移生命周期的含义。

1）信息系统战略栅格

信息系统战略栅格用于定位发行企业应用信息系统的作用和重要性，是了解企业信息系统作用的诊断工具，依据现行的应用系统项目和预计要开发的应用系统项目的战略影响，确定四种不同的信息系统地位。处于高潜能栅格的信息系统具有潜在的应用价值，但是其应用价值当前还没有发挥出来；处于战略栅格的信息系统对开展业务具有非常关键的作用，具有最大的应用价值；处于现场栅格的信息系统是当前企业主要业务运作不可缺少的系统，但是其对企业发展的战略意义已经有所降低；处于支持栅格的信息系统是支持业务流程所需要的系统，但是其战略价值不大，可在必要时淘汰。

2）信息技术的迁移生命周期

信息技术的选择和应用也有一个迁移生命周期。企业构建信息系统时应选择新的技术，使它在企业得到充分的应用。而如果信息系统所选择的技术需要将企业应使用的新技术迁移到淘汰技术，发生了新技术向淘汰技术生命周期的迁移，就说明所选择的技术存在问题。

3）建立信息系统战略匹配管理框架的八个阶段

信息系统战略匹配管理框架是从战略角度描述管理信息系统从系统设计、实施到运行的过程，全过程分为八个阶段。

阶段一，信息系统初步设计：在进行信息系统初步设计时，不要仅考虑技术因素，更重要的是构建以人为中心的战略视图，充分考虑技术、组织、人的需求三者之间互相影响、相互制约的关系。

阶段二，信息系统设计改进：充分考虑用户的应用需求，调整信息系统战略视图，在最大程度上让用户满意。

阶段三，战略一致性匹配：结合企业战略和信息系统战略，按照战略一致性实现方式进行战略一致性匹配，保证信息系统战略能够有效地为发行企业战略服务，同时挖掘信息系统战略给企业创新和业务性能提高可能带来的机会。

阶段四，信息系统定位：采用战略栅格法进行信息系统应用的战略分析，根据战略分析结果确定对不同应用系统的投资策略和实施策略。

阶段五，信息技术分析：根据信息技术迁移图，对采用的信息技术进行分析，选择合适的信息技术作为系统实施的关键技术。

阶段六，竞争优势分析：采用 Porter 的五力模型或者其他合适的方法，分析信息系统实施可以给企业带来的竞争优势。

阶段七，信息系统实施：对所设计的信息系统采用有效的方法实施。

阶段八，信息系统管理：对所实施的信息系统采用增量式的方法进行管理，对企业内部和外部合作伙伴的信息系统与信息技术进行监控和分析，确定企业已经有了哪些系统，有哪些系统和技术需要进行监护，以及新出现了哪些技术和系统，在此基础上确定系统的持续改进方案。

第三节　发行企业信息化整体解决方案

一、信息化整体解决方案的具体内容

对发行企业信息化的规划、组织、控制和管理工作是发行企业信息化整体解决方案的主要内容，是发行企业信息化整体解决方案。

1. 指导思想与理论方法

在明确了信息技术对企业发展具有核心支持作用的基础上，从企业发展战略的高度，以及产品生命周期和发行企业信息化生命周期的角度，采用多视图和不断进化的观点来看待企业的信息化工作。

2. 集成框架

集成框架要对企业的业务过程体系、信息系统体系、应用软件体系、技术支持体系和信息系统管理体系进行定义，并以此作为发行企业信息化的基本蓝图和宏观控制框架，开展应用软件的实施与集成，保证所建立的信息技术体系能够正确调整和连接到业务体系与经营战略上，为企业的生产经营提供有效的支持，保证所实施的信息系统具有良好的开放性、可集成性和可重构性。框架从上到下分成企业入口、企业应用系统、模型与管理系统、网络与数据库系统四个层次。

（1）企业入口层提供了统一的、安全的用户界面，使不同地点、不同身份的用户能够以一致的界面访问企业信息系统提供的各种服务。

（2）企业应用系统层表示了面向不同的业务功能的软件系统。

（3）模型与管理系统层是企业实现产品、过程、资源集成的核心，也是实现不同应用软件之间信息和过程集成的载体。

（4）网络与数据库系统层是发行企业信息化的基础层。

3. 标准规范与评价体系

发行企业信息化实施需要充分借鉴已有与发行企业信息化相关的标准与规范，包括信息技术的标准与规范、行业/企业的管理标准与规范、企业参考模型标准与规范，在此基础上形成符合企业需求的信息系统实施、集成标准与规范。充分采用标准化与规范化的技术和方法，是保证系统具有良好开放性和可集成性的有效方式，也是保证信息系统实施沿着正确的技术路线进行的重要方法与手段。通过建立良好的信息化工作基准，可以对发行企业信息化工作的进展进行科学评价，通过基于时间、成本、绩效的评价指标体系，可以准确地对企业在信息技术上的投资进行效能评估。

二、信息化整体解决方案的实施途径

实施途径在发行企业信息化整体解决方案中起着桥梁的作用，通过实施途径将整体解决方案的各个部分连接起来。在集成框架的控制下，将相关的标准规范技术、系统集成关键技术、集成平台、应用软件等经过有步骤的实施途径集成起来，完成传统企业向未来数字化企业的过渡。在实施过程中，应用整体解决方案中建立的评价体系不断检验信息系统的实施效益。

（1）企业尚未开展信息化应用、信息化基础较差、没有信息化历史遗留问题，这些是这类企业实施信息化有利的一面。对这类企业，开展信息化工作首先应建立良好的信息技术战略观，通过细致的信息化需求分析、信息化规划和管理体系的设计，建立可持续发展的信息化框架，逐步实施发行企业信息化应用。

在本步骤中重点要做好以下几项工作。

①充分了解信息技术的功能和信息技术对企业创新的作用，建立信息技术的战略观。充分分析企业发展战略和业务的需求，充分分析信息技术支持下的新型企业管理模式和业务流程，避免在不合理的组织和流程之下开展后续的信息化设计实施工作。

②设定发行企业信息化发展愿景目标，开展发行企业信息化战略规划，制定发行企业信息化发展的战略框架和实施蓝图。在这个阶段要注意按照业务流程，而不是按照现有的部门来规划企业的业务信息系统，避免产生流程孤岛和信息孤岛。

③根据企业业务对信息的需求，分析企业业务产生、使用的信息，以及这些信息的分布情况，制定企业数据中心的规划，规范企业信息、资源获取、存储和应用，实现一个信息在一处一次录入，全局共享的管理模式，避免信息的重复录入和大量信息副本的情况，避免产生信息孤岛。

④设立发行企业信息化主管岗位，在企业规模比较小的情况下，信息化主管可以由相应的其他高级管理人员兼任，但是必须要有这个岗位，而且信息化主管一定要进入企业的决策层。建立以信息技术服务管理为主要职责的信息化部门，并且建立信息技术服务管理体系和相应的管理制度。

⑤按照企业数据交换和信息化应用在规模与速度上的需求，建立合适的发行企业信息化基础设施环境。因为硬件和网络技术发展迅速，其更新换代的速度非常快，所以在发行企业信息化基础设施的建设过程中不要过分追求超前，要根据企业未来3~5年对信息化基础设施的实际需要来进行建设。

⑥根据企业的信息化蓝图，逐步开始实施企业的信息化系统。在实施信息系统时，采用业务需求主导的发展模式，并且建立相应的信息化评价体系来考核信息化工作的进展情况。在发行企业信息化过程中，从开始阶段就要重视数据标准规范的制定和数据中心的建设，在每个单元信息系统的实施过程中都要充分重视系统对外数据接口的设计，避免信息孤岛的产生。

（2）当企业已经有了一批单机的信息化应用系统，但是这些系统以信息孤岛的状态运行时，信息化管理水平相对也比较低。对这类企业实施信息化同样需要完成步骤（1）中①～④所介绍的工作，另外由于有了一定的信息化基础，也存在信息孤岛问题，以下几个方面的问题需要特别加以重视。

①实现信息化管理水平的跨越发展，避免企业的信息化管理脱离公司的业务战略。

②重视并解决业务战略与信息技术的脱节问题，改造过去主要用于提高个人

事务处理效率的信息化应用，使其变成支持企业业务战略目标的信息化应用。

③开展信息孤岛的集成与整合，在进行信息孤岛集成和整合的过程中，不鼓励采用点到点的接口方式完成不同应用系统之间的信息共享，要按照优化后的业务流程需要重新确定信息系统的功能配置，制定更合理的信息产生、使用、存储方法与管理模式，实现面向业务流程的信息系统功能配置，建立企业数据中心，对企业所有数据实现单一信息源管理。

④在改造或者淘汰落后的信息系统时，要充分重视将这些系统过去积累下来的信息资源进行整合和重用，必要的时候可以编制特定的转换程序进行数据格式的转换，并将这些信息资源存入企业数据中心进行有效的管理。

（3）若企业已经有了初步集成的信息化应用系统，也已经开展了信息化规划的工作，其信息化管理水平就有了比较大的提高。这类企业在实施信息化和提升其信息化管理水平的过程中重点需要完成以下工作。

①加强信息化战略与业务战略的融合，修改/重新制定信息化战略规划，重新设计信息系统架构，使其服务于企业的业务战略目标。

②加强信息系统的集成和整合，按照企业发展战略的需要，实现面向业务战略和流程的信息系统功能配置。

③充分重视信息资源的管理和应用，制定更合理的信息产生、使用、存储方法与管理模式，建立企业数据中心，对企业所有数据实现单一信息源管理。

④设立信息化主管岗位，建立以信息技术服务管理为主要职责的信息化部门，并且建立信息技术服务管理体系和相应的管理制度。

（4）当企业已经达到了较高的信息化管理水平时，要将已经积累下来的信息技术和信息资源优势转化为业务战略优势，全面实现业务和信息技术的融合，进一步提升信息化管理水平，向战略匹配管理这一信息化管理的最高境界迈进。

第五章　发行企业信息化的应用技术

第一节　发行企业建模方法

一、发行企业信息化对模型的需求

当前发行企业信息化过程中比较突出的问题是：缺乏对业务模式和业务需求的正确理解；缺乏良好的发行企业信息化规划；不同应用软件系统之间缺乏有效的集成；实施的信息系统缺乏良好的灵活性，要解决这四个方面的问题都离不开企业模型的支持（贾君枝，2007）。

1. 对业务模式和业务需求的正确理解需要企业模型的支持

ERP/产品数据管理（product data management，PDM）等管理类软件的应用对象是企业管理和业务流程，为了提高管理类软件的实施成功率，迫切需要建立科学的、有共识的交流媒介——企业模型，通过企业模型准确地描述和理解企业业务模式与业务过程，更好地理解企业是如何运作的，从业务需求源头实现业务运作与信息化的融合。

2. 发行企业信息化规划需要建模工具的有效支持

信息化规划涉及企业的业务战略规划、信息系统发展战略、信息技术发展战略、信息系统和信息资源的建设方案等，信息化规划的过程是信息技术和发行企业业务的融合过程，但是这个"融合"并不是简单地利用信息系统对手工的作业过程进行自动化，而是从业务角度出发，基于业务过程再造的思想和方法，综合运用信息技术实现发行企业业务过程的电子化和信息化。

基于企业模型的发行企业信息化规划与实施方法的框架是解决问题的关键。有了企业建模和基于企业模型的业务分析技术，信息化需求直接来自于发行企业业务模型，保证了信息化需求的准确性和完整性，避免了信息化需求的失真，基于模型的信息化实施和维护方法也为企业实现数据集中管理、资源整合、知识积累、系统进化提供了有力的支持，因此良好的发行企业信息化规划和实施离不开有效的企业建模方法和工具的支持。

3. 发行企业模型是实现不同应用软件系统间集成的基础

发行企业建模是实现企业集成的基础，基于企业模型实现企业集成的框架结构，用于保证系统与系统之间对于同一个信息有相同的理解。

4. 基于发行企业模型是提高信息系统灵活性的有效方法

为了应对外部竞争环境的变化，发行企业的组织结构和业务过程将会不断调整。由于应用对象变化了，管理类软件也要随之进行调整以适应企业的变化。提高业务管理软件系统柔性，灵活地进行软件重组，使其能够适应应用环境的变化，快速满足用户的需求是提高管理软件应用成功率的关键问题之一。

采用企业建模的理论和方法，建立业务模型、软件实现模型和软件构件模型，实现业务模型、软件实现模型到软件构件模型的转换和映射，建立起业务到信息系统构件间的关联模型、配置模型和工作流模型。采用修改工作流模型和构件配置的方法对信息系统进行调整，适应发行企业业务需求。这种通过配置和重组软件构件快速生成新信息系统的重构技术方法，可以有效提高业务管理系统的柔性和实施成功率，建立发行企业模型采用的重构技术方法是提高信息系统灵活性的关键。

二、发行企业模型的定义与类型

1. 企业模型的定义

1）模型的定义及其形式

模型是人们为了研究和解决客观世界中存在的问题，而对客观现实经过思维抽象后，用文字、图表、符号、关系式以及实体模样，描述客观对象的一种简化表示形式。一般来讲，模型都包含一个完整的概念集合、一套相应的表达方法以及必要的规则约束，它们为人们抽象地表达客观对象提供了一个参考性的框架环境。

一般来说，模型主要有三种基本表示形式：形象模型、模拟模型、数学模型。在具体的一个问题分析过程中建立什么样的模型，由研究者根据研究的需要和是否方便来决定。无论用什么方式来进行抽象，模型一般总是用一种语言表示，这个语言可以是由构件组成的形式化语言。形式化程度最高的是数学语言，形式化程度最低的是自然语言，处于中间程度的是符号语言、图形或框图语言、半形式化语言和形式化描述技术。

需要强调的是，模型不是客观世界的全部，它仅仅是客观世界经过抽象的简化表示，在建立模型之前必须有一个清楚的目的，并根据这个目的决定简化哪些细节或强调哪些部分。建立模型的目的是解决客观世界中存在的问题，而不仅仅是为了描述客观世界，所建立的模型应该方便问题的解决，在可以满足解决问题需要的情况下应该尽量简化模型。

2）企业模型的定义及其特点

企业模型是企业在经营管理中所具有的组织机构和职能的抽象表示。一般可通过企业模型图实现。由于企业是非常复杂的系统，它一般不可能用一个模型描述清楚。

发行企业模型具有以下两个显著特点。

（1）发行企业模型通常是由一组模型组成的，每个子模型完成发行企业某一个局部特性的描述，按照一定的约束和连接关系，将所有的子模型组成在一起，构成整个发行企业模型。

（2）发行企业模型具有多视图特性，即需要采用多个视图从不同的侧面描述发行企业。每个视图从一个侧面描述发行企业的一部分特性，不同的视图之间相互补充，共同完成对企业的描述任务。例如，功能视图描述企业的功能特性，信息视图描述企业使用的数据之间的关系，组织视图描述企业的组织结构，过程视图描述企业的业务过程等。因为这些不同的企业视图描述的是同一个企业对象，所以这些视图之间具有内在联系，既相互集成又相互制约。

2. 企业模型的类型

虽然企业建模的内容非常多，建模的目的也多种多样，但这些内容和目的最终都要落实到具体的建模内容或者建模对象上，并且需要采用一定的方法完成这些内容或者对象的建模。企业建模需要说清楚以下几个用英文表示的问题，即 What、How、When、Who、Where、How much 和 Why。

（1）What 主要说明企业是做什么的、企业完成哪些操作、处理什么对象。

（2）How 定义了企业的行为，即企业完成这些操作的方式和过程。

（3）When 说明企业业务的时间顺序，同时还表明企业是一个动态变化的系统。

（4）Who 说明完成企业功能所需要的组织、人员和资源，即由谁或什么设备完成企业操作。

（5）Where 关心的主要是企业业务的地理分布、物料供应和信息链接方面的描述。

（6）How much 反映了企业的经济特性，说明了企业的成本组成、效益等问题。

（7）Why 回答企业的业务战略问题，即企业实施上述的 What、How、When、Who、Where、How much 后能够达到什么样的战略目标。

下面具体说明一个企业根据需要可以建立的模型。

1）产品模型

企业通过对外提供产品和相应的服务从市场上获得回报，因此产品是制造企业最终创造经济效益的载体，描述一个企业首先需要描述其产品。现代产品日益复杂，其相应的设计、工艺、制造、检验过程也非常复杂，围绕一个产品的生命周期，需要生成和使用大量的文档，因此描述一个产品除了产品的设计信息外，还需要提供相应的产品文档信息。

2）过程模型

企业的业务过程由一系列相关任务组成，这些任务按照企业的管理规章和业务过程顺序或并行执行，最终完成企业的经营目标，如提供一种产品和服务。过程模型描述了企业的业务过程。

3）组织模型

企业的业务工作总是在一定的组织结构下进行的，目前企业常用的组织结构描述形式是组织结构图，反映了企业功能和权力的上下级关系，属于企业静态功能组织结构，它不能反映企业组织结构对项目管理、企业集成、多功能组的建立、角色分配等活动的动态支持作用，因此除了目前的组织结构图以外，还需要建立能够支持企业动态特性的组织模型。

4）功能模型

对于外部世界而言，发行企业的功能是提供产品以及相应的服务。为了对外提供产品和相应的服务，企业需要组织不同的人员来协作完成产品的设计制造。这些人员完成不同的任务（功能），所完成的功能是企业整个功能的一部分。功能建模提供了一个描述企业的功能分解及功能之间相互关系的方法。

如何将发行企业整体功能分解到每个细致的功能是一个复杂的工作，分解工作的复杂性源于以下约束因素。

（1）所有分解得到的功能合并起来必须能够完成企业的总功能。

（2）需要建立分解得到的不同功能之间的约束关系，如功能之间的信息传递关系、资源、竞争关系等。

（3）企业功能的分解不可能一次完成，需要进行多次分解，需要管理这些多层次功能模型之间的一致性。

5）信息模型

信息是企业进行事务处理，实现业务功能的基础。一种信息可能以几种不同的方式存储在几个不同的系统中，信息建模需要完成企业数据的合理、规范的组织，在此基础上建立信息模型，为信息系统实施奠定基础。信息模型也是实现信息集成和保证信息系统高效可靠运行的基础。

6）资源模型

资源是企业完成业务功能在物质和能力上的保证。企业资源包括企业的设备、厂房、动力供应、运输设备、原材料及计算机软硬件资源，有时将人也看成一种资源。建立发行企业资源模型一方面是为了对发行企业资产有更清晰的了解，另一方面是为了更好地发挥发行企业资源的作用，提高资源使用均衡率和利用率。

7）人员模型

人员的相关信息经常保存在组织模型中，但是把人员仅看成单纯的劳动力还不够，对于高技术型企业，应该研究如何合理分配人和机器的工作，使人和机器协同工作，发挥人的智力因素，避免让人去做枯燥的重复劳动，这就需要在知识管理的层次上来考虑人员的作用，并建立相应的人员组织模型、人员任务分配，研究调动人员的主动性和创造性的机制与方法。

8）经济模型

经济效益是衡量一个企业经营成绩最直接的指标，评价经济效益的方法很多，目前常用的方法有基于活动的成本计算（activities-based cost，ABC）法、成本核算方法等。建立能够较好地反映企业运转情况的效益评价模型是十分有意义的，它可以为全面正确地衡量企业的运转效率提供客观的依据，同时为企业改进其业务过程性能提供努力方向。

9）决策模型

决策的正确性关系到企业的生存与发展，快速正确地进行决策对于企业赢得市场竞争有决定性的作用。建立能够正确反映企业现状和市场环境的决策模型是进行正确决策的基础，合理的决策模型对于避免决策过程的片面性和盲目性，提高决策过程的科学性和规范化程度也有重要的作用。

三、发行企业建模的基本框架

一个集成化发行企业建模方法的框架是由生命周期维、通用层次维、视图维组成的一个三维立体结构。

1. 生命周期维

生命周期维是集成化发行企业建模框架的时间维，反映了发行企业信息系统生命周期包含的需求分析、系统设计、系统实施和系统维护四个阶段。在不同的阶段，对发行企业模型的需求不同，而且发行企业模型要伴随生命周期过程不断演进。

在生命周期的不同阶段，建模的工作内容和建模输出的模型各有侧重。

（1）需求分析阶段。该阶段的主要任务是建立企业现状（产品、过程、资源、组织、功能和信息六个方面）模型，通过模型的分析找出当前业务现状与企业战略目标的差距，得出企业对业务系统功能和业务过程的改进需求，即说明为了实现企业的业务战略目标，企业在产品、过程、资源、组织、功能和信息等方面需要做什么改进。

（2）系统设计阶段。在需求分析模型的基础上，逐步建立独立于具体实施语言和实施方式，并可被计算机识别的设计模型。过程视图得到细化并可进行仿真分析，据此对业务过程进行优化，其他视图也在保证各视图模型一致性和信息集成的基础上进行补充与完善。

（3）系统实施阶段。在设计模型的基础上，通过定义具体的操作者、执行器、资源实体、组织单元、应用软件，形成系统的实施模型，所得到的实施模型在给定的系统软件、硬件和网络环境下，按照系统规划的实施步骤逐步开发，并投入运行。

（4）系统维护阶段。建立系统的维护模型，对投入运行的系统进行维护，通过文档管理、版本控制等方法实现对系统的有效管理和监控，并对运行过程中发现的问题和提出的新需求进行记录与管理，所积累的需求和文档是下一个建模生命周期的输入。

2. 通用层次维

通用层次维分为通用模型、参考模型、应用模型三个层次。

（1）通用模型层。通用模型层提供了企业建模的基本模型构件以及与建模活动相关的约束、规则、术语、服务和协议等，该层次的模型具有通用性，适用于各类企业。

（2）参考模型层。在通用模型层的基础上，以行业为背景，通过对行业典型业务过程和行为特征的分析与提炼，形成各种参考模型，每种参考模型通常可以适用于行业的所有发行企业。

（3）应用模型层。应用模型为适用于特定发行企业的模型，这个模型一般根据发行企业的实际情况，在行业参考模型的基础上进行修改补充完成。

3. 视图维

集成化发行企业模型的视图维包含过程、功能、信息、资源、组织和产品六个视图，每一个视图模型反映了发行企业特征和行为的一个侧面，这六个视图中以过程视图模型为核心。

（1）过程视图：通过定义组成企业活动及其活动之间的逻辑关系来描述企业工作流程，使系统按照过程横向设计，而不是按传统的功能和部门划分，满足企业核心价值流的要求。

（2）功能视图：说明企业中需要完成的工作或任务，对业务目标进行分解和解释，确定各业务功能的逻辑结构和相互关系。

（3）信息视图：说明企业处理的业务对象中所包含的信息，即执行具体功能的活动的输入、输出数据以及这些数据之间的逻辑关系。

（4）资源视图：对资源类型和实体进行描述的视图，定义了企业中资源之间的逻辑关系和资源的具体属性，描述资源结构。

（5）组织视图：定义企业中人的组织形式，描述企业的组织对象和组织对象间的联系以及员工的具体属性。过程活动的执行者可以是某个部门、职位、角色或人员。

（6）产品视图：定义了企业产品结构，描述各阶段产品的属性和产品的演化过程。

上述六个视图不是孤立的，而是有着密切的联系。

四、发行企业各种建模方法

1. 产品建模方法

1）产品视图的概念

产品视图是指对发行企业中各种产品实体、产品实体间的联系以及产品实体与其他企业要素（如过程）关系进行描述的模型。其中，产品实体指产品及其零部件。产品视图描述了企业产品的构成情况，主要包括企业生产哪些产品、这些产品由哪些部分组成、与企业其他要素关联的信息等内容。

产品视图中涉及的主要关联要素包括以下内容。

（1）过程要素。产品实体都有一系列过程与之相对应，如设计过程、制造过程、存储过程、运输过程、销售过程（作为备件）、信息维护过程和管理过程等，由此还能引出与产品实体不直接相关的企业业务过程。

（2）资源要素。伴随着每一个产品实体的处理过程或步骤，都有资源与之相对应，如设计资源、制造资源、人力资源、运输资源和存储资源等。

（3）组织要素。每一个产品实体的处理都有一系列执行者（组织、角色或职位），如设计部门、工艺部门、生产部门、计划部门、财务部门（成本方面）、设计师、工艺师等。

（4）功能要素。产品实体的变化是通过发行企业活动来完成的，而企业活动则反映了企业的某种功能。

（5）信息要素。在产品实现过程中，要产生和处理大量的信息。

产品实体通过一定的过程与资源、组织、功能和信息等发行企业要素发生联系，为了降低复杂性，将产品视图定义为不直接与资源视图、组织视图、功能视图和信息视图发生关联，而是通过业务过程中的活动与它们建立间接的关联。

2）产品建模步骤

（1）定义产品视图元素。产品建模需要定义产品视图中的各个元素。

①产品族：企业中一类产品的集合，如自行车、摩托车等。

②产品：企业中某个特定的产品。

③部件、零件、待加工件：按照产品生产加工的工艺顺序划分的产品对象，部件由零件及小部件装配而成，零件由待加工件加工而成。

④零件库：由标准零件按照一定分类组成的集合。

⑤非零件库零件：零件库中没有的非标准零件。

⑥零件库零件：零件库中的标准零件。

（2）建立产品结构树。采用树的形式来表达静态产品结构，一种产品定义为一棵树，树中的每一个节点代表一个部件或零件，顶层节点代表该产品，在节点上还定义一些属性。

通过设置节点属性来描述产品实体，一个节点至少包括以下属性。

①标识号：产品实体的唯一标识符，不同的产品实体使用不同的标识号。

②名称：通常人们所理解的产品及零部件名称，如齿轮、轴承等。

③单位用量：该节点的一个父件所使用该节点所代表产品实体的数量。

④层次码：节点在产品结构树中的层次，产品为 0 层，再往下是 1 层，以此类推。

⑤父节点：用父节点的标识号描述。如果企业中存在结构相似的产品，那么可将同类产品组成产品族，作为这些产品的父节点，但是产品族节点与产品的各个节点不同，它只发挥类似文件夹的作用。

2. 过程建模方法

事件驱动的过程链（event-driven process chain，EPC）模型是一种较常用的业务过程建模方法。

EPC 模型的主要元素是功能和事件，功能被事件触发，功能也能产生相应的事件。业务过程的控制流由交替出现的功能和事件彼此连接而成，通过对事件的逻辑操作（如与、或、异或）或更复杂的逻辑运算，反映业务逻辑中的分支选择、汇合连接、并发等业务逻辑关系。

（1）业务事件。业务事件通常是完成某一功能后的响应，当过程的状态发生改变时即产生业务事件。

（2）业务功能。业务功能通常是一个活动或一项任务，由组织单元中负责此功能的人来完成。

（3）控制流。控制流是连接功能与事件的有向弧，用以表示业务过程的控制逻辑。

（4）逻辑操作符。逻辑操作符用来实现业务控制流的分支与汇合，主要包括与、或、异或三类简单的逻辑操作。

（5）信息对象。信息对象是完成业务功能所需要的元数据，它们既可以作为功能的输入，也可以作为功能的输出。

（6）组织单元。组织单元为负责执行功能单元的组织。

3. 组织建模方法

组织模型是用来定义发行企业组织形式和人员的模型，描述了企业的组织对象、组织对象间的联系以及与其他视图模型间的关系等。

1）定义组织模型的元素

一个组织模型包括以下元素。

（1）组织结构：描述企业的组织结构。

（2）组织单元（organization unit，OU）：由人员/企业基本组织单元和低层组织单元构成，组织单元间的隶属联系构成企业的组织结构树，组织结构树描述了企业的静态层次结构。

（3）企业基本组织单元（basic organization unit，BOU）：是完成基本任务的一个人、一台机器或若干人、机器或其他资源的组合，BOU 在企业中是稳定和不可再分的。

（4）虚拟组织单元（virtual organization unit，VOU）：不是企业中实际存在的组织部门，而是指企业中几个部门的组合，这一概念可用于表示企业高层管理人员对几个下级部门的管辖权。

（5）工作组（work group，WG）：企业中以执行某一生产经营任务为目标，动态组建的一种跨部门人员组合。

（6）人员（human，H）：组织中包含的人员。

（7）角色（role）：描述了完成一种企业职能所需要的具有特定技能或职位的人员属性，如合同审核员、机械加工人员、专利审批员。

（8）职位（position）：面向企业行政责任的组织属性，代表企业人员在管理上的等级关系。

2）建立企业组织结构树

组织模型中组织单元、基本组织单元和人员间关系构成企业组织结构树，它描述了企业的静态组织结构，适用于传统的层次型组织方式。

组织建模方法需要提供灵活的结构，以满足描述不同企业或企业中不同组织形式的需求。针对某一项目，企业可以组建项目团队，项目团队描述了企业的动态组织结构，适用于面向并行工程、敏捷制造等企业组织方式。通过同时使用组织结构树和团队两种描述方法，可以描述混合型的企业组织方式。

3）组织模型中角色的演化

随着企业建模生命周期中模型自顶向下逐步明确，组织模型中的角色不断分解化，在需求定义阶段，产生的可能是顶层 OU 或团队的角色，在设计说明阶段，则产生所有 OU、人员、BOU、团队的角色。在过程模型中提出对角色的需求，并存储在组织模型中，组织模型完成将角色组织成 OU 和团队、将角色分配给人员或 BOU 的工作。

4. 功能建模方法

功能建模采用标准的 IDEF0 建模方法。IDEF（ICAM definition method）是集成化计算机辅助制造（integrated computer aided manufacturing，ICAM）中的概念方法，是在系统结构化的设计与分析技术（system analysis and design technology，SADT）基础上发展的一套系统分析和设计方法。IDEF0 方法是其中的一个内容，用于描述系统的功能活动及其联系。它以图形表示完成一项活动所需要的具体步骤、操作、数据要素以及各项具体活动之间的联系方式，建模过程采用严格的自顶向下、逐层分解的方式进行。

1）定义"活动"与"关联事物"

IDEF0 用框图代表功能活动，与框图相连的箭头表示与活动关联的各种事物。

（1）"活动"是 IDEF0 最基本的元件，通过使用动词描述活动特性。

（2）"输入"（input）是指活动需要"消耗掉"、"用掉"或"变换成输出"的事物。

（3）"输出"（output）是指活动的结果。

（4）"控制"（control）是该活动所受的约束或进行变换的条件、工作的依据。

（5）"机制"（mechanisms）是该活动赖以进行的基础或支撑条件，可以是执行活动的人或硬、软设备。

（6）"调用"（call）是指完整执行框图所代表功能的处理器。

2）定义交换信息箭头

交换信息箭头分为两大类：一类称为内部箭头，两端分别连到图形内的两个框图上；另一类称为边界箭头，两端中的一端是开的，表示由图形以外的活动所产生，或由图形外的活动所使用。

各种不同工作情况下的各种箭头画法描述如下。

（1）实线箭头。实线箭头代表的是事物或数据，因此可以"汇合"、"分流"或"共用"。

（2）通道箭头。为了简化图形，如果有些箭头在不同层次上对分析问题没有用处，可将它屏蔽起来，这种画法称为通道箭头。

（3）双向箭头。在图形中可用双向箭头来连接两个互为输入或互为控制的框图。双向箭头的上方或右侧分别加上一个"·"表示强调，以引起注意。

（4）虚箭头、选择箭头和调用箭头。虚箭头表示触发顺序，选择箭头表示两者取其一，调用箭头是在框图位置指出，但方向向下的箭头，表示完整地执行了该框图所代表的功能的处理器已在另一模型中进行了细化，若需要了解细节，就可按调用的图号（或节点号）在另一个模型中找到有关图形。

3）定义图表

IDEF0 标准图表格式由图表头部分（图表的上部）、表信息部分和标识部分三大部分组成，上部记录了有关工作过程的信息，整个图表完成后可以删去（裁剪掉）。

IDEF0 方法的整个模型是一组按递阶层次分解的图形，用节点号来表示图形或框图在层次中的位置。活动图的所有节点号都用字母 A 开头，顶层图形为 A0 图。在 A0 以上用一个框图来代表系统的内外关系图，编号为 A-0（读 A 减 0）。每个节点号是把父图的编号与父模块在父图中的编号组合起来，每增加一"代"，节点号的位数就增加一位。

5. 信息建模方法

信息视图的建模方法采用标准的 IDEF1X 方法。IDEF1X 方法是 IDEF 方法中的一部分，它是在实体-关系（entity-relationship，E-R）模型基础上发展起来的一种信息建模方法。

IDEF1X 方法主要包括逻辑模型和物理模型两个层次的系统数据模型。逻辑模型面向业务，描述信息（即数据）的结构和业务规则，不考虑物理实现的问题；物理模型从数据库设计和物理实现的角度描述数据结构，并针对特定的数据库管理系统进行优化。

在 IDEF1X 建模方法中有实体、联系、属性、键等基本建模元素，其建模过程可以分为定义实体、定义联系、定义属性和定义键几个阶段。

1）定义实体

实体是一个具有相同属性或特征的现实和抽象事物的集合。实体分为独立实体和从属实体，独立实体指该类实体的每个实例可唯一标识，而不依赖于该实体与其他实体的联系。从属实体指该类实体的每个实例的唯一标识依赖于该实体与其他实体的联系。

IDEF1X 用矩形方盒子来表示实体，方角盒子用来表示独立实体，圆角盒子用来表示从属实体，实体名必须是一个名词短语，这个名词短语描述了实体所表示事物的一个集合，而且是单数而不是复数，允许用缩写和字母缩写词。实体名必须是有意义的且在整个模型中保持一致，实体的形式定义和同义词（或别名）的清单必须在模型的词汇表中给出。一个实体可以出现在多张 IDEF1X 图上，但在一张图中，只出现一次。

2）定义联系

（1）连接联系。连接联系描述了实体之间的逻辑关系。连接联系中建立的两个实体，一方称为父实体，另一方称为子实体。父实体的每个实例都与子实体的0个、1个或多个实例相连接，子实体的每个实例精确地与父实体的1个实例相连接。即只有与之相连接的父实体的实例存在，子实体的实例才能存在。例如，实体"客户"与"订单"，一个客户可以发出0张、1张或多张订单，每张订单必须由一个客户发出。

连接联系中每个父实例可以对应存在几个子实体的实例，其关系可以用联系基数来表示，联系基数标注在靠近子实体的小圆点旁边。

一个连接联系应该用动词或动词短语来命名，联系名被放在关系连线的旁边。相同的两个实体之间的联系名必须是唯一的，但对整个模型而言并不要求所有联系名是唯一的。联系名总是按父到子的方向来表示，因此一个语句可形式化为四部分的组合："父实体名"＋"联系名"＋"基数表达式"＋"子实体名"。

连接联系分为标定联系和非标定联系。在标定联系中，子实体的每个实例都是由它与父实体的联系确定的，子实体总是一个从属实体。在非标定联系中，子实体的每个实例都能被唯一地确认而无须了解与之相联系的父实体的实例。

（2）分类联系。"完全分类"与"不完全分类"的差别只在于鉴别器的画法不同。一般实体中，用作鉴别器的属性名字写在圆圈旁边。尽管联系本身并没有明确地进行命名，但一般实体到分类实体的联系可读作"可以是"。对分类的完全集而言，判别联系可读作"必须是"。

（3）非确定联系。非确定联系即"多对多联系"，即关联两实体之间的任一实体的一个实例都将对应另一实体的0个、1个或多个实例。在建模过程中，这种联系必须不断地被细化，而当联系的任一端出现确定的"1"时，就成为确定的连接联系了。在处理非确定联系时，通常引入第三个实体来充当两个实体的公共子实体，这个被引入的实体称为"相交实体"，通过它将非确定联系变成确定联系。

3）定义属性

属性是一类现实或抽象事物即实体的一种特征或性质（如人、物、地点、事件、概念等），属性实例则是实体的一个实例的具体特性。属性实例由特征型和值来定义，这个值也称属性值。属性实例有一个确定的值，称为"属性值"，写在实体的方盒内。实体的每一个属性都必须具有一个单一且确定的值。

4）定义键

如果实体的一个属性或者属性组的值能够唯一确定这个实体的每一个实例，则此属性或属性组称为实体的"关键字"。一个实体必须至少有一个关键字，且必须指定其中的一个关键字为主关键字（primary key，PK），简称主键；其他关键字称为次关键字（alternate key，AK），简称次键。如果一个实体有多个次键，可以在 AK 后面加上一个整数序号来表示其顺序。

两实体之间存在确定连接和分类联系时，构成父实体或一般实体主关键字的属性将被继承为子实体或分类实体的属性，这些继承属性称为外来关键字（foreign key，FK），简称外键。标定连接联系中，父实体的主关键字的所有属性继承为子实体的主关键字的一部分。分类联系中，所有分类实体的主关键字都是由一般实体的主关键字通过分类联系继承而得到的。一个子实体对同一个父实体可以有多种联系，对每个联系，父实体的主关键字都将在子实体中作为继承属性。对于子实体的一个给定实例，继承属性的值对每个联系都可以不相同。因此，当一个属性被继承多次时，可以对应子实体中的多个实体，继承后在子实体中的属性名称称为父实体中属性的作用名。

6. 资源建模方法

1）资源及其分类方法

资源是支持企业活动的实现过程的实体（人或设备），包括：①原材料、在制品；②产品与半成品；③人力资源；④技术资源（包括技术文档、软件等）；⑤设备资源（包括工具、机器等）；⑥信息资源（包括数据、知识等）；⑦财务资源（包括资金、信誉度等）；⑧能源资源；⑨时间资源；⑩无形资产（包括品牌、商标、专利、管理机制等）。企业的资源可以根据其特性进行分类。首先定义通用的资源类型，这一类型具有一些通用的、必要的性质。然后，对这一通用资源类型进行细化，定义一系列子类。子类继承父类的性质，并增加新的性质，或对父类资源性质进行重载，以描述更特殊的资源。

2）资源的属性

资源建模需要描述资源的以下几个通用属性。

（1）资源的可重用性：描述资源是否可以重复使用。一个可重复使用的资源是可以被再次使用的，否则就是不可重复使用的。

（2）资源的共享性：描述资源是否可被多个过程、活动所共享。

（3）资源的可移动性：描述资源是固定位置的，还是可以改变位置的（可以移动的）。

（4）资源的自治性：对可以移动的资源而言，它可以是自治的、非自治的或半自治的。自治的资源是指资源自己具有决定移动到哪里的能力，非自治的资源是没有能力自己决定移动方向的，而半自治的资源是指可以在其他资源的控制下移动的资源。

（5）资源的独占性：一个非独占资源是指其所进行的工作可以被中断，在完成其他工作后，继续未完成的工作。人是典型的非独占资源，而一般加工设备是独占资源。

通过以上分析，考虑到企业资源的管理，资源可以用以下属性进行定义：资源的标识（ID）、资源的类型（资源在企业资源结构中的地位）、资源的性质（可重复使用性）、资源的能力、资源的可用性、资源的作用、资源的功能性（由资源的功能操作集合定义）、资源的位置、资源的共享性、资源的可移动性、资源的独占性、资源的成本性（工时等）、资源的状态。

资源的定义还涉及资源的可用性和能力两个概念。资源的可用性可以定义为：一个从时间维到集合{可用，不可用}的映射。资源的可用性涉及资源的状态和对资源的使用、调度问题。以下几种情况影响资源的可用性：①空闲；②被使用或被预订；③暂时失效；④彻底失效或不存在。资源的另外一个重要概念是资源的能力。资源的能力是指资源支持某一活动的能力。一般用能力集对资源的能力进行描述。

3）资源模型与资源建模

资源模型是一个通过定义企业资源之间的逻辑关系和资源的具体属性，从而描述企业的资源结构的模型。资源建模是一种建立描述资源模型的方法与技术，它通过定义资源实体及其相互间的关系来描述企业的资源结构和资源构成。

（1）资源模型包括的内容。

①资源分类的描述：企业包含多种资源，如物料、人、设备、软件等，这些资源在企业活动中扮演着不同的角色，而且它们的属性也有很大的差异，因此首先需要对资源进行分类。为了更深入地刻画资源在企业经营活动中发挥的不同作用，在企业建模方法中将资源分为物料类资源和支持类资源，物料类资源构成物流中活动的输入与输出，支持类资源用于支持活动的完成。

②支持类资源的描述：在建模的不同阶段，使用不同的概念来描述支持类资源，包括能力集、资源实体、资源组合等。

③物料类资源结构的描述：即物料类资源间的 Part of（是……的一部分）和 Consists of（由……组成）关系。

（2）资源建模。首先给出资源模型的一些术语，然后对资源进行分类。在资源分类的基础上，给出资源的描述方法，最后给出物料类资源、支持类资源以及活动间的关系。

①资源型：从资源分类的角度描述企业资源，可以嵌套定义，子资源型对象可以继承其父资源型对象的属性，从而构成企业的资源分类树。

②资源实体：描述企业的原子级的资源。

③资源池：是具有同类属性和同种行为的资源的一个编号资源的集合。对于

同类资源，使用资源池描述资源的组织；对于不同类的资源，使用资源组合的概念描述资源的组织。另外，资源池也可以认为是一种资源组合。

④资源组合：是不同类资源的集合，它们组合在一起，共同完成某个活动。资源的组合方式有两种：永久资源组合和临时资源组合。

物料类资源构成活动的输入与输出，支持类资源用于支持活动的完成。支持类资源又可分为功能类资源和辅助类资源，功能类资源是主动的资源（如人、自动导引小车、专家系统等），它通过功能操作来表现它的能力，可分为人、设备和应用三类。辅助类资源是被动的资源（如工具、手推车、测量设备等），它本身不能提供任何功能，需要被功能类资源使用，形成组合资源，共同完成某些功能。

第二节　发行企业集成技术

一、发行企业集成平台

发行企业业务协调运作首先需要实现企业系统集成，良好的集成支持工具可以帮助企业快速实现企业系统集成。企业集成平台是支持企业集成运行的使能工具，其主要功能是为企业中各种数据、系统、过程等多种对象的协同运行提供公共服务及运行时的支撑环境，降低实现企业内部的"信息孤岛"集成的复杂度，提高应用间集成的有效性，将发行企业信息化规划中确定的各种应用系统、服务、人员、信息资源及数字化设备的协同关系固化到集成运行的系统中。

1. 企业集成平台概念

企业集成平台概念的提出和发展受到企业应用需求和计算机技术发展两方面的驱动。一方面，企业中各种业务信息系统（包括各种遗留信息系统）数量的增加，为企业集成平台的应用提出了明确的需求；另一方面，计算机及软件技术水平的提高促进了企业集成平台技术的发展。

随着对集成平台的研究和应用的不断深入，集成平台的概念和功能也在不断扩展，出现了狭义集成平台和广义集成平台两种概念。狭义集成平台是指一个软件平台，它为企业内多个应用软件系统或组件间的信息共享与互操作提供所需的通用服务，达到降低企业内（间）多个应用、服务或系统之间的集成复杂性的目的。广义集成平台则是指由支撑软件系统（狭义集成平台）与其他完成不同业务逻辑功能的各应用系统一起组成的数字化企业的协同运行环境。而无论广义集成平台还是狭义集成平台，其核心内容都是为企业提供集成所需要的服务，并对集成系统进行管理。

2. 发行企业集成平台的基本功能

由于硬件环境和应用软件的多样性，发行企业信息系统的功能和环境都非常复杂，为了能够较好地满足企业的应用需求，作为企业集成支持环境，集成平台应该提供以下基本服务。

1）通信服务

提供分布环境下透明的同步/异步通信服务功能，使用户和应用程序无须关心具体操作系统和应用程序所处的物理网络位置，以透明的函数调用或对象服务方式完成它们所需的通信要求。

2）信息集成服务

为应用提供透明的信息访问服务，通过支持异构数据库系统之间的数据交换、互操作、分布数据管理和共享信息模型定义（或共享信息数据库的建立），使集成平台上运行的应用、服务或客户端能够以一致的语义和接口实现对数据（数据库、数据文件、应用交互信息）的访问与控制。

3）应用集成服务

通过高层应用编程接口实现对应用程序的访问，高层应用编程接口包含在不同适配器或代理中，它们用来连接应用程序。这些接口以函数或对象服务的方式向平台组件模型提供信息，使用户在无须对原有系统进行修改（不影响原有系统的功能）的情况下，只要在原有系统的基础上增加相应的访问接口就可以将用不同技术实现的现有系统互连起来，通过为应用提供数据交换和访问操作，使各种不同的系统能够相互协作。

4）二次开发工具

二次开发工具是集成平台提供的一组帮助用户开发特定应用程序（如实现数据转换的适配器或应用封装服务等）的支持工具，其目的是简化用户在企业集成平台实施过程中特定应用程序（接口）的开发工作。

5）平台运行管理工具

它是企业集成平台的运行管理和控制模块，负责企业集成平台系统的静态和动态配置、应用运行管理和维护、事件管理和出错处理等。通过平台提供的命名服务、目录服务、动态静态配置服务、关键数据的存储和备份等功能，维护企业集成系统的安全配置和稳定运行。

3. 集成平台的标准化

集成平台上集成的应用软件系统通常都是由不同的软件厂家提供的产品，具有很强的异构性，因此，在集成平台中需要广泛采用开放性标准。研究和发展系统集成的相关标准，不断使平台的接口和服务标准化，可以显著提高集成平台系统的适应性和可扩展性，减少异构性给集成带来的障碍。采用标准化的技术也是提高集成平台系统开放性和软件模块可重用性的重要方法。

集成平台的标准化内容非常广泛，涉及通信协议、中间件、企业建模、工作流管理系统、互联网环境下的数据交换、产品数据标准、应用系统集成的标准等。Goldstone 技术公司在国际标准化组织定义的开放系统互连（international organization for standardization/open system interconnect，ISO/OSI）7 层网络应用模型的基础上，给出了如图 5-1 所示的集成平台的 12 层 OSI 模型。

第12层	业务过程定义层
第11层	业务对象语义层
第10层	应用语义层
第9层	应用接口语法层
第8层	集成中间件层
第1~7层	国际标准化组织定义的网络应用7层OSI模型

图 5-1　发行企业集成平台的 12 层 OSI 模型

在这个 12 层 OSI 模型中，第 1~7 层依然是国际标准化组织关于网络应用 7 个层次的定义。第 8 层为支持应用的集成中间件层，它为集成平台提供商实施发行企业系统集成提供了可扩展集成架构。第 9 层为应用开发商定义的应用间方法（服务）调用、接收/发送消息格式的接口语法层。第 10 层为应用提供商和集成平台提供商共同提供的用来描述应用软件系统结构和内涵的应用语义层。第 11 层作为业务对象语义层，供业务操作人员和信息管理人员用来定义基于模型操作的业务对象的数据结构及其语义。第 12 层为业务过程定义层，用来为业务操作人员定义发行企业关键业务流程及流程之间的交互关系。

4. 发行企业集成平台实现技术发展趋势

下面通过分析国内外集成平台的应用及发展情况，结合企业集成系统对集成平台实施提出的要求和计算机软件技术的发展趋势，介绍企业集成平台的技术发展趋势。

1）集成实现技术从 2 层过渡到 n 层

传统的集成实现一般采用 2 层客户端/服务器（client/server，C/S）或浏览器/服务器（browser/server，B/S）结构，这样的系统将业务逻辑和应用功能逻辑封装在一起，这个封装在一起的逻辑模块可以安装在客户端应用上，也可以安装在服务器上，但是无论在服务器端还是在客户端，由于业务逻辑和应用功能逻辑紧密捆绑，给系统的升级和扩展都带来了比较大的困难。

未来的集成平台将采用 n 层系统集成方式，将业务过程逻辑、业务表示逻辑等进行分离，将每层的功能集中在一个特定的角色上，这样可以得到一个非常便于进行系统功能扩展、逻辑修改的应用集成框架，进而提高集成平台和集成系统的柔性。

2）从支持信息集成发展到支持过程集成和服务集成

（1）信息集成。信息集成主要是针对企业大量存在的"信息孤岛"问题而提出来的，其目的是实现不同应用间的数据共享和集成。这些应用系统分布在网络环境下的异构计算机系统中，它们所管理和操作的数据格式与存储方式各异，实现信息集成需要完成数据转换（不同数据格式和存储方式之间的转换）、数据源统一（同一个数据仅有一个数据入口）、数据一致性维护、异构环境下不同应用系统之间数据传送等功能。信息集成面向企业内的数据库和数据源，具体实现方法主要有数据复制、数据联邦、基于接口的信息集成和基于集成平台四种。

（2）过程集成。过程集成（这里主要是指技术层面的过程集成）是指利用工作流引擎来执行企业业务流程，实现业务应用数据在不同应用、子过程、执行任务的人员之间流动。

采用工作流管理方式可以对业务过程逻辑和应用逻辑进行分离，实现过程建模和数据、功能的分离，从而可以在保持具体功能单元不变的情况下，通过修改过程模型来改变系统功能，进而提高系统柔性。当然，过程集成需要在信息集成的基础上进行，或者说过程集成可能会对信息集成提出新的要求，因为在执行过程模型时，过程模型中包含的各种活动之间（特别是自动应用之间）同样需要信息共享与集成。需要指出的是，过程集成更重要的是一种策略行为，它还具有过程逻辑可视化、业务执行过程自动化、业务过程执行状态和性能的实时监控等功能。

（3）服务集成。服务集成主要是为支持大范围内的公共业务过程集成而提出的一种动态集成方式（如供应链内企业群体），服务集成可以较好地实现（企业间）具有松散耦合关系的不同应用间的互操作。

在这种集成方式中，服务提供者（平台、企业）将应用作为服务部署在 Web 上，通过使用 Web 服务描述语言来描述 Web 服务提供的功能，并通过统一的服务发布与发现（universal description，discovery and integration，UDDI）协议将其注册到 UDDI 中心。服务请求者使用 UDDI 协议定义的应用程序编程接口（application programming interface，API）向 UDDI 中心提出服务请求，UDDI 中心为其寻求它所需要的服务，并由 UDDI 中心返回服务请求，同时与特定服务进行绑定，在此基础上，服务请求者继而通过简单对象访问协议（simple object access protocol，SOAP）完成应用服务的调用。

服务集成方式非常便于集成企业原有系统，在不需要对原有系统进行修改的情况下，只要在原有系统的基础上增加一个对它们进行访问的 SOAP 接口，就可以完成原有系统到集成平台的集成。服务集成将以前主要在企业内部网络基础上实施的集成扩展到了面向开放网络环境下的集成，扩展了集成的范围。服务集成方式具有最好的柔性和开放性，然而这种松散的动态集成方式的局限性是只能适合实时性要求不高和小流量数据的交换。

3）集成规范的标准化

开放性和标准化在集成实现技术中的重要性已经得到广泛的认同，从数据描述的角度来看，数据结构定义已经从过去的各个应用专有数据类型、行业内的标准数据表达［如产品模型数据交互规范（standard for the exchange of product model data，STEP）、电子数据交换（electronic data interchange，EDI）等］，逐渐过渡到具有自描述功能的基于可扩展标记语言（extensible markup language，XML）的数据表达与存储方式。从应用间集成接口的实现与接口表现形式来看，已经从最初的自定义应用编程接口、基于某集成技术框架的接口定义，发展到更通用的基于XML 的 Web 服务接口定义语言的集成接口描述。从过程集成所需的业务过程定义方面来看，从过去的不同产品自定义业务过程描述方式，工作流联盟为实现不同工作流产品间互操作而提出的工作流过程定义语言，发展到近来出现的基于XML 的业务流程模型描述语言。标准化技术的采用增强了集成平台的开放性和通用性，为企业集成提供了更强有力的技术支持。

4）集成耦合度及集成粒度的变化

随着编程技术的发展，系统集成实现的技术也在不断发展，应用集成的耦合度（松散集成、紧密集成）不断降低，集成范围不断扩大，而集成粒度（对象、组件、服务）也在不断缩小，集成范围和集成耦合度应有合理的对应关系。

随着集成范围的不断扩大，集成耦合度不断降低。集成耦合度最高的是对象间集成方式，它比较适合于功能单元之间的集成。集成耦合度最低的是服务集成方式，它能够比较好地实现企业间的集成。集成耦合度中等的是组件集成方式，它可以较好地完成企业内的集成。

对象间集成主要通过程序代码级对象之间的调用来实现，组件之间的集成方式则基于分布式计算规范，对象与组件这两个层次的集成都属于同步集成方式。

服务集成方式属于异步集成方式，服务集成方式分为基于消息中间件服务和基于 Web 服务两种，基于消息中间件的服务集成通过消息中间件来实现应用系统之间的互操作，基于 Web 服务的集成则通过 SOAP 消息交换协议来实现互联网环境下的分布式计算。由于 Web 服务的方式具有良好的松散耦合集成结构，因此它更适合用来支持企业间应用的集成。

5. 集成平台产品

企业集成平台技术已经逐步成熟，国外已经出现了许多商用产品。从功能上可以将其划分为企业应用集成（enterprise application integration，EAI）和业务到业务的集成（business to business integration，B2Bi）两种，其中 EAI 侧重于企业内部不同管理层次间的纵向集成，而 B2Bi 侧重于支持企业间业务往来的横向集成。

1）几种主流的集成平台

（1）Active Enterprise 3.0（Tibco 公司）。Tibco 公司主要为企业提供端到端的异构信息系统集成方案，其产品 Active Enterprise 3.0 采用了模块化结构，每一个组件（如数据仓库、集成服务器、消息代理以及监控工具等）都可以在不同机器上独立运行，组件间通信通过一个连接所有组件信息的总线实现。信息总线采用其独有的串行用户数据报协议（user datagram protocol）技术实现，它能够保证在发生系统级事件（包括通信错误）时能够及时向相关组件发送通知。

（2）Mercator（Mercator 公司）。Mercator 由 Enterprise Broker、Web Broker 和 Commerce Broker 三个独立产品构成。其中，Enterprise Broker 用于企业内应用的集成，Web Broker 支持 B2C 电子交易系统的运作，它包含的 Java 应用服务器可以支持 Web 实现方式，能实现前端客户和后端服务的连接。Commerce Broker 则将 Web Broker 和 Enterprise Broker 组合起来，通过 XML/EDI 变换器及 XML/DTD 输入器，提供管理所连接合作伙伴之间业务消息流的功能。

（3）MQ Series Integrator（IBM 公司）。MQ Series Integrator 由消息中间件 MQ Series、消息代理 Integrator 以及实现业务流程自动化的 MQ Series Workflow 构成。MQ Series 是 IBM 开发和销售的消息中间件产品，是消息中间件事实上的标准，它支持 35 种以上的协议，可以用统一的 API 进行异构机系统的连接，主要是进行异步消息处理，但也可以实现实时消息的连接。

（4）WebMethods Enterprise（WebMethods 公司）。WebMethods 公司面向技术型用户提供的 B2Bi 解决方案的核心部件是 Active Works。Active Works 提供了通信协议转换、队列管理和队列分配、60 多种适配器、业务流程的控制、XML 变换和 Web 应用接口等 EAI 的基本功能。WebMethods Enterprise 实现了 EAI 功能的一体化，即各种 EAI 功能可以在一个界面上统一进行设计和操作，所以易于进行应用系统开发和实施，而且每一次定义的业务流程都可用模板方式进行保存。

WebMethods Enterprise 采用总线型体系结构，利用 Java 框架来开发客户适配器，具有良好的可扩展性和可用性，特别适用于大型企业的系统集成。WebMethods Enterprise 消息交换采用异步事务协调引擎，并带有一个可用于 MQ Series 的适配器，具有较高的可靠性。监控代理、适配器及其各自的流程能够在宕机情况下自动恢复，也可以进行事件的自动重传。在应用系统对可靠性有更高要求的情况下，还可以在系统外部配置作业控制器的相关服务模块。

（5）Business Ware（Vitria Technology 公司）。Business Ware 产品主要面向技术型用户，它采用以过程为核心的方式实现系统集成。Business Ware 产品包含业务流程集成（business process integration）、B2B 集成（B2B integration）、操作手册管理组件（operations book platform adapter component for businessware）、词汇管理（vocabulary management）四个功能模块。其业务流程管理工具具有友好的用户界面，用户可以在不需要事先编程和配置连接器的条件下，进行业务过程的可视化设计。

Business Ware 以公共对象请求代理体系结构（common object request broker architecture，CORBA）技术为核心，采用通道-连接器（Hub）式的系统体系结构，与各系统连接器连接控制各通道的输入输出，使用连接器开发工具包来支持客户化适配器的开发。Business Ware 中可以用多个类来定义发布/订阅通道的消息，通道采用与域名服务运行方式类似的联邦式分散结构，以实现为不同企业间业务集成化运作提供高性能和高可靠性的服务。在实时分析工具的界面上可以监视所设计流程的运行状态和性能。

2）集成平台产品发展的主要趋势

通过分析比较，可以总结出集成平台产品的发展具有以下主要趋势。

（1）与商用工作流产品的融合。通过与商用工作流产品的融合，一方面可以将基于工作流的业务流程分析、优化及过程管理功能引入平台中，增强对业务过程自动执行的支持能力和平台可实施性；另一方面利用商用工作流系统的用户友好交互能力，将人集成到企业业务操作过程中，提高系统的柔性与可用性。

（2）与底层集成服务器产品的融合。通过与底层集成服务器产品的融合，一方面可以提高集成到平台上的各应用系统内部组件模块的互操作能力，提高集成到平台上的各应用系统的互操作能力；另一方面通过为企业用户提供从底层服务支撑、上层应用到过程集成的一体化支持，提高集成平台的实施成功率。

（3）兼容点到点（point-to-point）集成和端到端（end-to-end）集成。将传统集成平台产品支持的点到点集成（主要指同步集成）方式扩展到支持端到端集成（侧重于异步集成）方式，以适应企业内部集成所需的大流量数据交换模式和企业间协同所需的小流量数据灵活交换模式的不同需求。

（4）基于模型的集成与协调。在相关标准、规范和规则的基础上，定义统一的企业模型（包含产品、过程、组织、资源信息），应用软件通过模型操作接口实现对模型中定义的产品、过程、组织、资源数据的访问，实现不同应用软件之间的无缝集成和协同工作，并通过模型实现对企业集成信息系统整个生命周期演进过程的记录和管理。

二、发行企业集成技术的实现

　　1. 数据集成及其实现模式

　　1）数据集成的定义

　　构建企业集成平台的首要目的是实现数据集成，即为平台上运行的各种应用系统或服务提供具有完整性、一致性和安全性的数据访问、信息查询及决策支持服务。

　　其中，完整性包括业务对象本身数据完整性和不同业务对象之间数据约束完整性两方面的含义；一致性指消除不同业务信息资源之间存在的语法或语义上的冲突；安全性指在保证数据源访问权限控制的前提下，提供对整个集成平台管理范围内的异构数据源数据的安全访问及管理。

　　2）数据集成的功能

　　数据集成包括共享信息管理、共享模型管理和数据操作管理三个功能。其中，共享信息管理通过定义统一的集成服务模型和共享信息访问机制，完成对集成平台运行过程中产生数据信息的共享、分发和存储管理，共享模型管理则提供数据资源配置管理、集成资源关系管理、资源运行生命周期管理及相应的业务数据协同监控管理等功能，数据操作管理为集成平台提供数据操作服务，包括多通道的异构模型之间的数据转换、数据映射、数据传递和数据操作等服务功能。

　　3）数据集成的实现模式

　　企业运行的业务应用系统采用的体系结构与其实现技术的标准化（规范化）程度，对数据集成的水平有非常大的影响。企业现有各种应用系统的规范化程度不高是限制企业数据集成水平提高的主要问题，因此采用先进的软件体系结构和规范化的实现技术是实现良好的数据集成的基础。而有些应用系统，由于系统结构设计不合理，没有方便的数据访问接口。因此，为了实现不同业务应用系统间的数据交换与共享，解决业务数据的分布性和异构问题，有时需要公开其应用系统的数据存储和组织结构，这是不得已而为之的做法，这种做法不仅不方便，而且给应用系统数据的安全性和一致性带来了很大的隐患。因此，可以采用在数据库和数据源级别上进行数据集成的实现模式，即数据复制、数据联邦和基于接口的数据集成三种数据集成模式。它们分别描述了对多个异构数据源进行透明、一致访问的三种实现方法。

　　（1）数据复制模式。在数据复制模式中，通过底层应用数据源之间的一致性复制来实现（访问不同数据库的）不同应用之间的信息共享和互操作。

　　数据复制模式实现的关键是必须能够提供一个基础结构（以屏蔽不同数据库

间数据模型的差异），以支持在两个或多个数据库系统之间的数据转换和传输。这个基础结构的核心是一个数据复制中间件（或代理），它的功能包括从一个应用或数据库系统中提取数据，对数据进行转换，将数据传输并导入另一个应用的数据库中。在数据复制中间件完成了数据抽取、转换、传输、导入工作后，一个应用就可以在本地数据库中访问到其他应用的数据，这样就解决了数据分布和异构的问题。

在数据复制实现的过程中，产生数据的源系统和使用数据的目的系统可以是同构的，也可以是异构的，它们内部的业务数据可以采用相同的也可以采用不同的数据模型和管理模式。在采用数据抽取、转换、导入等功能软件中间件来实现数据复制的过程中，关键是要保持业务数据在不同数据库间的一致性及完整性。

在这种数据集成模式中，源系统和目的系统完全自治，两者之间没有一种从属或控制关系。任何一方都不依赖于另一方的数据库存储模式，源数据端对发送哪些数据有完全的控制权，目的数据端对接收哪些数据也有完全的控制权。数据复制模式具有位置透明、数据透明和本地自治等特点，能够保持分布在不同节点的不同数据库系统（存储并管理相应业务数据）的相对独立性和保密性。它比较适用于对数据提取速度有一定要求，而传递数据量不太大的数据集成应用环境。

（2）数据联邦模式。数据联邦是指不同应用共同访问一个全局虚拟数据库，通过全局虚拟数据库管理系统为不同的应用提供全局信息服务，实现不同应用和数据源之间的信息共享与数据交换。

数据联邦模式的具体实现由客户端应用、全局信息服务和若干个局部数据源三部分组成。客户端应用程序发出数据访问请求，全局信息服务对请求进行分析处理，对于那些可以由客户端应用本地数据源处理的请求，直接返回处理结果；对于那些必须由全局虚拟数据库处理的访问请求，全局信息服务通过底层通信系统将请求信息发给全局虚拟数据库。全局虚拟数据库管理系统接收到请求后，对数据访问请求进行分解处理，访问全局数据字典及局部数据源，将从多个信息源获取到的数据进行汇总，最后将结果返回给客户端应用程序。

全局信息服务负责建立和维护全局数据字典，并通过同构/异构数据库之间的远程数据复制的管理功能，实现在全局信息模型及全局虚拟数据库管理系统基础上的分布式数据集成与管理。全局虚拟数据库在多个实际的物理数据库和应用之间建立了一个中间件层，每一个实际的物理数据库用其自带的接口与该层相连，从而将分布的数据库映射为一种统一的全局信息库。全局信息模型提供一组公共的数据表示，这组数据表示可以被不同的企业应用或系统所理解。全局虚拟数据库管理系统为各种应用系统提供对存储于不同计算机节点数据库中的数据查询、读取、存储和检索等操作，还对不同应用系统的数据访问权限进行统一的管理。

全局虚拟数据库是企业内各种相关业务数据的集散地，为分布在各节点的应用系统进行数据交换与共享提供一个公共通道。

数据联邦模式采用了将多个数据库和数据库模型集成为一种统一的数据视图的方法来实现数据集成。其最大的特点在于对存储在多种异构数据库中的不同应用数据，通过全局虚拟数据库可以将这些异构数据库集成为一个逻辑数据库，用户可以如同访问一个数据库一样访问保存在不同的异构数据库中的数据。数据联邦模式比较适用于对数据提取速度和实时性要求不太高的数据集成应用环境。

（3）基于接口的数据集成模式。在基于接口的数据集成模式中，不同应用系统之间利用适配器（或接口代理）提供的应用编程接口来实现相互调用。应用适配器或接口代理通过其开放或私有接口将业务信息从其所封装的具体应用系统中提取出来，实现不同应用系统之间业务数据的共享与交换。接口调用可以采用同步调用方法，也可以采用基于消息中间件的异步方法来实现。

这种集成方式通过接口抽象屏蔽完成数据转换的适配器的实现细节，甚至可以屏蔽应用间的信息传输过程，方便应用之间的信息交互（数据集成实施人员不必了解业务数据库的存储和组织结构等具体细节）。基于接口的数据集成方法不需要建立相应的全局数据模型，也不需要开发专门的管理工具用以保证业务数据的一致性，因此它能够保证不同类型的应用之间数据交互的高效性，这也是面向接口集成方法的主要优势。这种方法已经在一些企业应用软件包，如 ERP 套件［如 SΛP（system applications and products）、PeopleSoft、Oracle 等软件］的集成中得到广泛的应用。

2. 应用集成及其实现模式

1）应用集成的定义

应用集成是指两个或多个应用系统根据业务逻辑的需要，进行功能之间的相互调用和互操作。应用集成需要在数据集成的基础上完成。底层的网络集成和数据集成解决了企业集成化运行所需的异构系统间语法互连和语义互通问题，应用集成是在它们的基础上实现异构应用系统之间应用层次上的互操作。

从实现方法来说，应用集成最初主要采用点对点的紧耦合方式。这种集成方式虽然不需要对应用系统进行较大改动，但用这种方式集成的系统缺乏必要的柔性，不能适应业务系统快速重构的需求。随着应用软件系统设计和实现过程中标准化程度的不断提高，系统的开放性（可配置性、可扩展性）越来越好，组件化的系统实现及松散耦合（它是实现系统柔性的基础）的应用集成方式逐渐成为构建企业业务处理系统的主流。用松散耦合的集成方式不但能够提高信息系统的柔性，而且在对原有应用系统修改很小甚至不需要修改的情况下就可以实现不同应用系统之间的集成。

2）应用集成的实现模式

应用集成模式包括适配器集成模式、信使集成模式、面板集成模式、代理集成模式四种，每种应用集成模式都是对具有业务功能依赖关系的多个应用之间互操作实现方法的总结。在具体应用中，集成模式可能以某种变形的形式出现，这些变形可能不仅是一种模式的实例化，也可能是一种具有广泛适用性的新集成方式。

（1）适配器集成模式。在 EAI 技术发展的初期，广泛采用在需要交互的系统之间加入适配器的解决方案来实现企业原有应用系统与新实施系统之间的互操作。在应用系统提供的 API 基础上（在应用系统没有提供 API 的情况下，可以在其数据库表结构已知的条件下直接完成对其数据库的写入与读出），通过适配器完成不同系统间数据格式及访问方式的转换与映射，进而实现不同系统之间业务功能及业务数据的集成。

从原理上看，适配器集成模式与面向对象设计方法中的适配器设计模式是一样的，即将已有的遗留应用（服务器端）的接口转换成一种客户端可以访问的接口形式及集成适配器。当遗留应用需要与其他应用系统进行集成时，就可以直接利用相应适配器提供的接口来完成。这种集成模式包括一个或多个客户端应用、实现接口转换的集成适配器和服务器端应用（企业遗留系统）三个部分。适配器将服务器端应用自定义的接口映射为一个开放的、可重用的接口，以方便一个或多个客户端应用的访问，而客户端应用通过集成适配器提供的接口来完成对服务器端应用（企业遗留系统）的访问。

在适配器集成模式中，从服务器端应用的专用编程接口转换得到的通用应用编程接口是公开的，适配器并不需要知道客户端应用具体在什么位置，服务器端应用也不用知道适配器的具体运行方式和所处的位置。在适配器集成的具体实现过程中，并不需要对遗留系统进行任何修改（如果将适配器嵌入服务器端应用，需要对服务器端应用进行某些修改）。显然，适配器集成模式是一种与应用系统直接绑定在一起，实现单向访问的点对点集成方式。

在实际应用中，适配器集成模式主要采用封装器和信使适配器两种实现方式，它们分别应用于同步集成和异步集成两种情况。其应用封装模式为：通过一种公共访问接口发布其封装应用所提供的服务，其他应用通过这个公共访问接口实现对被封装应用的访问。例如，可以应用封装器为遗留的客户账目管理系统提供一种方便的访问接口，通过它，批发订单系统和在线客户账目系统可以完成对客户账目管理系统的访问。信使适配器主要用来实现异步集成，信使适配器与封装器很类似，但它公开的是一个符合信使要求的接口，信使是一个具有智能性的中介，它通过实现不同应用间的交互完成相应消息流的传递。在基于信使适配器的集成系统中，一个信使可以具有多个适用于不同应用系统的适配器，每个信使适配器都符合相应的信使接口规范，并完成信使接口到服务器端应用的编程接口间的转换。

（2）信使集成模式。随着企业中业务应用系统个数的增多，应用系统间的接口变得越来越复杂，为了更灵活地实现应用系统间点对点集成，采用基于信使的集成结构。在这种集成结构中，系统之间的通信和数据交换通过信使（消息代理）来实现，这样的信使称为集成信使。每个应用只需要建立与集成信使之间的接口连接，就可实现与所有通过集成信使相连应用系统间的交互。这种结构大大减少了接口连接数量，同时由于采用了信使（消息代理）作为信息交流的中介，可以将应用之间的交互对通信服务能力的依赖程度降到最低，另外，当某一系统发生改变时，只需要改变信使中相应的部分即可，从而降低了系统维护工作量和系统升级难度。

在信使集成模式下，由应用系统自己完成应用交互逻辑的定义和实现，集成信使只负责在不同应用之间传递符合一定语法格式的消息，而对其中的应用集成语义不进行解释。在具体实现过程中，这种模式可以采用以下三种通信模型实现应用间的信息交互。

①一对一同步集成（请求/应答）模型。在这个模型中包括一个客户端应用和一个服务器端应用，当客户端应用向服务器端应用发出请求后，客户端应用处于等待状态，直到服务器端应用返回应答。

②一对一异步集成（消息队列）模型。在这个模型中同样包含一个客户端应用和一个服务器端应用，但与一对一同步集成模型的差别是客户端应用在发出请求后，继续进行其相应的运算或业务功能的执行，在得到服务器端返回的应答时，暂停其正在执行的计算过程，对应答进行响应。

③一对多异步集成（发布与订阅）模型。这种模型与一对一异步集成模型不同的是它包含多个服务器端应用，当客户端应用发送一条消息时，所有订阅该消息的服务器端应用都将收到该消息的副本。

虽然所采用的通信模型不同，但上述三种实现方式都是在完成应用交互所需通信的情况下，尽量减少应用对通信的依赖性。信使集成模式中包括需要集成的应用和集成信使两部分，集成信使为应用提供透明的定位服务，并负责在不同应用间传递消息，作为一个逻辑实体的集成信使在物理上一般分布于不同的计算机节点。

上述三种通信模式与应用间的远程方法调用、消息队列、发布与订阅三种应用交互模型相对应。应用交互模型描述了应用间的交互形式，远程方法调用一般通过同步代理来完成，它为需要交互的应用或组件提供同步的一对一通信，这种模式适合于耦合程度相对比较高的应用交互场景。目前，这种方法广泛应用于多层结构的应用系统中。消息队列为需要进行一对一交互的应用提供了异步通信方式，通过消息队列为应用提供有一定质量保证的消息传递服务。发布与订阅是一种支持一对多交互的应用交互模型，多个订阅者（应用）可以订阅同一个应用发布的消息或事件。在订阅与发布这种在松散耦合通信结构支持下实现的集成环境中，进行交互的应用无须知道对方的位置，甚至也不需要知道对方是否处于激活状态。

下面通过例子说明信使集成模式的优势。

假设一个企业开发了一个在线订购应用系统，其功能的实现需要客户账号信息和订单处理服务的支持。客户账号信息由客户账号信息管理系统进行管理，客户账号信息管理系统通过定制的消息服务（基于 Socket 接口）为其客户应用提供相应的信息。订单处理系统提供订单处理服务，其客户端应用同样可以通过定制的应用消息协议及 Socket 接口获得其所需的信息。用户通过基于 Web 的在线订购应用进行产品或服务订单的填写，这个客户端应用通过与账号信息管理系统和订单处理系统的交互来完成订单的处理过程。

下面介绍一种客户端应用和后端服务点对点的集成方法。这种实现方法有比较大的局限性，首先是客户端应用（在线订购处理应用）必须预先知道后端服务应用所处的位置，其次是客户端应用必须实现接口的编码及定制的应用消息协议才能访问在服务器端应用（账户信息管理系统和订单处理系统）提供的接口服务。这种需要客户应用和服务器紧密绑定的集成方式大大降低了系统柔性。

为了提高系统的柔性，可以采用信使集成与适配器集成的复合模式进行应用集成，利用集成适配器完成账号信息管理系统和订单处理系统自定义应用编程接口到信使能够理解的通用接口形式的转换。通过集成信使与集成适配器的集成，为客户端应用和服务器端应用的集成提供中介服务，通过集成信使来实现客户端应用和服务器端应用之间紧密依赖关系的解耦，服务器端应用的维护与升级对于客户应用来说是透明的，而且客户端应用不再关心底层的通信及消息协议，这种松耦合的集成方式可以在最大程度上提高集成系统柔性。

（3）面板集成模式。面板集成模式与面向对象软件设计方法中的面板模式很相似，它是从应用交互实现层面来描述客户端应用和服务器端应用集成的一种方法。

集成面板可以为一对多、多对一、多对多等多种应用提供集成接口，在这种模式中包含一个或多个客户端应用、一个集成面板、一个或多个服务器端应用。集成面板通过对服务器端应用功能的抽象和简化，为客户端应用访问与调用服务器端应用提供了一种简化的公共接口。集成面板在得到客户端应用的服务请求后，将客户端的服务请求转换成服务器端应用能理解的形式，并将该请求提交给服务器端应用。

集成面板为客户端应用提供了一种抽象和简化的公共接口，可以方便地实现客户端应用与服务器端应用的交互。这种集成模式降低了应用间交互的复杂性，降低了客户端应用和服务器端应用之间的耦合度，从而提高了应用和应用集成服务的柔性，提高了应用系统的可重用能力。

与适配器集成模式类似，面板集成模式的基础是单向交互的客户端/服务器模型。在这种单向访问的模式中，集成面板无须知道客户端应用的具体实现细节和状态，服务器端应用也无须了解集成面板的具体实现细节和状态。面板集成模式与适配器集成模式的差别是它为客户端应用提供的是一组服务器端应用功能（包含不同应用功能之间的逻辑关系）的通用接口，也就是说，在集成面板中除了包含多个服务器端应用的功能外，还包含了这些应用间的逻辑关系（如不同应用协同完成客户端应用请求的处理逻辑）。

下面举例说明面板集成模式在企业集成中的优势。

企业中不同的业务应用采用不同供应商的信息系统是非常常见的。以一家电信服务公司为例，假设该公司的两个主要业务分别是为用户提供互联网接入服务和声讯服务，其互联网接入服务业务采用基于组件的应用系统，而声讯服务业务的信息系统是企业的遗留系统，这两种业务的相关信息分别存储在两个不同的应用系统中。该公司的客户可能会同时申请这两种服务，因而一个客户服务请求可能需要同时访问这两个系统。

例如，有一种基于点对点的客户端应用与后端服务（声讯服务请求处理系统和互联网接入服务处理系统）的系统集成方式。这种强耦合的点对点集成方式不具有共享公共功能的能力，如虽然订单处理系统中实现了服务获取功能，但这个功能并不能被其他应用使用，当企业增加了一个新的应用（如增加一个基于 Web 的订单处理系统）时，如果该应用需要服务获取功能，它并不能重用订单处理系统中实现的服务获取功能，而需要重新编制服务获取功能模块，这样显然降低了系统的可重用水平。而且，改变上述服务支持系统中的任何一个，都需要修改所有访问这个应用的客户端系统，这样显然降低了基础业务和系统架构的柔性。

集成面板作为客户端系统和两种后端服务支持系统之间的中介，通过提供服务获取功能的集成化视图，面板集成模式的应用系统集成方式为客户端应用获取两种后端服务提供了一种简化的接口方式。

业务服务面板和活动服务面板是企业应用集成中广泛使用的两种集成面板，其中，业务服务面板的作用是实现客户端应用（界面层）与服务器端系统（功能实现）的分离，实现多个客户端应用以一种通用接口对服务器端系统的访问；活动服务面板是将应用系统间的交互行为抽象为一个活动，它为过程执行控制器（实现过程活动执行顺序导航的程序）提供基于请求的服务，活动服务面板发布的接口格式需要满足业务过程控制器对活动接口定义的要求。采用这种方式的好处是实现了业务过程控制器与供应商提供的应用实现方法的分离，在应用实现方法发生变化时（只要接口不发生变化），业务过程控制器不受影响。

（4）代理集成模式。代理集成模式不需要明确地区分客户端应用和服务器端应用，仅需要将待集成应用间的交互逻辑从应用中分离出来，并对应用间交互逻辑进行封装，由集成代理来引导多个应用之间的交互。和信使集成相比较，集成代理知道应用的具体位置及功能属性。代理集成模式中包含集成代理和需要集成的应用，在这种集成模式中淡化了客户端和服务器的概念，因为集成代理中已经包含了应用交互逻辑，所以需要集成的应用直接通过集成代理进行交互，而不采用客户端/服务器模式来完成。

采用这种集成方式的优点如下。

①对遗留应用的依赖和影响最小。

②交互逻辑不再分布在需要集成的应用中，而是采用集中的方式进行表达，所以集成后形成的集成系统比较容易维护。

③根据封装的应用交互逻辑可以很方便地创建可重用应用服务。

下面举例说明代理集成模式在企业集成中的应用方式。

假设某个声讯服务提供商需要在已有的声讯服务系统（包含基于 Web 的订单提交系统和订单处理系统）中增加接收和处理无线服务订单的功能，进而为用户提供一个一致的集成化订单处理服务系统。为了完成它新增加的无线业务，它需要得到另一个无线服务提供商的支持。无线服务提供商已经有了自己的订单处理系统与无线服务业务支持系统。在这种情况下，实现这两种应用系统（声讯服务提供商的订单提交及处理系统、无线服务提供商的订单处理及无线服务业务支持系统）之间的交互是应用集成需要完成的一项基本任务。

为了实现这种集成，首先需要将基于 Web 的订单提交系统和订单处理系统中的客户 ID 映射（转换）为无线服务业务支持系统可以理解（符合其内部编码要求）的格式。采用代理集成模式实现的系统集成方法，其位于中心位置的集成代理用来封装客户 ID 转换功能。显然，将转换功能从两个需要交互的应用系统中分离出来有其优势，一方面它简化了客户 ID 转换功能模块的开发与维护工作，另一方面可以降低系统之间的耦合度，从而达到提高业务及信息系统柔性的目的。

利用代理集成模式实现企业应用集成的方法可以具体分为无状态集成和有状态集成两种。无状态集成代理适用于在应用交互过程中不关心应用运行状态的情况。在这种情况下，集成代理对于一个应用请求消息或事件的响应只取决于消息或事件的内容，与交互的状态无关，即对请求的响应完全独立于以前交互过程中发生的事件。这种集成模式不需要对应用的交互状态并行管理。无状态集成代理的功能主要有数据转换和智能路由等。数据转换包括语法层次上的格式转换和语义层次上的内容转换两种，格式转换是指对数据的表现形式进行变换，如将一种大小写混合的字符串转换为都是大写的字符串，内容转换是指基于消息数据属性的赋值进行表达形式的转换，如根据业务需要将订购数量大于 100 的订单逻辑值标为"正"，而订购数量小于 100 的订单逻辑值标为"负"。智能路由是指采用一定的规则来控制消息流转，使其能够顺利地到达目的地。控制消息流动方向的路由决策可以基于消息内容、基于消息源及类型或其他形式的规则。例如，将所有与数据产品相关的消息导向到数据产品服务提供系统上，而将无线产品服务相关的消息导向到无线产品供应系统上。

有状态集成代理适用于应用交互逻辑的执行与以前发生过的应用交互历史相关的情况，如集成代理持续收集某类事件并累加该类事件发生的次数，在发生次数超过一个给定的数量时就向某一个应用发送一个消息。基于状态的交互情况有时会很复杂，所以必须对状态进行管理。有些交互的持续时间很长，在这种情况下可能涉及很多的状态和事件，而且会涉及多个应用，这时就需要提供状态的持久化服务，在集成调解器系统发生错误、正常关机、非正常关机的情况下，通过状态持久化服务可以保持有关应用交互数据和状态的完整性。另外，有状态集成代理方式的实施和运行还需要专业化的设计、开发、配置及运行工具的支持。

（5）四种应用集成模式的特点。

①在适配器集成模式中，集成适配器将一个应用接口转换成另一种符合其他应用访问要求的形式。

②信使集成模式可以将应用之间的交互对通信的依赖降到最低。

③面板集成模式为多个服务器端应用提供了一种简化接口，从而减少了客户端应用对服务器端应用交互逻辑的依赖程度。

④代理集成模式完全实现了应用交互逻辑与业务功能的分离。

显然，这几种应用集成模式按照介绍的顺序逐渐将应用交互逻辑从业务应用系统中分离出来，逐步降低了过程控制逻辑和具体应用功能实现之间的耦合度。

需要说明的是，应用集成模式主要应用于两种场景中，第一种场景是企业集成体系结构的规划实施，采用企业集成模式完成对企业应用之间交互关系的标准化描述，从而保证最终构建信息系统的有序性和一致性；第二种场景是针对一个给定的应用，利用企业应用集成模式来描述它与其他应用之间的交互关系及实现策略。在具体应用过程中，首先需要将企业业务运作需求转化为合适的系统体系结构（采用相应的应用集成模式来描述），并在此基础上，通过应用合适的集成模式将系统体系结构转变为柔性的业务运行系统。

3. 发行企业集成平台的实现模式

1）软件系统的功能逻辑层次

在讨论企业集成平台实现模式之前，首先讨论软件系统的功能逻辑层次。企业应用软件系统从功能逻辑上可以分为表示、业务逻辑和数据访问三个层次。其中，表示层负责完成系统与用户交互的接口（界面）定义，业务逻辑层主要根据具体业务规则完成相应业务数据的处理，数据访问层负责存储由业务逻辑层处理或产生的业务数据，它是系统中相对稳定的部分。按照这些逻辑功能层次间是否分离和分离程度，在软件系统具体实现上可以大致分为单层结构系统（未分离）、2 层结构系统（分离为两层）、3 层结构系统（三层分离）和 n 层结构系统（即 3 层以上的更细致的分离）四类。

（1）单层结构系统。很多企业遗留应用系统属于这一类，这种应用一般是采用传统编程方法得到的一个紧密结构应用，三个层次之间没有进行分离，因此某个层次的变化通常引起其他两个层次内容的重新设计与开发。

（2）2 层结构系统。这样的系统通常是将表示层与业务逻辑层紧密耦合在一起，或者是将业务逻辑层和数据访问层紧密耦合在一起。显然，这种结构实现了三个层次间部分的分离，这样在应用的某个部分发生变化时仅需要修改与其紧密耦合的部分，而无须重新开发所有的代码。如将表示层分离出来，可以使同样的业务功能采用不同的图形化用户接口及显示器屏幕模式，改变客户端接口（如增加 Web 界面）并不需要修改业务逻辑的功能实现。

（3）3 层结构系统。这是当前比较流行的系统实现方式，它将业务应用系统的表示、业务逻辑和数据访问三个层次分成独立的模块实现。这样，应用系统的各层可以并行开发，各层也可以选择各自最适合的开发环境和编程语言，这种系统结构不仅可维护性好，也有利于系统的安全管理。

（4）n 层结构系统。这是对 3 层结构系统的进一步细化（主要是将业务逻辑或数据访问层分成更多、粒度更小的分布式业务对象来分别实现），其目的是提高系统不同业务功能模块的独立性。在提高了系统的可配置能力的同时，可以使系统具有更好的柔性及可扩展能力。

支持企业间应用集成和交互的集成平台在系统结构上通常都采用多层结构，其目的是在最大程度上提高系统的柔性。在集成平台的具体设计开发中，需要按照功能的通用性程度（通用功能、面向特定领域的功能、专业化功能）对系统实现模块进行分层（分成不同的中间件）。

2）EAI 的实现模式

根据企业集成平台的功能支持范围，可以将其划分为侧重于支持企业内部集成化运行的 EAI 和侧重于支持企业间业务集成的 B2Bi。而一般来说，EAI 是 B2Bi 的基础。

从企业集成运行的实现策略上看，EAI 主要包括前端集成模式、后端集成模式和混合集成模式三种。

（1）前端集成模式。前端集成模式是指 EAI 侧重于业务应用系统表示层的集成，通过单一的用户入口实现跨多个应用系统事务的运作。这种方式适合于用户启动的业务过程会产生多个跨应用的事务，并且这些事务都需要实时响应的情况（主要指 B2C 的环境）。

　　用户通过统一的 Web 浏览器接口实现对企业应用和数据的访问，Web 应用服务器接受用户请求，将它们转发给应用集成服务器，EAI 服务器根据相应的业务规则实现跨多个应用的事务操作。完成用户请求的应用可以是企业遗留系统，也可以是企业新开发的应用，甚至可以是企业外部的服务。为了完成事务在多个应用间的路由功能，EAI 平台一方面需要采用事先定义的业务规则完成事务处理逻辑，另一方面需要将事务处理过程中涉及的各种业务数据映射到不同的应用中，并为不同类型事务及应用提供不同级别的安全控制机制。上述 EAI 服务器对应用的访问与管理功能需要在数据集成及应用集成的基础上实现。

　　采用前端集成模式还可以给已经运行的核心业务应用系统增加功能，如通过 EAI 为已有的财务系统增加在线信用验证及授权功能。

　　（2）后端集成模式。后端集成模式主要侧重于应用系统数据层面的集成，通过专门的数据维护及转换工具实现不同应用或数据源之间的信息交换，维护企业整体业务数据的完整性和一致性。后端集成模式中，企业内外部的用户通过定制的客户端工具或浏览器实现对企业不同业务应用的访问，每个业务应用系统独立处理其应用事物（这是与前端集成模式的主要不同之处），而应用之间的数据集成通过后端 EAI 服务器中的数据管理工具来完成。

　　后端集成模式就像一个方便多个应用系统之间数据自动交互的数据管道。当然，后端集成模式的实施同样需要得到数据集成及应用集成的支持，但由于 EAI 平台不需要提供与具体应用相关的 API，利用它来实现数据的集成更加方便。

　　后端集成模式实现起来相对比较简单，因为 EAI 服务器不需要跨应用的事务维护，而只需要维护一些相对简单的业务规则，基于 EAI 服务器提供的存储转发机制可以方便地支持合作伙伴企业之间大量的业务数据交换（主要指 B2B 集成）。

　　（3）混合集成模式。混合集成模式是前端集成模式和后端集成模式的组合。

　　客户通过基于 Web 浏览器的客户端实现对业务应用或 EAI 服务器的访问，服务请求可以由前端应用系统执行，也可以通过 EAI 服务器将服务请求路由到后端，由后端的业务应用来执行。

　　混合集成模式几乎具有前端集成模式和后端集成模式的所有特征，它主要应用于既需要实时响应大量服务请求，又需要维护多个数据源（存在大量业务数据）的完整性和一致性的情况。当请求负载很大时，最好使用两个 EAI 服务器分别实现前端和后端的集成，在这种情况下，前端 EAI 服务器处理那些大量需要实时响应的请求，而后端服务器主要处理定制的、批处理的请求。目前 EAI 技术的发展已经比较成熟，发行企业可以根据其自身业务运作及信息技术的应用现状，选择符合其自身需求的 EAI 集成模式。

第三节　发行企业集成运行的成熟度模型

在发行企业集成具体技术的实现过程中，业务应用系统的多样性及大量存在的遗留系统造成了企业集成实际需求本身就非常复杂；另外，由于存在大量可供选择的应用集成技术、软件产品和集成实现方案，企业集成的实施手段也十分复杂。为了帮助企业清楚地了解其目前所处的技术状态，进而更好地处理上述复杂性，企业的集成状态分为预集成、点对点集成、结构化集成、过程集成和协同业务集成五个阶段。

1. 预集成阶段

在这个集成阶段，各个业务系统都独立运行，这些独立运行的业务系统之间没有任何形式的直接交互，形成"信息孤岛"。

2. 点对点集成阶段

在这个集成阶段，通过为需要互连的两个应用建立基础数据交换接口，实现应用间点到点的集成。经过应用间数据交换接口的连接，应用已经从独立的信息单元向集成的系统转化。应用系统之间的交互主要通过应用编程接口来实现，应用之间的数据交换大部分已经通过不需要手工参与的自动化手段实现。集成的应用系统采用紧耦合的结构，反映应用之间依赖关系的业务逻辑规则通常直接编码在具体的应用系统中。虽然集成系统采用的是紧耦合的结构，但是它也允许应用有一定程度的独立性，通常采用面向消息的中间件方法来提高应用的可扩展性和访问能力。

3. 结构化集成阶段

在这个集成阶段，通常采用先进的中间件工具来实现不同业务应用之间的互操作及数据交换。具体包括两个方面的内容：采用结构化的中心式总线来控制应用间的信息交换；对不同业务应用之间数据或信息流动的各种业务逻辑规则进行集中管理，并将其固化到相应的中间件中。在这个阶段，企业的应用需要遵循一个规范化的集成接口模型（包括公共数据模型），以便于实现对多种业务系统及数据源的集成化管理。

4. 过程集成阶段

在这个集成阶段，企业集成的重点是实现过程集成。在实施过程集成之前，企业已经实现了应用之间信息共享和对应用之间信息流的控制，为了实现过程集成，企业还需要建立涵盖全企业的公共业务模型，需要专门的工具（友好界面的过程建模工具、自动化的工作流管理工具及决策支持工具等）来完成业务模型的建立、业务流程的配置与管理功能。

5. 协同业务集成阶段

在这个集成阶段，企业集成从全面满足客户需求的角度来权衡技术、业务过程及组织重组的相互影响，以 EAI 技术作为支撑，将企业与客户和供应商建立的协同竞争策略转化为跨企业的协同业务操作。企业通过互联网提供创新性的在线服务项目和新产品，从而提升发行企业已有品牌的市场竞争力。本阶段的企业应用集成完成了企业、合作伙伴、客户之间的紧密联系，客户需求可以迅速转化为对企业及其合作伙伴的市场和业务行为的驱动力，通过采用先进的信息资源共享和知识管理等技术，使发行企业实现对动态变化市场的快速响应。

第六章　发行企业信息化管理与组织实施

第一节　发行企业信息化管理概述

一、发行企业信息化管理的定义及内涵

发行企业信息化管理是对信息化环境下企业变革过程的管理，旨在系统工程思想的指导下，采用先进的管理理论与方法，实现信息技术支持下的企业运作管理，提升企业管理水平，建立企业的竞争优势，并对企业采用的信息技术、建立的信息系统、获取的信息资源和企业信息化实施运作过程进行计划、组织、控制、协调和指挥，以降低发行企业信息化实施的风险，使企业在信息技术和信息资源上的投资能够取得最大的收益。

发行企业信息化管理包含三方面内涵。

1. 发行企业信息化管理是信息化环境下企业变革过程的管理

发行企业信息化实施是一个复杂的组织与管理变革过程。在这个过程中，需要企业高层管理者对信息化变革过程进行引导，确保变革有一个良好的支持环境，制订明确的计划，建立有效的项目小组，并有效管理项目进程；采用新的领导方式，提高管理层领导工作的有效性；通过激励支持方法，培养员工在新工作环境下的技能，建立新的机制和工具，提高业务人员的工作绩效；通过全员参与的方式，使员工不断加深理解变革的意义，鼓励员工提出创新性的想法，推动变革的进程。

2. 发行企业信息化管理是信息技术支持下的企业运作管理

信息技术支持企业实现现代化的管理，提高企业运作效率和效益，提高企业市场竞争力。而信息技术支持下的企业运作管理的目的是构建企业的战略信息系统。

企业的信息系统是否成为战略信息系统，主要看它是否能够满足以下四个方面中某一个或者几个方面。

（1）是否能够在商业环境中用作获取竞争优势的工具。

（2）是否能够与一个组织整合起来以提高企业的业务业绩。

（3）是否可以用来发展新的产品或者服务。

（4）是否可以用来改进业务组织与客户和供应商的关系。

3. 发行企业信息化管理是对信息技术、信息资源、信息化实施运作过程的管理

发行企业信息化管理是对企业采用的信息技术、建立的信息系统、获取到的信息资源、发行企业信息化实施运作过程进行综合管理，以使企业在信息技术和信息资源上的投资能够取得最大收益。其中包含三个方面的内容：信息技术的管理、信息资源的管理、信息化实施运作过程的管理。

信息技术的管理包括信息技术的规划（网络、硬件平台、软件平台、应用软件、信息技术系统架构），信息技术的选择（选型、招投标、合同和服务协议签订），网络、硬件平台、软件平台、应用信息系统的设计、开发、测试和实施过程的管理，信息系统的事故处理、升级、维护、淘汰、灾难、运行性能、系统配置、版本管理（信息技术服务管理）等。

信息资源的管理包括 ERP，信息资源的获取和整合，信息资源的存储、备份（灾备系统），信息资源的发布与用户权限管理，信息资源的应用。

信息化实施运作过程的管理包括对信息化过程的计划、组织、控制、协调和指挥等。

发行企业信息化管理的三个内涵是实现企业战略目标不可分割的三个方面，它们互相支持、相互补充、相互融合，在某些情况下还存在一定的相互制约。

二、信息化管理的成熟度模型

发行企业信息化管理与发行企业信息化建设的发展历程是同步的，随着信息化应用的深入，信息技术越来越深入企业的管理中，它对企业战略的影响也越来越显著。因此，提高发行企业信息化管理的水平，对于企业利用信息技术快速获得竞争优势，同时使企业在信息技术和信息资源上的投资发挥最大效益均具有非常重要的意义。信息化管理的成熟度模型可以供企业对比其当前的信息化管理水平，找出信息化管理上存在的差距，在发展方向上为提升发行企业信息化管理水平提供指导（邹国彪，2012）。

信息化管理水平由低到高可分成五个级别，管理级别具体说明如下。

级别 1：无管理。处于这个级别的企业还没有实施发行企业信息化应用。

级别 2：单机级管理。这个级别的企业处于发行企业信息化建设的初级阶段，实施了面向事务功能处理的部门级信息化应用系统，如库存管理系统、产品设计系统、采购管理系统、财务管理系统等。实施这些系统的目的是提高部门或者个人的工作效率，这些系统基本上是独立开发实施的，没有实现系统间的集成。企

业没有开展信息化规划，对于信息技术的管理基本上停留在计算机硬件、网络、软件系统的单机维护上，有专人负责系统管理，一般没有独立的信息化技术部门，如果有信息化技术部门，其职责也主要是硬件和网络系统的维护。

级别 3：技术系统级管理。这个级别的企业处于发行企业信息化建设的中级阶段，其信息系统的实施不仅支持个人工作业务效率的提高，也包含了支持企业核心业务运作的功能。企业的信息系统初步实现了集成化运行，但是集成方式仍停留在接口型的初级集成上。这个级别的企业大部分都制定了发行企业信息化规划，但是，其信息化规划更侧重于信息系统建设的规划，规划过程也独立于企业的业务战略规划，虽然强调了由业务运作需求驱动信息系统实施，但业务需求与信息技术应用间依然存在脱节。企业设立了专门的信息化技术部门，但是所设置的部门仅负责信息系统的实施、维护。企业未设立首席信息官的职位，也没有建立信息技术服务管理体系。同样，在信息化管理的这个级别上，企业比较重视信息化应用的建设和信息系统的使用，而对于信息资源的管理和应用还没有考虑。

级别 4：信息技术服务级管理。这个级别的企业开始进入发行企业信息化建设的高级阶段，在这个阶段，企业信息系统的实施开始更多地面向支持发行企业战略目标的实现，其信息系统的集成水平和集成范围得到提高。信息化规划的制定与企业业务战略目标实现了紧密的匹配，发行企业战略需求成为信息系统实施的主要驱动力。企业开始设立首席信息官职位，并建立了一套信息技术服务管理的体系。企业建立了比较强大的信息技术部门，但是该部门依然是一个技术服务部门。在这个阶段，企业开始重视信息资源的管理和应用。

级别 5：战略匹配管理。战略匹配管理是发行企业信息化管理的最高级阶段，在这个阶段，企业建立了支持企业战略业务目标的信息化应用系统，制定了全面细致的信息化战略规划，并与发行企业业务战略规划相匹配。信息技术不仅作为发行企业的支持技术得到应用，信息化发展战略也成为发行企业重要的发展战略之一，发行企业业务与信息技术全面融合，共同驱动发行企业的业务发展和信息系统实施。信息资源成为发行企业的战略资源，其管理和应用得到高度重视。发行企业成立了集企业管理和信息技术为一体的信息化管理部门，建立了有效的信息技术服务管理体系，首席信息官成为发行企业的重要高层管理者。

第二节　信息技术组织设计

一、信息技术组织功能结构

在信息技术组织设计中，首先要确定合理的信息技术组织功能结构和信息技术功能设计的三个层次。

在进行信息技术组织设计时，不仅要考虑底层的维护工作（将信息化部门看成设备维护部门），还需要考虑中间的业务管理和高层的战略规划问题（信息化的战略管理部门）。

二、信息技术组织管理模式

信息化组织要负责信息、技术、信息化人力资源的管理，过去主要采用"集中式"管理方法，即信息技术资源主要集中在信息化部门，在业务与信息技术的融合越来越深入的今天，有必要将一部分技术和信息化人力资源分散到业务部门，由业务部门来承担一部分信息技术职责，而信息化部门将其工作重点集中在信息化规划和标准的制定上，了解信息技术组织管理集中与分散两种模式的变化，认识过去的管理思路和当今提倡的管理模式。

三、信息技术组织要素及其职能

表 6-1 给出了信息技术组织设计中需要考虑的组织要素及其主要职能。

表 6-1　信息技术组织要素及其主要职能

信息技术组织要素	地位/组成成员	主要职能
首席信息官	（1）首席信息官应进入发行企业的核心领导层，是企业的决策层的重要人物；（2）担任首席信息官的人选必须具备技术、管理等多方面的技能，具有较高的素质和协调、沟通能力，具有优异的管理技巧	（1）参与机构与企业高层决策；（2）是信息技术战略委员会的重要领导核心；（3）关注信息技术战略与业务发展的系统，支持制定、修改机构与企业信息技术/信息系统全面规划；（4）协调业务发展部门与信息技术部门之间的关系；（5）从总体上负责企业信息管制政策、信息标准的制定，并对信息资源进行管理和控制；（6）领导制定机构与企业长远的信息技术投资规划；（7）直接领导、支持信息技术部门进行发行企业信息化项目的开发实施、基础设施建设和资源的管理工作；（8）决定信息化工作的组织制度，包括组织设置及主要岗位人员任命、授权及汇报制度等
信息技术部门经理	（1）信息技术部门不是单纯的技术服务部门，而是在首席信息官直接领导下对机构与发行企业整体信息化工作进行管理的部门；（2）具体可以分设综合管理部门、应用开发部门、网络运行管理部门、数据中心及信息服务部门等（3）信息技术部门经理由首席信息官提名，报信息技术/信息系统战略委员会批准	（1）负责发行企业信息化工作的日常管理和具体信息化项目的实施；（2）协助首席信息官进行信息技术/信息系统规划；（3）负责与业务部门沟通与交流，切实了解业务需求；（4）负责信息化工作的计划、管理、协调和推动工作；（5）负责安排资金使用计划和具体落实；（6）组织制定信息技术/信息系统有关政策、制度和标准；（7）监督、检查、指导信息技术应用成果的验收、鉴定、上报与推广；（8）组织参与各类应用软件和应用系统的开发、数据库的建立与管理；（9）负责发行企业内部和外部的信息交流与技术交流；（10）组织参与发行企业基本信息设置的建设、维护和信息服务工作；（11）负责组织发行企业信息化学习、培训、宣传、交流活动等

信息技术组织要素	地位/组成成员	主要职能
信息技术关系经理	（1）是集中与分散相结合的信息技术组织关系的要素； （2）作为业务部门参与信息技术活动的代表； （3）要求了解相应领域的业务需求，并具备良好的信息技术技能和沟通技巧	（1）负责反映相应领域业务发展对信息技术/信息系统的需求，体现业务驱动的原则； （2）可参与信息技术整体规划与信息技术投入安排的工作； （3）负责信息技术/信息系统部门与其所在的业务部门之间的良好沟通； （4）定时向其所在的业务部门经理汇报本领域信息技术进展情况和需求； （5）组织安排人员参与信息技术应用开发和资源管理； （6）负责参与信息技术应用系统在本部门的适时推广工作； （7）参与本部门信息技术/信息系统的相关培训安排和具体实施
项目管理部门	（1）由信息技术项目经理组成； （2）作为"项目经理"的能力中心，为发行企业提供优秀的项目经理等管理人才，进行相关信息技术项目的管理	（1）负责制定信息技术项目管理的流程、管理规范和标准； （2）推进信息技术项目管理规范在全企业范围内的具体执行、组织培训等工作； （3）负责信息技术项目的运作与管理，包括信息技术项目的资源分配、项目计划的制订与具体执行、项目过程跟踪与管理、项目阶段性评估和分析、负责项目汇报等
能力中心	（1）某一领域的专家或相关人员组成的一个团体，致力于该领域最佳理论与实践的研究，并与发行企业实际相结合，不断探索新的应用途径； （2）组成人员包括能力中心经理和技术专家	（1）能力中心是发行企业的"人才库"或"资源池"，当需要时，就可以从中选择专门的人才组成项目小组进行运作； （2）负责前瞻性理论与技术的研究； （3）致力于某领域信息技术/信息系统应用实践的研究
基础/技术支持部门	由信息技术专家组成的部门	（1）负责信息技术基础设施的管理，包括计算机、网络和数据库的维护与管理等，确保其正确地运行； （2）负责技术标准、安全机制的建立与管理工作； （3）负责信息资源的管理； （4）提供技术支持和信息服务工作
求助台	由信息技术专家和信息技术服务人员组成的团队	（1）直接面向用户，提供优质的技术支持和信息服务； （2）后台是技术支持部门

第三节　信息化组织与实施流程

　　信息化组织实施是信息化管理的重要职能，是在信息化战略规划的指导下，组织人力、物力和财力，对信息化项目建设的各个环节进行组织和管理，具体完成各类信息化项目建设任务的活动。信息化项目建设也可以理解为信息系统建设，因此信息化组织实施也可以看作对信息系统的设计和开发进行管理，其流程主要包括信息系统分析与立项管理、信息系统开发方式选择与外包管理、信息系统开发方法选择与设计管理、信息设备采购与招标管理、信息系统实现与验收管理。

一、信息系统分析与立项管理

信息化战略规划制定后，就要根据开发先后顺序的安排，确定近期需要开发的信息系统。这时，就要对信息系统进行需求分析和可行性分析，对信息系统进行立项管理。

1. 信息系统需求分析

信息系统需求分析就是通过调查研究，确定需要开发的信息系统，列出信息系统应该具备的各种功能，并提出系统开发的实现条件。

1）信息系统需求分析的内容

（1）功能需求。功能需求列举出所要开发的信息系统应具备哪些功能。

（2）性能需求。性能需求给出所要开发的信息系统的技术性能指标，如存储容量限制、运行时间限制、传递速度要求等。

（3）资源和环境需求。这是对信息系统运行时所处环境和资源的要求。例如，在硬件方面，采用什么机型、需要哪些外部设备和数据通信接口等；在软件方面，采用什么支持系统运行的系统软件，如采用什么操作系统、什么网络软件和什么数据库管理系统等；在使用方面，要求使用部门在制度上或者操作人员的技术水平上应具备什么样的条件等。

（4）可靠性需求。在需求分析时，应对所开发软件在投入运行后不发生故障的概率，按实际的运行环境提出要求。对于那些重要的子系统或是运行失效会造成严重后果的模块，应当提出较高的可靠性要求，以期在开发的过程中采取必要的措施，使信息系统能够高度可靠地稳定运行，避免因运行事故而带来的损失。

（5）安全保密需求。工作在不同环境的信息系统对安全、保密的要求是不同的。应当对这方面的需求做出规定，以便对所开发的信息系统给予特殊的设计，使其在运行中安全保密方面的性能得到必要的保证。

（6）用户界面需求。信息系统与用户之间界面的友好性是用户能够方便、有效地使用系统的关键之一。因此，必须在需求分析时，为用户界面细致地规定应该达到的要求。

（7）可扩展性需求。预先估计信息系统的可扩展性需求，对系统将来可能的扩充与修改留出空间。一旦需要时，就比较容易进行补充和修改。

2）信息系统需求调查方法

信息系统的需求调查过程实际上是各类原始素材的收集过程，相应的信息收集方法有以下几种。

（1）查阅书面资料。在可能的情况下，对各类表格、记录、报告及岗位责任制、职责范围、规程手册、业务书籍等进行收集，弄清它们的来龙去脉与作用范围。

（2）实地观察。实地观察的目的是尽可能接近事件发生地去研究真实系统。作为观察者要遵守一定的规则，在观察时尽可能多听、少说或不说，尤其是要注意那些一闪即逝的有用信息。观察内容包括现行系统的实际布局、人员安排、各项活动及工作情况。通过实地观察，可以增加系统开发人员的感性认识，有助于加快对业务流程和业务活动的理解。

（3）面谈。面谈可以发现人们的感受和动机。这种方法依赖于面谈者对工作、对现有系统及工作经验等方面的信息汇报。面谈应从上而下，从概括到细微，先由领导开始，然后经中层至下层管理人员，甚至还可以扩大到全体职工。这样不仅能了解战略信息需求，而且能了解具体任务的信息需求。

（4）发放调查表。问卷调查方式的优点是比面谈节省时间，执行起来需要的技巧较少，填表者有时间思考、计算、查阅资料，提供的信息更准确。

（5）业务专题报告。对于某些需要信息系统重点支持的业务或比较复杂的业务，最好能请有关人员为信息系统调研人员作专题报告。专题报告经过报告人的认真准备，系统性、逻辑性、完整性、准确性都较强，是提高调研效率的一个好办法。

3）信息系统需求分析要点

（1）从含糊的需求中抽象出对信息和信息处理的需求。初始需求中，常常是把对人员、制度、物资设备的需求和对信息的需求混在一起提出来。在考虑信息系统的时候，应先把其他物质形态的内容舍弃，只留下对信息的需求。如果有的需求中既有对信息的需求，又有对其他方面的需求，则应该用抽象的语言把信息需求表达出来。

（2）对各种需求确定定量的标准。对于速度、时间等数量指标，必须经过调查研究确定具体的定量标准；对于质量等定性指标，也应该制定能够检查得比较具体的指标。

（3）分析各种问题及需求之间的相互关系。一般来说，罗列出来的问题之间有以下三种关系。

第一种是因果关系，某一问题是另一问题的原因，只要解决了前者，后者就迎刃而解，对于这类问题，说明目标时，只要抓住原因即可，结果不必再提。

第二种是主次关系，在实际工作中，绝对平行的事情是没有的，在一定的条件下，总有一方面在当时是主要的，必须根据实际情况，切实抓住使用者目前最急需解决的问题，作为主要目标。

第三种是矛盾关系，某两项需求在实际工作中是矛盾的，此长彼消，此消彼长。这时使用者心目中往往有一方面是主要关心的，而另一方面则成为一种制约条件，要求保持在一定的可接受范围之内。哪一方面是主要的，在权衡时，双方可以接受的最低标准是什么，这都需要明确。

2. 信息系统可行性分析

信息系统可行性分析就是以现实为基础，从技术、经济和社会因素等方面研究并且论证信息系统建设项目的可行性。可行性研究的目的是用最小的代价，在最短的时间内确定问题能否解决，即能否找到一个信息化建设项目切实可行的解决方案。

1）信息系统可行性分析的内容

（1）现状分析。分析现状的目的是进一步明确新信息系统建设或对现有信息系统进行改造的必要性。主要内容包括：清理现有信息系统资源，如硬件设备、软件、应用系统等；分析现有系统的使用情况和所引起的费用开支；评估现有的信息系统，包括各业务子系统、系统软件、数据库系统、应用软件等；了解系统的基本处理流程和数据流程；分析人力资源状况，了解人员分类（如系统管理员、系统分析员、操作员等）及各部门对人员的配置状况。

（2）技术可行性分析。技术可行性主要指在当前的技术条件下，能否实现系统的功能，满足所提出的要求；开发人员的数量和质量能否满足要求；所需要的物质资源能否满足；在规定期限内能否完成。

（3）经济可行性分析。经济可行性分析包括资金可行性和经济合理性两方面，主要通过收入与支出进行分析。

①收入包括以下三个方面。

一是一次性收入，可以根据数据处理、管理和维护等项目分类统计，如改进业务流程后导致的费用缩减、减少设备导致的费用节省等。

二是经常性收入，使用新信息系统导致的经常性的收入，包括费用的减少和避免。

三是无法直接用数字衡量的收入，例如，服务质量的提高、操作的简便、获取信息的便利等。这些收入往往只能大致估计。

②支出包括以下三个方面。

一是建设费用，包括计算机设备、数据通信设备、环境保护设备、安全保密设备、操作系统、数据库管理系统、应用系统的购买或开发费用。

二是一次性支出，包括培训费用、差旅费、人员调动和裁撤费用等。

三是经常性支出，包括系统运行和维护费用、场地租金、设备租金、通信费用、人员费用等。

分析了系统的收入和支出后，就可以求出整个信息系统生命周期中的收入支出比，显然，这个数值越大越好。

（4）社会可行性分析。社会可行性是指所建立的信息系统能否在组织中实现，在当前操作环境下能否很好地运行，组织内外是否具备接受和使用新系统的条件。

2）信息系统可行性分析的工作组织

信息系统可行性分析的工作组织一般有三种形式：一是由信息系统建设单位来承担；二是委托科研机构承担；三是"三结合"方式，即由主持编写《系统分析说明书》的工作人员、科研单位的技术专家、本单位的中层管理干部共同参与可行性分析。

3）信息系统可行性报告

在进行信息系统可行性分析后，应该将分析结果以报告的形式写出，形成正式的工作文件。可行性报告应该有一个明确的结论，包括：①可以立即开始建设；②推迟到某些条件（如设备、资金、人员等）满足后开始建设；③方案修改后进行，如目标脱离实际、功能设计不完善等；④不可行，如技术不成熟、经济不合算等。

3. 信息系统立项管理

每个信息系统建设都可以看成一个信息化建设项目。信息系统立项管理就是根据实际需求确定信息系统设计目标和项目范围、功能、运行环境、投资预算和竣工时间等。立项管理能够有效管理立项前的项目需求、相关文档和立项审批过程，保证项目的可行性和立项的严谨性，在前期阶段降低项目风险。

信息系统立项管理的流程如下。

1）制订立项方案

由技术开发部门会同研发部门编写信息系统建设项目立项方案，需要委托建设的项目由研发部门和技术开发部门提出建设方案和费用预算。

立项方案一般由以下两部分组成。

第一部分内容包括信息系统建设项目名称、项目负责人和组织分工、参加单位、协作单位等。

第二部分内容包括信息系统建设项目背景、项目建设的目的和意义、当前现状和发展趋势、项目建设的总体目标与分期目标、项目建设内容与建设规模、项目完成时间、项目经费概算与资金筹措、项目的经济效益与社会效益等。

2）提出立项申请

向信息系统建设项目主管部门提交项目立项方案和立项申请报告。

3）进行立项审批

所有项目必须通过立项审批后方可进行项目实施。信息系统建设项目应根据项目大小和重要程度进行分级审批。由有关部门对信息系统建设项目进行立项评审和讨论后，做出是否立项的审批决定，提交立项审批意见表。

立项评审的基本原则如下。

（1）简单性。信息系统建设项目设计应该尽量简单，这样可以提高运行效益，同时可以节省投资和提高信息系统的运行质量。

（2）灵活性。信息系统建设项目对外界条件的变化应具有较强的适应能力。由于信息系统建设是一个复杂的系统工程，要求信息系统的结构要具有较好的灵活性和可塑性。

（3）完整性。信息系统是各个子工程的集合，并作为一个有机的整体而存在，因此信息系统要求各子系统功能规范、接口统一。各子系统的协调是保证整个信息系统正常运行的基础。

（4）可靠性。信息系统的可靠性是评定信息系统建设项目质量的主要指标之一。可靠性的要求包括：信息系统体系结构设计合理，具有良好的可扩展性；硬件设备稳定性高；具有良好的可管理性；安全防护措施完善。

（5）经济性。信息系统建设项目的长远目标是为使用者带来相应的效益，因此如何在投资和绩效之间取得平衡是项目建设的重要目标之一。

二、信息系统开发方式选择与外包管理

1. 信息系统开发的基本方式

对于不同规模、不同技术含量的信息系统，可以采用不同的开发方式。方式不当有可能造成资金、时间超出预算，或者功能存在缺陷，甚至导致信息系统建设的失败。可以选择的信息系统开发方式如下。

1）购置商品化软件

当前，许多专业的信息系统开发公司已经面向某些业务，开发出大量功能强大的信息系统软件。组织可以根据自己的需要和实际情况进行购买。

这种做法的优点是可以在短时间内获得组织所需的系统，而且节省大量的开发费用，所购买的系统专业化程度也很高。缺点是系统的专用性比较差，需要根据组织的实际情况进行二次开发，如改善软件功能、设计接口等。

2）自行开发

如果组织拥有较强的信息技术专业人才，则可以选择自主开发的方式来建设信息系统。由于是组织自己的人员来开发，可以节省大量的开发费用。同时，如果组织自己的人员熟悉组织的工作流程，对组织的真正需求把握得好，就能够开发出满意度较高的信息系统。

但由于自主开发的人员可能是从组织各部门抽调出来的，并非一定是专业开

发人员，可能会造成信息系统不够优化、专业技术水平低等缺陷。同时由于开发人员分属不同部门，系统开发成功之后，人员仍回原部门，可能会造成系统维护上的困难。一般来说，自主开发可以聘请专业人士或机构作为顾问。

3）合作开发

组织与信息技术公司合作开发是一种两全其美的方法：组织能够培养锻炼自己的信息技术队伍，有利于后期的系统维护工作，同时又弥补了"外人"不熟悉组织情况的缺陷。但是这种方法有可能产生外聘的专业技术人员和本单位的信息人员互相推诿的扯皮现象或沟通不畅的情况，要求组织具有较高的项目管理能力和协调能力。

4）委托开发

委托开发是指聘请开发团队为组织开发信息系统，但在开发过程中需要组织的有关人员参与系统的调研、分析、论证工作。需要注意的是，因为是外部团队负责开发，所以在开发过程中组织需要不断地与之交流和沟通，消除双方对组织需求认识的偏差，并及时检查开发过程是否按照组织的要求进行。

委托开发主要面向开发力量较弱、资金有保证的企业。这种方式的优点是节省时间和人力资源，开发出的系统具有较高的技术水平，但是存在费用高、需要开发者长期技术支持的缺点。

5）租赁方式

租赁方式就是组织向应用服务提供商租用信息系统，以满足组织信息化需求的一种方式。组织无须投入资金购买，也不用专业人员去管理，只要向应用服务提供商分期支付信息化管理的服务费，就可以获得系统的使用权，如同自己拥有系统一样。

租赁方式的突出优点是节约信息系统开发与运行的经济成本，节约时间，不足之处是应用服务提供商提供的信息化管理方式的适用性、针对性有可能较差。若组织的信息化管理任务比较简单，则租赁方式有可能是一种比较理想的选择，但是对信息化管理任务比较复杂的组织而言，租赁方式难以满足其需求。

2. 信息系统开发外包管理

信息系统开发外包管理是指组织根据市场与自身资源的评估，将信息系统开发过程中的某个或某几个阶段交给组织外的独立方完成的一种信息系统开发方式，其目的是更好地合理利用组织内外资源、控制成本和转移风险。

不同组织信息系统开发的内容不尽相同，但从整体上来看，信息系统开发过程可分为信息系统设计、信息系统实现与信息系统验收三个阶段。信息系统设计阶段是信息系统开发的概念设计阶段，要分析组织信息化状况、工作流程及对信息系统的需求，并结合其人力、物力和财力状况提出信息系统建设方案。信息系统实现阶段是信息系统开发的物理实现阶段，该阶段所需完成的任务一般包括基础信息技术资源建设和业务应用软件开发两个方面。信息系统验收阶段是信息系统开发的完成阶段，包括信息系统的测试、评价、意见反馈和验收等工作内容。

组织可选择不同阶段的不同内容进行外包，这就形成了整体性外包和选择性外包两种范围的外包。

1）信息系统开发外包类型

（1）信息系统开发整体性外包。整体性外包是组织将信息系统开发中的全部信息技术问题，或者信息系统开发某一阶段（占预算 80%以上的信息系统开发）交由承包商来处理。就整个信息系统开发过程来看，三个阶段的全部外包就是整体性外包，就一个阶段而言，整个阶段所有信息技术问题的外包也是整体性外包。

从目前信息系统开发外包的实践来看，将信息系统开发过程完全外包的组织几乎没有，因为信息系统开发过程中的有些阶段必须要由组织本身来参与，如系统设计阶段必须有组织的配合才能获取完整的信息，设计出优秀的方案，因此，整体性外包主要是指方案实施阶段的信息系统开发整体性外包。

根据调查，在英国和美国两个信息系统开发外包大国中，分别只有 8%和 2%的组织选择了整体性外包。可见，整体性外包被采用得不多，其主要原因在于：①信息系统方案实现阶段牵涉外包的内容范围广，容易失控；②将核心的内容外包出去，会影响到组织的竞争优势；③合同往往要持续很长时间，容易受到承包商的盘剥；④资金和时间投入量大，一旦失败，转移成本很高，资金投入很难收回，影响组织的整体发展。

在以下一些情况下可以采用整体性外包方式。

①信息技术力量比较薄弱的组织。从我国目前来看，在发行企业的信息技术能力较薄弱的情况下，一般都采用整体性外包进行信息系统开发。

②为了争取时间，赶上同行的先进信息技术，可采用暂时性的整体性外包，等到组织内部储备了相应的力量时，就可以将关系到核心竞争力的部分收归组织自行开发。

③组织内的技术关联度强且与核心竞争力无关。

④组织做了充分准备，能将整体性外包的风险降到最低。

（2）信息系统开发选择性外包。选择性外包是指社会组织将信息系统开发中的部分信息技术问题交由承包商处理，通常将 5%～30%的信息系统开发任务外包给承包商。组织信息系统开发过程中的一、三两个阶段必须由组织本身参与，因此，这两个阶段的外包只能是选择性外包，而第二阶段则根据内容性质不同可选择不同的范围外包。

选择性外包的优势包括：①组织将信息系统开发某些部分外包，使组织内部的信息技术部门与承包商之间形成竞争关系，可以相互促进，优势互补；②可降低整体性外包的风险，由于选择性外包只外包信息系统开发的部分内容，其运作周期一般为一至两年，资金投入也只占整个信息技术预算的 15%～30%，即使失败，其转移成本也远远低于整体性外包；③选择性外包置于承包商掌控下的资源少，被承包商套牢的概率小，而且可以实现对信息系统开发活动的灵活控制。

组织一般会根据不同的情况而采用选择性信息系统开发外包：一是有一定信息系统开发与应用能力，但能力不强；二是组织虽然有能力进行某个信息系统开发，但在成本、质量、速度方面都有欠缺；三是某些信息系统开发由组织和承包商共同完成更有效。例如，在方案设计阶段，只有组织与承包商进行沟通，才能得到比较完整的信息，从而设计出最佳方案。又如，某些部门因其信息的敏感性而对关于信息处理的内容采用内制方式，而电子平台建设则可以外包给专业的信息技术服务公司。

2）承包商的选择

（1）信息系统开发承包商的类型。按照提供服务功能的不同，信息系统开发承包商有以下三种类型。

第一类是专门负责提供信息化咨询的承包商，这类承包商可以是高校信息化问题研究专家，也可以是专门的咨询机构。

第二类是专门负责提供软件、硬件与实现解决方案的承包商，如 IBM、惠普公司等，当然这类承包商所提供的服务也各有侧重，有的承包商侧重于提供个人计算机，有的承包商侧重于软件开发。

第三类是可以同时提供软硬件、解决方案和咨询服务功能的承包商，由公司提供主机维护、应用扩展、新技术实施和咨询在内的许多服务。

按组织形式的不同，信息系统开发承包商可以分为两种类型。

第一类是固定型承包商，是有固定组织形式的信息技术服务机构，是一个独立的具有法人资格的实体，也可以是具有不同功能并结成伙伴关系的联合体。

第二类是虚拟型承包商，是指由多个承包商临时组合而成的，并按照专业化分工在各自核心专长相互合作为社会组织的信息系统开发提供一体化服务的承包商。虚拟型承包商可以是组织在聘用多个承包商之后，让他们相互合作形成虚拟组织结构，也可以是组织聘用单个承包商，这个承包商根据自己的需要与其他具有特长的承包商形成虚拟组织结构。

（2）信息系统开发承包商的评价。要选择一个优秀的承包商，首先必须对承包商进行全面的评价，对承包商的评价主要包括以下几个方面。

①承包商的业界经验。主要指是否为业内相关的社会组织提供过类似服务，如果某些承包商有过为同行提供优秀服务并取得成功的经历，则可以将他们作为备选对象。

②承包商的信誉。如果承包商有不良信用记录，则要慎重考虑是否将其纳入合作对象范围。

③承包商的专业能力。包括承包商的技术实力、人力、物力和财力及承包商的创新和应变能力。

④外包费用。在质量、进度要求一致的情况下比较各个承包商之间的管理费用和信息系统开发成本的差异。

（3）信息系统开发承包商的选择方法。从目前来看，选择承包商的方法有两种：一种是直接磋商的方式，另一种是招标的方式。直接磋商就是组织选择一定数量的承包商与其直接磋商，然后择优选用。这种承包商的选择方法比较简单，一般来说组织可能与该承包商已有过合作经历，或者该承包商在业内享有盛誉。招标方式就是让对外包项目有兴趣的承包商参加投标，组织通过评标、筛选，确定承包商。这种方式适用于组织在大范围内选择性价比最优的承包商。

3）外包合同的签订

签订信息系统开发外包合同是组织选定承包商之后与承包商约定双方的责任与义务，建立合作关系的一种手段。组织与承包商之间存在着独立型外包和合作型外包两种关系，随之就产生了独立型外包合同和合作型外包合同。

（1）独立型外包合同的签订。根据独立型外包的特点，组织必须用明确完备的合同条款来保证其实施。合同必须明确规定以下内容。

①必须清晰、明确地指出服务范围；用服务水平来衡量承包商在信息系统开发外包业务中的质量表现，应包含承包商未能提供约定服务的惩罚条款，包括解决双方争端的程序；详细计算成本，规定承包商提供的员工规模和素质，规定承包商必须对组织的机密资料和知识产权进行保密；规定承包商在非正常情况下终止合同时，及时提供其数据资源和其他资源，以补偿与转换承包商的相关费用。

②采用第三方（法庭上的法官和陪审团）能够理解的、可计量的、可监测的方式表示合同的内容，以便组织与承包商之间的矛盾达到双方不能调和而非要诉诸法律时，第三方的调节能够顺利开展。

（2）合作型外包合同的签订。合作型外包的风险一般比较高，其不确定性多于确定性，其中确定的内容可以按独立型外包合同的内容进行规定；不确定的内容则通过以下方法来约定。

①合同中通常要规定一些条款允许承包商的报酬随着通货膨胀的变化而做出调整，同时必须规定承包商因偶发事件而承担的额外工作可以获得一定的报酬，报酬一般按照双方事先约定的价格支付，也可以使承包商的报酬与组织的经营绩效挂钩，从而使承包商的目标与组织的目标保持一致，这样承包商便会积极使用新技术和新设备。

②要通过合同规定双方的投资义务，从而支持相互之间的信任关系，而且双

方从持续关系中获得的收益应当是清晰的，同时也应易于监测。

③明确规定合同有效期和终止条款，规定在合同正常到期和提前终止的情况下，组织与承包商各自的义务与责任，这可以帮助组织在双方关系破裂、出现最坏结果的情况下挽回部分资金。

三、信息系统开发方法选择与设计管理

1. 信息系统开发方法选择

1）信息系统开发方法的类型

（1）结构化开发方法。结构化开发方法，又称为结构化生命周期法，是指用系统工程的思想和工程化的方法，自顶向下整体性分析与设计和自底向上逐步实施的系统开发方法，是组织、管理和控制信息系统开发过程的一种基本框架。

结构化开发方法由管理策略和开发策略两个部分组成。管理策略强调信息系统开发的规划、进程安排、评估、监控和反馈。开发策略包括四个方面：一是任务分解结构，包括系统规划、系统分析、系统设计、系统实施和系统支持；二是任务分解结构优先级结构，即系统开发所遵循的基本模式，如瀑布模型、阶梯模型、螺旋模型、迭代模型等；三是开发经验，信息系统的开发是一个实践性非常强的过程，因此开发经验是非常宝贵的一种信息系统开发资源，如何充分地利用开发人员丰富的开发经验，也应该是信息系统开发生命周期研究的内容之一；四是开发标准，信息系统开发标准通常包括活动、职责、文档、质量检验四个方面的标准。

结构化开发方法的过程包括以下四个阶段。

①信息系统规划阶段。该阶段的范围是整个业务系统，目的是从整个业务的角度出发确定信息系统的优先级。

②信息系统分析阶段。主要活动包括信息系统可行性分析和需求分析，其范围是列入开发计划的单个信息系统开发项目，目的是分析业务上存在的问题，定义业务需求。

③信息系统设计阶段。信息系统设计的目的是设计一个以计算机为基础的技术解决方案以满足用户的业务需求。总体设计的主要任务是构造软件的总体结构；详细设计包括人机界面设计、数据库设计、程序设计。

④信息系统实现阶段。信息系统实现的目的是组装信息系统技术部件，并最终使信息系统投入运行，包括的活动有编程、测试、验收等。

结构化开发方法具有以下优点。

①阶段的顺序性和依赖性。前一个阶段的完成是后一个阶段工作的前提和依

据，而后一个阶段工作的完成往往又使前一个阶段的成果在实现过程中更加具体。

②从抽象到具体，逐步求精。从时间的进程来看，整个系统的开发过程是一个从抽象到具体的逐层实现的过程，每个阶段的工作都体现出自顶向下、逐步求精的结构化技术特点。

③逻辑设计与物理设计分开。首先进行系统分析，然后进行系统设计，从而大大提高了信息系统的正确性、可靠性和可维护性。

④质量保证措施完备。对每个阶段的工作任务完成情况进行审查，对于出现的错误或问题及时加以解决，问题解决之前不允许转入下一工作阶段，也就是对本阶段工作成果进行评定，使错误较难传递到下一阶段，错误纠正得越早，所造成的损失就越小。

结构化开发方法具有以下缺点。

①它是一种预先定义需求的方法，基本前提是必须能够在早期就冻结用户的需求，只适应于可在早期阶段就完全确定用户需求的信息系统。然而在实际中要做到这一点往往是不现实的，用户很难准确地陈述其需求。

②未能很好地解决信息系统分析到信息系统设计之间的过渡，即如何使物理模型如实地反映出逻辑模型的要求，通俗地说，就是如何从纸上谈兵到真枪实弹地作战的转变过程。

③该方法文档的编写工作量极大，随着开发工作的进行，这些文档需要及时更新。

结构化开发方法的适用范围：该方法适用于一些组织相对稳定、业务处理过程规范、需求明确且在一定时期内不会发生较大变化的大型复杂系统的开发。

（2）原型法。使用结构化开发方法的前提条件是要求用户在项目开始初期就非常明确地陈述其需求，需求陈述出现错误，对信息系统开发的影响尤为严重，因此这种方法不允许失败。事实上这种要求通常难以做到，人们希望有一种方法能够迅速发现需求错误。

原型法的基本思想是由开发者和用户合作，在短期内定义基本需求的基础上开发一个具备基本功能、实验性强的、简易的信息系统模型，即原型，通过运行这个原型，不断改进，使之逐步完善，直至形成一个相对稳定的信息系统。原型法采用了"自下而上"的开发策略，对信息系统设计一步一步地提炼并给予用户参与机会，避免了冻结需求问题，因此更容易被用户所接受。但是，如果开发人员与用户合作得不好，就会延长信息系统开发时间。

原型法的开发过程如下。

①进行可行性研究。对信息系统开发的意义、费用、时间做出初步的计算，确定信息系统开发的必要性和可行性。

②确定信息系统的基本要求。系统开发人员向用户了解用户对信息系统的基

本需求，即信息系统应该具有的一些基本功能、人机界面的基本形式等。

③建造系统初始原型。在对信息系统有了基本了解的基础上，系统开发人员应争取尽快地建造一个具有基本功能的信息系统。

④用户和开发人员评审。用户和开发人员一起对刚完成的或经过若干次修改后的信息系统进行评审，提出完善意见。

⑤修改系统原型。开发人员根据用户意见对原始系统进行修改、扩充和完善。开发人员在对原始系统进行修改后，与用户一起对完成的系统进行评审，如果不满足要求，则要进行下一轮循环，如此反复地进行修改、评审，直到用户满意。

原型法的支撑环境如下。

①方便灵活的关系数据库系统。

②与关系数据库系统相对应的、方便灵活的数据字典，它具有存储所有实体的功能。

③与关系数据库系统相对应的快速查询系统，能支持任意非过程化的（即交互定义方式）组合条件的查询。

④高级的软件工具，用以支持结构化程序，并且允许采用交互的方式迅速地进行书写和维护，产生任意程序语言的模块（即原型，非过程化的报告或屏幕生成器），允许设计人员详细定义报告或屏幕输出样本。原型法的适用范围：原型法适用于小型、简单、处理过程比较明确、没有大量运算和逻辑处理过程的信息系统。原型法的优点：对信息系统需求的认识取得突破，确保用户的要求得到较好的满足；改进了用户和信息系统开发人员的交流方式；开发的信息系统更加贴近实际，提高了用户的满意程度；降低了信息系统开发风险，在一定程度上减少了开发费用。原型法的缺点：对开发工具要求高；解决复杂系统和大型系统问题很困难；对用户的管理水平要求高。

（3）面向对象的开发方法。面向功能的开发方法是单纯地反映管理功能的结构状况，或者只是反映事物的信息特征和信息流程，被动迎合实际问题的需要。面向对象的开发方法把数据和过程封装成为对象，以对象为基础对信息系统进行分析与设计，为认识事物提供了一种全新的思路和办法，是一种综合性的开发方法。面向对象的开发方法的出发点和基本原则是尽可能模拟人类习惯的思维方式，使信息系统开发的方法与过程尽可能接近人类认识世界、解决问题的方法与过程。因为客观世界的问题都是由客观世界中的实体及实体相互间的关系构成的，所以可以将客观世界中的实体抽象为对象。持面向对象观点的程序员认为，计算机程序的结构应该与所要解决的问题一致，而不是与某种分析或开发方法保持一致，他们的经验表明，对任何信息系统而言，其中最稳定的成分往往是其相应问题域中的成分。所以，"面向对象"是一种认识客观世界的世界观，是从结构组织角度模拟客观世界的一种方法。

面向对象方法的开发过程如下。

①进行系统调查和需求分析。对系统将要面临的具体管理问题及用户对系统开发的需求进行调查研究，即先弄清系统要干什么的问题。

②分析问题。在繁杂的问题域中抽象地识别出对象及其行为、结构、属性、方法等，一般称为面向对象的分析。

③整理问题。对分析的结果进行进一步的抽象、归类、整理，并最终以范式的形式将它们确定下来，一般称为面向对象的设计。

④程序实现。用面向对象的程序设计语言将上一步整理的范式直接映射（直接用程序设计语言来取代）为应用软件，一般称为面向对象的程序设计。

面向对象方法是一种流行的开发方法，适用面很广。面向对象方法的特点如下。

①直接反映了人们对客观世界的认知模式。人类认识客观世界有两个基本过程：一个是从特殊到一般的归纳过程；另一个是从一般到特殊的演绎过程。

②从应用设计到解决问题的方案更加抽象化而且具有极强的对应性。

③在设计中容易与用户沟通。

④把数据和操作封装到对象之中。

⑤设计中产生各种各样的部件，然后由部件组成框架，以至于整个程序。

⑥应用程序具有较好的重用性，易改进、易维护、易扩充。

（4）计算机辅助开发方法。计算机辅助开发方法是一种自动化的系统开发环境，它能够全面支持除系统调查以外的每一个开发步骤，使原来由手工完成的开发过程转变为一个由自动化工具和支撑环境支持的自动化开发过程。采用计算机辅助软件工程工具进行信息系统开发，还必须结合某种具体的开发方法，如结构化系统开发方法等。计算机辅助开发方法的特点为：解决了从客观对象到信息系统的映射问题，支持系统开发的全过程；提高了软件质量和软件重用性；加快了软件开发速度；简化了系统开发过程的管理和维护；自动生成开发过程中的各种文档资料。

2）各种开发方法的选择

综上所述，结构化系统开发方法是能够较全面地支持整个系统开发过程的方法。尽管其他方法也有许多优点，但都只能作为结构化系统开发方法在局部开发环节上的补充，暂时还不能替代其在信息系统开发过程中的主导地位，尤其是在占目前系统开发工作量最大的系统调查和系统分析这两个重要环节。

2. 信息系统设计的主要内容及其要求

1）代码设计

代码是代表事物名称、属性、状态等的符号，为了便于计算机处理，一般用数字、字母或它们的组合来表示代码。代码的设计和编制问题在系统分析阶段就开始考虑，在系统设计阶段才能最后确定。代码主要有四项功能：一是代码能为事物提供一个概要而准确的认定，便于数据的存储和检索，节省时间和空间；二是代码能提高数据处理的效率和精度，按代码对事物进行排序、累计或统计分析，准确高效；三是代码提高了数据的一致性，通过统一编码，减少了因数据不一致而造成的错误；四是代码是人和计算机进行信息交换的工具。

代码主要有以下类型。

（1）顺序码：又称为系列码，是一种用连续数字代表编码对象的代码。顺序码的优点是简单，缺点是没有逻辑基础且不便于对代码的操作。新增加的代码只能列在最后，删除则会造成空码。

（2）区间码：把数据项分成若干组，每个区间代表一个组，码中数字的值和位置都代表一定的意义。区间码的优点是容易进行数据处理的操作，如排序、分类、检索等。这种代码的长度与分类概念有关，在编码设计时，首先要对各种代码分类进行平衡，避免造成有很长的码或有很多富余的码。

（3）助忆码：用文字、数字或文字与数字结合起来描述，其特点是可以通过联想帮助记忆。

合理的编码结构是信息系统是否具有生命力的一个重要因素，在代码设计时，要求做到以下几点。

（1）代码在逻辑上必须满足用户的需要，在结构上应当与处理的方法相一致。例如，为了提高处理速度，往往要能够在不调出有关数据文件的情况下，直接根据代码的结构进行统计。

（2）代码对于所代表的事物或属性，应具有唯一性。

（3）设计代码时，要预留足够的位置，以适应不断变化的需要。

（4）代码的编制应标准化、系列化，使代码结构便于理解，较好地表达所对应的事物。

（5）避免使用容易引起误解或易于混淆的字符，如 O、Z、I、S、V 与 0、2、1、5、U 等。

（6）尽量采用不易出错的代码结构，如字母-字母-数字的结构比字母-数字-字母的结构发生错误的机会少一些。

（7）多于 4 个字母或 5 个数字字符时，应分段记忆。这样在读写时不易发生错误，如 139-0307-30XX 比 139030730XX 易于记忆，并能更精确地记录下来。

2）信息系统功能结构设计

信息系统的各子系统可以看作系统目标下层的功能。系统功能分解的过程就是一个由抽象到具体、由复杂到简单的过程。信息系统的功能结构可以用功能结构图来表示。

功能结构图，就是按功能从属关系画成的图形，图中每一个方框称为一个功能模块。分解最小的功能模块可以是一个程序中的每个处理过程，而较大的功能模块则可能是完成某一任务的一组程序。经过层层分解，可以把一个复杂的系统分解为多个功能较单一的功能模块。这种把一个信息系统设计成若干模块的方法称为模块化设计方法。模块化是一种重要的设计思想，这种思想把一个复杂的系统分解为一些规模较小、功能较简单、更易于建立和修改的部分，一方面，各个模块具有相对独立性，可以分别加以设计与实现；另一方面，模块之间的相互关系（如信息交换、调用关系）则通过一定的方式予以说明，各模块在这些关系的约束下共同构成一个统一的整体，完成信息系统的功能。

功能结构设计的特点在于有很好的内聚性。内聚性是指一个程序模块执行单独而明确定义功能的适用程度。内聚性好的程序具有好的可变性和可维护性。修改执行独立功能的内聚性模块，对程序中其他功能模块的影响很小，甚至根本没有影响。相反地，如果模块完成许多功能或连接许多不同的处理过程，那么其内聚性就差，产生错误的机会增大。系统模块之间的相互联系程度称为耦合，如果是紧密耦合，系统将难以维护。大而复杂的模块不仅难以修改，而且难以重复使用。

系统功能结构图主要从功能的角度描述了信息系统的结构，但并未表达各功能之间的数据传送关系。事实上，信息系统中许多业务或功能都是通过数据文件联系起来的。例如，某一功能模块向某一数据文件中存入数据，而另一个功能模块则从该数据文件中取出数据。又如，虽然在数据流程图中的某两个功能模块之间原来并没有通过数据文件发生联系，但为了处理方便，在具体实现中有可能在两个处理功能之间设立一个临时的中间文件以便把它们联系起来。上述这些关系在设计中是通过绘制信息系统流程图来表现的。

信息系统流程图是以信息系统的数据流程图为基础绘制的。可以按下述思路来绘制信息系统流程图：首先为数据流程图中的处理功能画出数据关系图，然后把各个处理功能的数据关系图综合起来，形成整个系统的数据关系图，即信息系统流程图。

3）系统物理配置方案设计

随着信息技术的发展，各种计算机技术产品为信息系统的建设提供了极大的便利，可以根据应用的需要选择性能各异的软、硬件产品。

（1）系统物理配置方案设计应重点考虑的因素。系统物理配置方案设计应重点考虑以下五个方面的因素。

①系统吞吐量，即每秒钟执行的作业数。系统吞吐量越大，系统的处理能力就越强。系统吞吐量与系统软、硬件的选择有直接的关系，如果要求系统具有较大的吞吐量，就应当选择具有较高性能的计算机和网络系统。

②系统响应时间，即从用户向系统发出一个作业请求开始，经系统处理后给

出应答结果的时间。如果要求系统具有较短的响应时间，就应当选择运算速度较快的 CPU 及具有较高传递速率的通信线路。

③系统可靠性，即系统可以连续工作的时间。例如，对于每天需要 24h 连续工作的系统，可以采用双机双工结构方式。

④集中式或分布式。如果一个系统采用集中式的处理方式，则信息系统既可以是主机系统，也可以是网络系统。若系统处理方式是分布式的，则应采用微机网络系统。

⑤地域范围。对于分布式系统，要根据系统覆盖的范围决定采用广域网还是局域网。

（2）系统物理配置方案设计的内容。

①计算机硬件及网络选择。计算机硬件的选择主要取决于数据处理方式和运行的软件系统。信息管理对计算机的基本要求是速度快、容量大、I/O 吞吐能力强、操作灵活方便，但计算机的性能越高，价格就越昂贵。一般来说，如果系统的数据处理是集中式的，系统应用的主要目的是利用计算机的强大计算能力，则可以采用主机-终端系统，以大型机或中小型机作为主机。如果系统的数据处理是分布式的，则采用微机网络系统更为灵活、经济。对于计算机网络的选择方面，可以采用网络操作系统。

②数据库管理系统的选择。信息系统是以数据库系统为基础的，一个好的数据库管理系统对信息系统的应用有着举足轻重的影响。在数据库管理系统的选择上，主要考虑数据库的性能、数据库管理系统的系统平台、数据库管理系统的安全保密性能、数据类型等。目前，软件市场上有许多数据库管理系统，如 Oracle、Sybase、SQL Server 等。Oracle、Sybase 是大型数据库管理系统，运行于 C/S 模式，是开发大型的管理信息系统（management information system，MIS）的首选，SQL Server 在小型 MIS 中最为流行，在大型信息系统开发中也获得了大量应用。

③应用软件的选择。根据应用需求来开发信息系统最容易满足用户的特殊管理要求，但是成本较高。随着技术逐渐成熟、设计规范、管理思想先进的商品化应用软件的推广，系统设计人员面临着对应用软件的选择问题。如果直接应用商品化软件，既可以节省投资，又能够规范管理过程、加快信息系统应用的进度，就不一定要自行开发，而可以选用这些成熟的商品化软件。

选择应用软件应考虑以下几个方面。

一是能否满足用户的需求。根据系统分析的结果，在软件功能上应注意以下问题：系统必须处理哪些事件和数据？软件能否满足数据表示的需要？系统能够产生哪些报告、报表、文档或其他输出文件？系统要存储的数据量必须满足哪些查询需求？

二是软件的灵活性。由于存在管理需求上的不确定性，系统应用环境会经常发生变化。因此，应用软件要有足够的灵活性，以适应对软件的输入、输出和系统平台升级的要求。

三是软件的技术支持。对于商品化软件，稳定的技术支持是必需的。这一方面是为了保证软件能够满足需求的变化，另一方面是便于今后的升级。

4）输出设计和输入设计

输出是信息系统产生的结果或提供的信息。对于大多数用户来说，输出是信息系统开发目的和使用效果评价的标准。尽管有些用户可能直接使用信息系统或从信息系统输入数据，但都要应用信息系统输出的信息，输出设计的目的正是正确及时地反映和组成用于生产与服务部门的有用信息。因此，信息系统设计过程与实施过程相反，是从输出设计到输入设计。即先确定要得到哪些信息，再考虑为了得到这些信息，需要准备哪些原始资料作为输入。

（1）输出设计。输出设计的内容包括：有关输出信息使用方面的内容，如信息的使用者、使用目的、报告量、使用周期、有效期、保管方法和复写份数等；输出信息的内容，如输出项目、位数、数据形式；输出格式，如表格、图形或文件；输出设备，如打印机、显示器、卡片输出机等。在信息系统设计阶段，设计人员应给出系统输出的说明，这个说明既是将来编程人员在软件开发中进行实际输出设计的依据，也是用户评价信息系统实用性的依据。

输出主要有以下几种。

①表格信息。表格信息以表格的形式提供，一般用来表示详细的信息。

②图形信息。信息系统用到的图形信息主要有直方图、饼图、曲线图等。图形信息在表示事物的趋势、多方面的比较等方面有较大的优势，可以充分利用大量历史数据的综合信息，表示方式直观，常为决策用户所喜爱。

③图标。图标也用来表示数据间的比例关系和比较情况，由于图标易于辨认，无须过多解释，在信息系统中的应用也日益广泛。

输出报告给出了各常量、变量的详细信息，也给出了各种统计量及其计算公式、控制方法。设计输出报告时要注意以下几点。

①方便使用者。

②要考虑信息系统的硬件性能。

③尽量利用原信息系统的输出格式。若需修改，应与有关部门协商，征得用户同意。

④输出表格要考虑信息系统发展需要。例如，是否在输出表中留出位置，满足将来新增项目需要。

⑤输出的格式要根据硬件能力而定，并试制输出样品，经用户同意后才能正式使用。保持输出内容和格式的统一性，可以提高信息系统的规范化程度和编程

效率。对于同一内容的输出，在显示器、打印机、文本文件和数据库文件上都应具有一致的形式。

（2）输入设计。输入数据的正确性直接影响处理结果的正确性，如果输入数据有误，即使计算和处理过程正确，也无法获得可靠的输出信息。同时，输入设计决定着人机交互的效率。输入设计包括数据规范和数据准备过程，提高效率和减少错误是两个最根本的原则。具体要求包括以下方面。

①控制人工输入量。由于数据录入工作一般需要人的参与，数据输入速度与计算机处理比较起来相对缓慢，信息系统在大多数时间都处于等待状态，效率显著降低，增加了信息系统的运行成本。因此，在输入设计中，应尽量控制人工输入数据总量。在实际输入数据时，只需输入基本数据，其他的数据可以通过计算由信息系统自动产生。

②减少输入延迟。输入数据的速度往往成为提高信息系统运行效率的瓶颈，为减少延迟，可以采用周转文件、批量输入等方式。

③减少输入错误。输入设计中应采用多种输入校验方法和有效性验证技术，减少输入错误。

④避免额外步骤。应尽量避免不必要的输入步骤。

⑤简化输入过程。输入设计在为用户提供纠错和输入校验的同时，保证输入过程简单易用。

5）文件与数据库设计

信息系统基于文件系统或数据库系统，而文件是存放信息系统中要处理的或要维护的数据的基本方式。文件设计就是根据文件的使用要求、处理方式、存储量、数据的活动性及硬件设备条件等，合理地确定文件类别，选择文件介质，决定文件的组织方式和存取方法。

（1）文件设计。设计文件之前，首先要确定数据处理的方式，文件的存储介质，计算机操作系统提供的文件组织方式、存取方式和对存取时间、处理时间的要求等。文件设计通常从设计共享文件开始，这是因为共享文件与其他文件的关系密切，先设计共享文件，其他文件中与它相同的数据项目就可以用它作为基准，尽量求得一致。文件由记录组成，所以设计文件主要是设计文件记录的格式。例如，每个数据项的名称、变量名、类型、宽度和小数位等。记录设计中还应注明记录由哪个程序形成，又输出到哪个程序。文件设计还应考虑文件的管理问题。

（2）数据库设计。数据库设计是在选定的数据库管理系统基础上建立数据库的过程。数据库设计除用户需求分析外，还包括概念结构设计、逻辑结构设计和物理结构设计三个阶段。在信息系统开发过程中，数据库设计的几个步骤与系统开发的各个阶段相对应。例如，用户需求分析←→系统分析（详细调查）；概念结构设计←→系统分析（逻辑设计）；逻辑结构设计←→系统设计；物理结构设计←→系统设计。

6）处理流程图设计

信息系统的处理流程图是信息系统流程图的展开和具体化，所以其内容更为详细。在信息系统流程图中，只是给出了每个处理功能的名称，而在处理流程图中，则需要使用各种符号具体地规定处理过程的每一个步骤。信息系统中每一个功能模块都可以作为一个独立子系统分别进行设计。由于每个处理功能都有自己的输入和输出，对处理功能的设计过程也应从输出开始，进而进行输入、数据文件的设计，并画出较详细的处理流程图。

四、信息设备采购与招标管理

信息设备是组成信息系统的硬件，是信息系统必不可少的重要组成部分，其质量好坏直接关系到信息系统的性能和运行寿命，因此必须加强信息设备采购管理。

1. 信息设备采购管理概述

1）信息设备采购的基本要求

（1）符合国家有关政策法规。信息设备的采购应以国家和地方相关的政策法规为指导，不得违反相关政策和法规。例如，政府机关信息设备采购应遵循《中华人民共和国政府采购法》；若采用招标方式采购，应遵循《中华人民共和国招标投标法》；政府机关信息设备招标采购，应遵循《政府采购货物和服务招标投标管理办法》。

（2）选择最佳的供应商。供应商的好坏直接影响到商品的质量、价格和售后服务的提供，因此必须慎重选择供应商，应向信誉良好、供货质量合格的供货商采购。

（3）争取最优惠的价格。在保证信息设备质量的前提下，若想要得到最优惠的价格，势必要运用一些小技巧。"货比三家"是首要步骤，另外也可通过大盘商进货或签订互惠契约、以现金支付、自行进口、自行运送等方法，有效降低货款，节省货运成本。

（4）获得最正确的设备。采购规格标准是根据客户的特殊需要，对所要采购的各种设备做出的详细具体的规定，如品牌、配置、性能、大小、数量、外观要求、质保期等。建立采购标准能帮助采购人在众多货品中挑选出合适的一种。采购标准除了文字叙述外，必要时也可以用图片或照片加以说明，供应商在按图索骥的情况下，错误供货的概率将大为降低。

2）信息设备采购方式的选择

采购的方式可分为邀请招标采购、竞争性谈判采购、询价采购和单一来源采购。邀请招标采购是指招标人以投标邀请书的方式邀请三个以上特定的供应商投标的采购方式。竞争性谈判采购是指采购单位直接邀请三家以上的供应商就采购事宜进行谈判的采购方式。询价采购是指对三家以上的供应商提供的报价进行比较，以确保价格较低的采购方式。单一来源采购是指向供应商直接购买的采购方式。

为了实现公平竞争，杜绝暗箱操作等腐败现象，越来越多的信息设备采购都是通过各种形式的招标来实现的，这和以往领导拍板决定有很大的不同。

招标主要有以下三种形式。

（1）内部招标。由采购单位自己成立招标工作小组，组织采购招标过程，制定招标需求和评标的标准，组织有关的专家（主要是内部专家，有时也请外部专家）成立评标小组进行评标，由工作小组将整体情况向领导汇报，最终结果由有关领导根据评标工作小组的汇报来决定。这种内部招标的方式，严格来说不能算是招标，除非该采购单位本身具备招标的资质并能够从事招标工作。

（2）有限招标。有限招标即邀标，对有限候选人发出招标邀请，只允许选定的候选人参加投标。在邀标过程中，一般由采购单位选定招标公司，由招标公司组织编写招标文件（其实主要还是依靠建设单位），向建设单位确定的候选人发出招标邀请，在评标过程中，由招标公司选择外部专家，并按一定比例邀请建设单位专家（不超过1/3）共同组成评标小组，根据评标小组的评标意见，编写评标报告提交给建设单位，通知建设单位评标结果。建设单位根据评标结果与中标人进行商务谈判。整个招标过程都是由招标公司负责组织的。

（3）公开招标。由建设单位选定招标公司，通过招标公司发布招标公告，一般要求先进行资格预审，以保证以后参加正式投标的投标人基本条件（一般是公司实力、产品等方面）满足要求，避免给以后的评标工作带来过多的无效工作量。招标公司根据各方提交资格预审文件，筛选出符合资格要求的候选人，通知他们参加投标。投标人正式中标后，其组织过程和邀标过程基本相同。

3）信息设备采购方案的编制

在采购前必须制订详尽和实施性强的采购方案，这样才能保证采购工作能按计划顺利实施。编制设备采购方案，要根据建设项目的总体计划和相关设计文件的要求，采购的设备必须符合设计要求。方案要明确设备采购的原则、范围、内容、程序、方式和方法，采购方案中要包括采购设备的类型、数量、质量要求、周期要求、市场供货情况、价格控制要求等因素，从而使整个设备采购过程符合项目建设的总体计划，设备满足质量要求，设备采购方案最终需获得建设单位的批准。根据设计文件、需要采购的设备编制采购的设备表及相应的备品配件表（含名称、型号、规格、数量、主要技术性能、交货期）和这些设备相应的图纸、数据表、技术规格说明书、其他技术附件等。

2. 信息设备的招标管理

1）招标前的准备

招标单位为了在招标中获取最佳结果，需要花费大量的人力、财力，做好充分的准备工作。招标前的准备工作具体包括广泛收集投标信息、提交各种招标文件等。

（1）招标信息的收集。招标信息是指为决定进行招标所需了解的情况，具体包括招标项目名称、招标工程的大致内容、招标日程安排和各项技术指标的名称及说明等。招标单位要派人与投标者进行联系，目的是了解投标者的总体计划与条件，或与本国驻国外的商务机构保持经常联系，选择并利用当地代理人。

（2）招标文件的准备。招标文件是法律文件，除了相关的法律法规外，在招标的全过程中招标单位、投标单位、招标代理机构共同遵循的游戏规则就是招标文件，这是参加招标工作三方人士必须遵循的法律文件，具有法律效力，所以编制招标文件的人员需有法律意识和素质，在招标文件中体现出公平、公正、合法的要求，对投标单位有什么要求、如何评标、如何决标、招标程序是什么，都在招标文件中做出规定。

按照有关招标投标法律法规与规章的规定，招标文件一般由以下十项基本内容构成：招标公告或投标邀请书；投标人须知（含投标报价和对投标人的各项投标规定与要求）；评标标准和评标方法；技术条款（含技术标准、规格、使用要求及图纸等）；投标文件格式；拟签订合同主要条款和合同格式；附件和要求投标人提供的其他材料。

2）招标工作的程序

（1）发出招标公告或者投标邀请书。实行公开招标的信息系统建设单位应通过国家指定的报刊、信息网络或者其他媒介发布信息设备招标公告。任何认为自己符合招标公告要求的信息系统开发商都有权报名并索取资格审查文件，招标单位不得以任何借口拒绝符合条件的投标单位报名。采用邀请招标的，招标单位应当向三个以上具备承担招标项目的能力、资信良好的信息系统开发商发出投标邀请书。

（2）对投标报名单位进行资格审查。资格审查是保证项目保质保量地完成的必要手段。信息系统建设单位必须高度重视资格审查工作，加强对投标报名单位的资格审查。招标前，应对投标报名单位的资质、信誉、履约能力、资金准备、技术保障措施、人员设备状况等进行考察。资格审查主要是对其资质证书及其相关证件，如安全生产许可证、工商营业执照、税务登记证、法定代表人证书、项目经理资质证书等进行审查。

通过资格审查，选择较好的单位作为投标参与方，参与投标的单位在同一管理水平上进行竞争，避免管理差、能力弱、价格过低的单位入围，这样才能进行真正的公平竞争。投标单位的数量对招标有较大的影响，如果投标单位太多，反而浪费了招标单位的资源和精力，分散了评标专家的注意力，影响对最合格投标人的评价时间，结果很可能评选出来的不是最合适的承包人选；另外，可能会有一些有实力的投标单位会认为投标单位多将导致本单位的中标概率降低，交易成本提高而退出本次招标活动，这就有悖于招标的初衷了。

（3）进行招标辅导。这里说的招标辅导是指进行详细的招标交底，把招标文件中有关废标的条款详细解释，让投标单位清楚、注意。不要因为细节规定导致废标，致使有效标数量达不到要求而使招标失败。将项目的特点、招标方的特殊要求进行详细介绍，引起投标方注意，避免因为要求不清楚或歧义导致各方报价过低或者过高。加强与投标方的交流，这个过程是促进双方彼此了解、熟悉，增强各方信心的过程。同时也是熟悉各投标方的优劣势、优缺点，彼此了解对方习惯的过程，为以后的合作伙伴关系打下基础。

（4）发放招标文件。招标单位应在招标公告、投标邀请书或资格预审合格通知书中载明获取招标文件的办法，如果是公开招标，招标单位应当首先将招标文件报招投标管理机构审查并备案，审查合格后方可发出。

（5）开标、评标与定标。开标、评标与定标应当按照招标文件的规定进行。公开招标的项目评委由政府招标管理机构从其专家数据库随机抽取的专家和招标单位代表组成，其中招标单位代表不能超过总人数的 1/3。评标委员会由招标人的代表及其聘请的技术、经济、法律等方面的专家组成，总人数一般为 5 人以上单数，其中受聘的专家不得少于 2/3。与投标人有利害关系的人员不得进入评标委员会。

开标会议由招标单位或者招标代理机构组织并主持；开标会议结束后经招标单位初步审查符合规定的投标文件送入评标委员会进行评标；评标应坚持客观公正、平等、科学、合理、自主和注重信誉的原则，评标委员会应按照招标文件中规定的评标标准、办法对投标文件进行评审。

招标人应当自确定中标人 15 日内向招投标管理机构提交招标投标情况书面报告。在评标过程中，虽然不同的需求会有不同的评标标准，但是有一些主要的考虑因素是任何建设单位都不能忽略的。

①投标单位的综合实力。投标单位的综合实力主要分成两类：存续能力和带来附加价值的能力。建设单位在招标过程中，一定要求最终的中标单位具备足够的存续能力，能够支持长期的产品发展，包括产品的不断升级换代和产品的售后服务，至少其产品的生命周期不短于建设单位使用该产品的时间。为此，公司的

规模、发展战略、经营管理状况、融资能力等，都会成为考察的内容。在附加价值方面，如果投标人在其他方面具有对单位未来发展非常有帮助的附加价值，那么建设单位会更愿意与这样的公司建立合作关系。

②产品与特定需求的符合性。这是评标过程中最主要的考察内容。评标小组会根据招标文件的要求，设定评标条件，在产品特性方面设定许多细致的评比条件。这就需要投标人能够认真阅读招标文件，深入理解用户的需求，想用户所想，充分表达出其产品与需求的符合性。

③投标单位的项目实施能力。根据不同招标内容，所要求的执行能力也会有差别。例如，及时供货能力、技术支持能力、专业技术能力、项目管理能力、长期支持服务能力等。这就需要根据具体招标指标指出必须具备的能力，并向建设单位清晰地阐明如何具备这样的能力。例如，在集成项目中，公司的技术力量就是一个重要内容，可以通过提交有关技术骨干的简历来证明公司的技术实力。

④投标单位的行业经验。这一点已经受到广泛的重视，具备行业经验，对于产品与特定需求的符合性，对合同执行能力，都是非常有力的佐证。因为在一个行业当中，许多需求具有相似之处，如果中标人具备行业经验，就会在与建设单位的沟通方面，在理解需求方面，大大降低双方的成本。

⑤价格因素。虽然在所有的招标文件中都会说明价格最低不是中标条件，但无论如何价格因素在评标过程中都会占很大比重。这也是在评标过程中最显而易见的硬指标。

（6）确定中标单位并发放中标通知书。招投标管理机构自收到评标书面报告之日起5日内未通知招标单位在招标投标活动中有违法行为的，招标单位可以向中标单位发出中标通知书，并将中标结果通知所有未中标的投标单位。中标通知书的实质性内容应当与中标单位的投标文件的内容相一致。

3. 设备的验收

信息设备的验收工作是质量检验第一关，也是检验合同执行情况的关键，验收工作要严格按照有关要求和程序进行。设备到货以后，要及时进行验收，避免验收不及时造成不应有的损失。验收时需要对合同中订购设备的数量、质量、附件等内容做全面的检查。

1）信息设备到货验收前的准备

（1）合适的验收人员。负责验收的人员应当具备高度的工作责任心和一定的专业水平，一般由设备的维修工程技术人员、设备管理人员（如采购员、设备档案管理员等）和有关使用人员组成。

（2）设备验收资料。验收资料准备主要是收集与到货设备筹备有关的文件资料，如招标文件、订货合同、合同备忘录、运输提货单、装箱单、商检单据等。

（3）阅读招标文件和订货合同。通过详细阅读招标文件和订货合同，熟悉相关文件及技术资料，了解设备的各项技术性能。参考厂家验收规程拟订相应的验收程序，并对关键技术指标的检测方法认真研究。

2）信息设备验收程序

（1）设备包装与设备外观检查。根据订货合同核对商标、收货单位名称、品名、箱号、箱总件数等有关的外包装标记及批次是否相符，有无油污、水渍等情况，对不可倾斜运输的设备需检查外包装上倾斜运输的"变色"标记是否变色。检查设备表面是否清洁，外壳是否有划痕，各按钮旋键是否无损、新旧程度如何等。设备包装情况和外观情况如果与合同不符或者有破损，必须做好现场记录，记入验收报告并拍照或录像以便分清责任。拍照和录像应能表达破损的各个方向与部位。

（2）设备数目及附件清点。以合同为依据，按装箱单或使用说明书上的附属器材或零配件的名称、规格型号、数量等逐项进行核对并做记录。如果出现数量或实物与单据不符的情况，应当做好记录并保留好原包装，便于向厂方要求补发或索赔。包装箱内应有使用手册及出厂鉴定证书、检验合格证、维修手册、维修电路图纸等文件。

（3）设备技术性能检查。技术性能检查是指对信息设备的功能配置与技术性能指标进行检测，功能配置验收应以招标文件和合同要求的各项功能为依据，要求对各项功能进行逐项的操作演示，出现不符时要做好记录，检测报告应由参加检测的各方共同签字确认。

（4）填写验收报告。验收报告应由使用科室、设备科与厂商代表三方验收人员签字认可。在验收过程中，所有与合同要求不符的情况都应当做好记录填写到验收报告上，并拍照或录像以备索赔，所有的文件资料及商检报告、验收报告由设备档案管理员收集并整理及时建档保存。

五、信息系统实现与验收管理

1. 信息系统实现管理

信息系统实现是按照预先的设计具体地实现信息系统的过程，具体包括信息系统编码、信息系统安装调试、信息系统测试等工作。在信息系统实现过程中，应做好相应的管理工作。

1）信息系统编码管理

（1）信息系统编码工作的任务与要求。编码工作的任务为：实现软件设计功能，运用程序设计语言编写出编程风格好、程序效率高和代码安全的计算机程序，这反映在软件编码的可追踪性和完备性上；软件编码的独立性、数据规则、处理规则、异常处理规则和表示法规则反映在项目软件过程的编程风格中。

编码工作的要求：①遵循开发流程，在设计的指导下进行代码编写；②代码的编写以实现设计的功能和性能为目标，要求实现设计所要求的功能，达到设计所规定的性能；③程序具有良好的程序结构，提高程序的封装性，降低程序的耦合程度；④程序可读性强，易于理解；⑤软件的可测试性好，便于调试和测试，易于使用和维护，具有良好的修改性和扩充性，可重用性强，移植性好，占用资源少，以低代价完成任务；⑥软件在不降低程序可读性的情况下，尽量提高代码的执行效率。

（2）信息系统编码管理的目的与内容。信息系统编码管理的主要目的是控制软件编码的工作进度，监督软件编码的编程风格和质量，使软件编码工作能可靠、高效地实现软件设计的目标，同时符合承建单位的软件过程规范的要求。

软件编码管理的活动内容主要包括：①促使承建单位将合适的软件编码工程方法和工具集成到项目定义的软件过程中；②保证承建单位依据项目定义的软件过程，对软件编码进行开发、维护、建立文档和验证，实现软件需求的软件设计；③跟踪和记录软件编码产品的功能和质量。

2）信息系统安装调试管理

（1）安装调试费用的预算。要想使软、硬件设备安装调试工作顺利实施和完成，必须事先认真做好安装调试费用的预算工作。安装调试费用包括运输费、安装费、调试费和其他费用。

①运输费预算。管理部门应根据软、硬件设备的体积、解体装运对象的数量和质量，安排不同运输能力的车辆，并确定各种运输车辆的车次。然后，按相应运输车辆的吨公里运费、被运物的搬运里程计算运输费用，也可根据运输车辆的台班费定额和使用台班计算运费。在预算运输费用时，还要估算装卸、捆扎费等，因为这些也是运输过程中必然发生的费用。

②安装费预算。根据待安装软、硬件的种类列出相应的安装基座、所用材料及人工使用量，然后参照工程预算定额给出的基价，计算其费用。

③调试费预算。在软、硬件设备调试过程中，除了设备运行必需的动力（如电力等）外，还需一定量的耗材。调试费一般由电力费、材料费、人工费、管理费等组成，应按各自的单价和用量计取。

④其他费用预算。包括设备初到时的看管费、管理费等，其他费用的预算应根据实际情况进行。

（2）人员组织与技术培训。软、硬件设备一般精密、昂贵，初次安装调试中的技术工作必须由供应厂商派出的技术人员负责（这也是供应厂商方面完成交货必须履行的义务）。信息系统建设单位在供应厂商调试工程师来之前，应该进行尽可能周密的工作安排。例如，选配操作人员，成立安装调试协调组（由有关行政领导、技术负责人员组成），调配安装调试所需的辅助工具、人员。

选配操作人员时，应注意选择业务熟练、反应灵活、责任心强的操作人员。在进行安装调试之前，建设单位的技术负责人应协助厂商方面的安装调试工程师工作，并选配设备操作人员，进行岗位分工和现场技术培训。岗位分工的目的是明确各操作人员在调试阶段及日后使用设备时的职责。培训的目的是让操作人员了解待调设备的基本结构、技术性能、安装调试操作步骤、运行管理方法及安全注意事项等，从而使他们做到心中有数，避免盲目安装。

（3）信息系统安装施工。安装过程中，应随时对信息系统主机的各组成部件及附属设备做外观质量检查，安装现场要由专人负责指挥。吊装笨重装置时，必须采取相应的安全防范措施。安装人员要安全佩戴安全帽，安装工作要按顺序进行。安装要分工协作，如机械部分由机械人员负责安装，电气部分由电气人员负责安装。安装后，应对设备安装的完整性、合理性、安全性等进行检查。

（4）信息系统调试。

①调试过程。对安装好的信息系统尽快进行调试。调试前，要再次检查安装的完整性、合理性、安全性等，以便调试工作安全、顺利地进行。调试主要是试验信息系统的工作质量、操作性能、可靠性能、经济性能等。

②撰写安装调试技术报告。撰写安装调试技术报告是信息系统初次安装调试后进行技术、资产及财务验收的主要依据之一，是一项必须做好的工作。安装调试报告应以读者能再现其安装、调试过程，并得出与安装调试技术报告中相符的结果为准则，作为一种科技文件，应详略得当、主次分明。

3）信息系统测试管理

（1）单元测试。单元测试也称为模块测试，在模块编写完成且无编译错误后就可以进行。单元测试的内容包括：功能测试、接口测试、重要执行路径测试、局部数据结构测试、语句覆盖和分支覆盖测试以及错误处理能力、资源占用、运行时间、响应时间等方面的测试。单元测试的成果包括：单元测试报告，包括测试记录、测试结果分析；软件问题报告单和软件修改报告单；与软件修改报告单一致的、经过修改的全部源程序代码；回归测试的测试记录和测试结果。

（2）集成测试。集成测试也称为组装测试，是指对将模块按系统说明书的要求组合起来的子系统进行测试。当被集成的软件单元无错并通过编译、代码审查、单元动态测试并达到测试要求，已置于软件开发单位的配置管理受控库，已具备了集成测试计划要求的软件组装测试和测试工具时，可进行集成测试。

集成测试主要是验证软件单元组装过程和组装得到的软件部件，重点检查软件单元之间的接口，测试的主要内容有：在把各个模块连接起来的时候，穿越模块接口的数据是否会丢失；一个模块的功能是否会对另一个模块的功能产生不利影响；各个子功能组合起来，能否达到预期要求的功能；全局数据结构是否有问题；单个模块的错误是否会导致数据库错误。集成测试的成果包括：集成软件测试报告；软件使用说明；所有软件问题报告单和软件修改报告单；与软件修改报告单一致的、经过修改的全部源程序代码。

（3）确认测试。确认测试又称为有效性测试，其任务是验证软件的有效性，即验证软件的功能和性能及其他特性是否与用户的要求一致。当软件完成了集成测试且可运行，所有软件代码都在配置管理控制下，已经具备了合同规定的软件确认测试环境时，可进行确认测试。

软件需求说明书描述了全部用户可见的软件属性，是软件确认测试的基础。在确认测试阶段需要做的工作是进行有效性测试和软件配置复查。有效性测试是在模拟的环境（也可能是实际开发的环境）下，运用黑盒测试的方法，验证被测试软件是否满足需求说明书列出的需求，通过实施预定的测试计划和测试步骤，确定软件的特性是否与需求相符。同时，对其他软件需求，如可移植性、兼容性、可自动恢复性、可维护性等，也都要进行测试，确认是否满足。软件配置复查的目的是保证软件配置的所有成分都齐全，各方面的质量都符合要求。除了按合同规定的内容和要求，由人工审查软件配置之外，在确认测试的过程中，应当严格遵守用户手册和操作手册中规定的使用步骤，以便检查这些文件资料的完整性和正确性，必须仔细记录发现的遗漏和错误，适当地补充和改正。确认测试的成果包括：软件确认测试分析报告，含所有的软件确认测试结果；所有软件问题报告单和软件修改报告单；与软件修改报告单相一致的、经过修改和回归测试的全部源程序代码；经过修改的软件产品使用说明。

（4）系统测试。系统测试是将通过确认测试的软件作为整个信息系统的一个元素，与计算机硬件、外设、某些支持软件、数据和人员等其他系统元素结合在一起，在实际运行（使用）环境下，对信息系统进行一系列的组装测试和确认测试。当完成并通过软件确认测试，所有软件产品都在配置管理控制下，已经具备了软件系统测试环境时，可进行系统测试。

系统测试的目的在于通过与信息系统的需求定义进行比较，发现软件与信息系统定义不符合或与之矛盾的地方。系统测试的测试用例应根据需求说明书来设计，并在实际使用环境下运行。根据软件的安全性等级和软件规模等级，选择进行信息系统的功能性测试、可靠性测试、易用性测试、效率测试、维护性测试和可移植性测试。

系统测试一般由专门委托的测试机构进行，需要对所有软、硬件进行以功能为主的测试工作（必要情况下附加性能测试），需要对测试情况进行记录并进行错误的修改与回归测试，在测试完成后要根据测试全过程的情况编写正式的系统测试报告。系统测试的成果包括系统测试报告（包括测试记录和测试结果分析）、软件问题报告和软件变更报告、回归测试的测试记录。

2. 信息系统验收管理

信息系统验收阶段是全面验证和认可信息系统实施成果的阶段。信息系统验收阶段的主要任务是通过验收测试，发现并纠正信息系统潜在的问题，系统地验证工程设计的各项技术指标。由于信息系统的特殊性，在进行信息系统验收时，有必要坚持以测试为基础、以事实为依据开展验收工作。

第七章 发行企业信息化工程监理

发行企业信息化工程监理是信息化管理的另一种形式。在信息化项目建设过程中，除了建设单位和承建单位自身要加强管理外，还应聘请具备相应资质的第三方信息工程监理单位对信息化项目建设进行监督与管理，弥补建设单位和承建单位在专业水平、经验、方法、技术力量上的不足，减轻信息化项目管理的工作量，保障信息化项目顺利进行。近年来，信息化工程监理的理论与实践得到了较快的发展。

第一节 发行企业信息化工程监理概述

一、信息化工程监理的概念

1. 信息化工程监理的内涵

"监理"一词首先出现在工程领域，用于信息工程领域，有"信息系统工程监理""信息化工程监理""电子工程监理""信息工程监理""信息工程建设监理""信息技术工程监理"等表述。这些不同的名称其实质都是相近的，只是表述方式有些差别。

2002 年，我国信息产业部颁布的《信息系统工程监理暂行规定》第四条规定："本规定所称信息系统工程监理是指依法设立且具备相应资质的信息系统工程监理单位（以下简称监理单位），受业主单位委托，依据国家有关法律法规、技术标准和信息系统工程监理合同，对信息系统工程项目实施的监督管理。"

2014 年 12 月，国家质量监督检验检疫总局（现为国家市场监督管理总局）和国家标准化管理委员会批准和发布的《信息技术服务 监理 第 1 部分：总则》（GB/T 19668.1—2014）对信息系统工程监理也做了说明："信息系统工程的监理及相关服务工作应建立在监理支撑要素的基础上，根据工程项目的需要，在监理运行周期的部署实施和运行维护（包含在 ITSS®服务运营中）部分，结合各项监理内容，对监理对象进行监督管理及提供相关信息技术服务。对监理运行周期的规划设计部分主要提供相关信息技术咨询服务。"

综合国家政策法规和一些学者的观点，信息化工程监理是指信息化监理机构根据相关法律法规及标准，对信息化工程建设单位及承建单位进行督察、监控和评价并采取各项管理措施，协助有关人员达到预期目标。

2. 信息化工程监理与相关概念的比较

与信息化工程监理相关的概念包括信息化项目管理、信息化工程咨询和信息系统审计等，它们之间有一定的联系和相似点，但也存在区别。

1）信息化工程监理与信息化项目管理的比较

从本质来看，信息化工程监理是信息化项目管理的一种特殊形式。与信息化项目管理的不同之处在于信息化工程监理不是由建设单位来进行，而是委托专业的信息化工程监理单位来进行的。但在管理内容上两者大同小异，都是对工程质量、成本和进度进行监督、检查、控制、协调与评价等。信息化项目管理的内容相对比较全面，较多是从正面进行指导的，而信息化工程监理更多的是找问题、找毛病，针对问题予以解决。由独立的一方对信息化工程进行监理，最大的优点是更加专业、客观、严格，同时也可以避免建设单位因为信息化项目管理而造成的机构臃肿。

2）信息化工程监理与信息化工程咨询的比较

国际上对监理与咨询没有严格区分，把监理看作咨询工作的一部分。尽管如此，两者之间还是存在一定区别。

（1）信息化工程咨询主要的工作方式是由信息化咨询机构就项目提出建议和回答问题，建设单位可以采纳也可以不采纳。而在信息化工程监理中，监理单位的意见是必须要执行的，而且有的要立即办，具有强制性。

（2）信息化工程咨询机构是建设单位的顾问，而信息化工程监理单位除了受建设单位委托外，还必须要站在第三方立场，强调其工作的独立性和公正性。

（3）信息化工程咨询的目标是提供一个解决方案，其结果是通过调查研究形成的一份咨询报告；而信息化工程监理是一个完整的过程，在信息化工程的每个阶段都需要监理，直到信息化工程完成。信息化工程监理报告属于控制、沟通和记录性报告，是展现信息化工程建设过程成果的报告。

3）信息化工程监理与信息系统审计的比较

"审计"和"监理"从字面来看意思相近，它们在对象、内容与方法上也有一定的相似之处，但也存在不同。

（1）信息化工程监理的对象是信息化工程，主要对系统硬件与软件及其开发、调试到投入正常运行为止的过程进行监督。信息系统审计的对象除了信息化工程建设的各项问题外，还包括信息系统的应用与管理等，信息系统审计人员常常针对信息系统的输出数据、系统使用人员、打印输出等进行审查。

（2）信息化工程监理主要监督承建单位是否按照承包合同及相关法律法规来实现信息化项目，即代表建设单位对承建单位进行监督，对于建设单位存在的问题也要提出，但不是主要的。而信息系统审计由委托的信息审计师对信息系统的运行与应用进行审计，主要是针对信息系统建设单位的。不过在信息系统的开发过程中，审计对象包括信息系统建设单位与承建单位双方。

（3）信息化工程监理是一个实时进行的过程，发现的问题大部分要求承建单位及时改正，经过证实已改正后才能继续进行。而信息系统审计不要求实时性，主要是查找出各种不符合要求的证据，形成审计报告，交付给信息系统建设单位，要求根据报告中提出的问题加以改正。

（4）信息化工程监理的重点是工程的实施阶段，包括系统集成、安装、调试及验收。在信息系统投入运行以后，尽管信息化工程监理仍应发挥作用，但并不是工作重点。而信息系统审计的重点在信息系统投入运行后。

二、信息化工程监理的意义

随着各行各业信息化建设的需求越发强劲，一些部门和单位想要开展信息化建设活动，而又缺乏信息化工程建设管理方面的经验和技术。为了尽量控制好工程的质量、进度和成本，确保工程投资效益，对信息化工程监理的需求正在不断增加。

1. 对信息系统市场的意义

一般来说，信息化项目建设单位根据自己的需求，通过直接委托或公开招标的方式，与信息化项目开发商（信息化工程承建单位）签署委托代理合同，形成了二元组织机制。

信息技术属于高新技术领域，具有知识密集、结构复杂的特点，而且发展迅速。信息化工程建设具有不可预见性，目标系统难以量化。另外，信息化项目建设单位缺乏专业知识、信息化项目开发商市场的信誉和体制不健全、国家相关的标准体系不完善等因素的共同作用，造成了在这种二元组织机制中信息的不对称现象，存在着突出的逆向选择和道德风险。

逆向选择，是指信息系统开发商在签约前隐藏自己的信息，信息化建设单位不知道开发商的真实信息，委托代理合同就建立在信息化建设单位对信息系统开发商的平均期望值之上，而技术上占有优势和信誉好的开发商往往在竞争中处于不利地位而不得不退出市场，于是形成了"优汰劣胜"的窘境。

道德风险，是指信息化建设单位看不到开发商执行合同的行动，只能观察到合同执行的部分结果，信息化建设方在项目建设完成后，会发现这样或那样的问题，甚至认为系统不可接受，但不甚了解问题的原因和严重性。

无论信息化系统开发商还是信息化建设单位，单方面都难以解决信息化建设过程中的信息不对称问题。在信息化建设中逐步引入懂得相关业务、熟悉市场、具有信息化项目管理经验的监理单位作为工程建设中的第三方监理服务方就显得十分重要,信息化工程监理单位、建设单位和承建单位(与建设单位签订信息化项目建设合同的信息系统开发商)形成了三元组织关系。

在信息化项目设计开发之前引进监理方,加强了建设单位对信息系统开发商的甄别能力,在一定程度上降低了逆向选择风险。在信息化项目开发合同执行过程中引入监理方,利用监理单位的专业知识和项目管理经验,对信息化项目进行跟踪和控制,可以降低道德风险。

2. 对信息化建设单位的意义

1) 实现有效沟通和协调

建设单位通常对计算机技术方面的知识了解不深入,而承建单位虽然对计算机技术非常精通,对建设单位的业务却不了解。这些都造成信息化建设的范围和目标不明确,从而导致信息化项目的范围和目标一变再变,致使信息化项目处于无休止的变化中,使信息化项目面临着失败的威胁。建设单位需要专业技术力量来指导,而这种专业技术力量必须独立于承建单位,才能公平、公正地对待信息化项目中的问题,为信息化项目提供最合适的技术服务和咨询。

2) 增强管理

信息化建设单位缺乏甚至没有相关的信息化项目管理经验,无法对项目进行监控,无法对信息化项目的进度、质量和成本等进行控制,使项目按照建设单位的意愿进行。在二元组织机制中,承建单位可能利用这一点,对建设单位隐瞒信息化项目存在的问题,并且以技术存在难点等问题来搪塞建设单位,延长信息化项目的开发进度,降低信息化项目的质量。显然,信息化项目建设单位委托监理单位来对项目实施的进度、质量、成本及合同执行情况进行有效的监理是一种必然的选择。

3) 降低风险

风险是每个信息化项目都存在的,建设单位没有规避和处理风险的经验,无法预测可能出现的风险,难以在风险出现后立即采取有效的应急措施,从而使信息化项目总是处于险境中。

信息化工程监理单位有着丰富的信息化项目管理经验和有效的风险管理方法,在信息化项目立项阶段,监理单位可与建设单位共同分析风险,共同制定规避风险的方法和措施。在项目实施阶段,监理单位和建设单位可对风险进行识别和分析,出现重大的问题时,监理单位凭借丰富的经验向建设单位提供解决风险的措施和方法,从而使风险最小化。

3. 对信息系统开发商的意义

1）需求管理规范化

在信息化项目建设中，最困难的事情就是准确而详细地了解建设单位的业务需求并精确地知道需要开发什么样的信息系统。一般认为，一套相对成熟的软件系统，如果被改动30%，那么该软件的性能及稳定性将受到严重损害。信息化项目需求的不确定性是最大的风险。造成不确定的原因有两点：一是建设单位往往在需求分析阶段不能完全认识和挖掘出全部需求，在建设过程中才不断地明白，这样可能出现重大变更；二是信息系统开发商编写的《需求分析报告》技术性过强，建设单位相关人员无法完全理解。

信息化工程监理师作为业务专家，其凭借信息化项目管理的经验，协助和引导建设单位提出需求；信息化工程监理师作为技术专家，在对信息系统开发商与建设单位进行沟通的过程中，充当"翻译"，使需求得到充分的理解。这样，可以尽可能减少信息化项目需求的不确定性，使信息系统开发商更加明确建设单位的需求，得到较理想的设计方案。信息化工程监理师在信息化项目建设中还充当着管理者的角色，在需求的管理上有着规范的流程和方法，避免建设单位在项目实施后期提出不合理的需求。

2）协调信息系统开发商与建设单位的关系

在信息化项目建设过程中，由于建设单位和信息系统开发商地位不对称，有些建设单位会提出比较苛刻的要求，这些苛刻的要求常常导致项目延期，甚至使项目最终失败。监理工程师作为公正的第三方，要从信息化项目整体的角度考虑问题，通过各种沟通渠道和方法，化解矛盾，避免冲突的出现，使信息化项目的各方朝着既定目标共同努力，并且合理和公正地保证各方的正当权益。

3）规范信息化项目款的支付

由于信息化产品的特殊性，同时国家缺少信息化项目验收的相关标准，支付项目款的依据成为承建单位和建设单位争执的焦点。监理工程师作为信息化项目合同的监督管理者，严格按照合同及相关规定的验收标准和流程执行，在监理工程师的监督下，信息化项目验收通过后，监理工程师会督促建设单位及时支付项目款，从而保障信息系统开发商的合法利益。

三、我国信息化工程监理的发展现状

我国的信息化工程监理是从传统的公路、水路、桥梁、土木建筑及国外相同工程中吸取经验，结合信息行业本身的特点，逐步试验、探索而来的。1988年，建设部颁布了《关于开展建设监理工作的通知》；1996年，我国全面推行建设监理制度；1997 年颁布了《中华人民共和国建筑法》，对工程监理的原则、工作范围、行为准则和管理办法等做了明确的规定。这些制度和措施极大地提高了建筑工程的质量，理顺了建设单位和承建单位之间的关系，同时也对信息化工程监理工作产生了极大影响。

1. 社会对信息化工程监理的认识

在国家有关规定的指导下，信息化工程监理的理念已逐渐得到社会各界的认知和接纳。国家已经明确地规定，以下信息化工程必须实施监理：国家级、省部级、地市级的信息系统工程；使用国家政策性银行或者国有商业银行贷款，规定需要实施监理的信息系统工程；使用国家财政性资金的信息系统工程；涉及国家安全、生产安全的信息系统工程；国家法律、法规规定应当实施监理的其他信息系统工程。

2. 信息化工程监理法律法规建设

信息化工程监理的法律法规建设可以分为以下两个阶段。

第一阶段：20 世纪 90 年代到 2002 年 11 月。这一阶段的特点是没有正式的信息化工程监理法律法规出现，信息化工程监理主要是附着在其他监理法律法规上或作为其中部分内容出现。我国信息化工程监理工作从 2001 年开始试点，2002 年7 月，国务院信息化工作办公室发布了《振兴软件行业行动纲要》，要求国家重大信息化工程实行工程监理制。

第二阶段：2002 年 11 月至今。这一阶段的特点是信息化工程监理法律法规已经正式形成。2002 年 11 月，信息产业部正式下发《信息系统工程监理暂行规定》，标志着我国信息化工程监理制度的正式诞生。2003 年 3 月 31 日，信息产业部发布了《信息系统工程监理单位资质管理办法》和《信息系统工程监理工程师资格管理办法》。2004 年 5 月，信息产业部发布了《信息系统工程监理资质等级评定条件（试行）》。2005 年 4 月，国家发布了《信息化工程监理规范 第 1 部分：总则》（GB/T 19668.1—2005）标准，并于同年 5 月 1 日正式实施[后被《信息技术服务 监理 第 1 部分：总则》（GB/T 19668.1—2014）代替]，为信息化工程监理行业明确了具体的行为准则。2007 年 8 月 13 日，国家发展改革委发布的《国家电子政务工程建设项目管理暂行办法》，明确指出电子政务项目必须实行信息化工程监理制，项目建设单位应按照信息化工程监理的有关规定，委托具有相应信息化工程监理资质的监理单位对项目建设进行监理。

3. 信息化工程监理人才培养体系

2003 年 10 月，国家人力资源和社会保障部与信息产业部联合发布《计算机技术与软件专业技术资格（水平）考试暂行规定》和《计算机技术与软件专业技术资格（水平）考试实施办法》，规定自 2004 年 1 月 1 日起实行。文件中明确了"信息系统监理师"这一专业技术人员职业资格，每年上半年和下半年各开考一次，2005 年 5 月已正式开始专业技术资格的全国统考。自 2004 年 10 月起，中国软件评测中心等单位开办了多期信息系统监理工程师培训班，逾千名学员获得了信息系统监理工程师技术资格培训证书。在学历教育方面，我国信息化工程监理教育基本形成了职业培训认证、本科生教育、工程硕士研究生教育的较为完整的体系。

第二节　发行企业信息化工程监理的内容与方法

为了突出发行企业信息化工程监理和项目管理的区别，本节将发行企业信息化工程监理的内容分为质量监理、成本监理、进度监理、合同监理及组织协调五个部分。

一、信息化工程质量监理

质量是指产品、服务或过程满足规定或潜在特征的总和，质量要求就是对整个信息化工程项目与其实施过程所提出的满足规定或潜在特征的要求（或需求）总和，即要达到的信息化工程质量目标。

发行企业信息化工程监理中的质量监理是指根据信息化项目的特点，综合运用各种有效的监理手段和措施，在约定的时间和预算成本范围内，达到或超过信息化项目建设单位的质量期望的过程。

1. 信息化工程质量监理的任务

信息化工程质量监理的核心任务是建立全面的质量控制体系，强化承建单位自检体系的管理，严格做好中间的质量检验及现场质量验收，搞好工序监测，强调以事前控制为主，严格开工报告的审批，预防质量通病的发生，杜绝建设质量事故，确保工程质量创优。

1）招标阶段质量监理的任务

参加信息化工程招标的一般包括建设单位、监理单位、招标公司、专家、纪检或公证部门。监理单位在招投标阶段质量监理的任务有以下七个方面。

（1）协助建设单位提出工程需求方案，确定工程的整体质量目标。

（2）参与标书的编制，并对工程的技术和质量、验收准则、投标单位资格等可能对工程质量有影响的因素提出明确的要求。

（3）协助招标公司和建设单位制定评标标准。

（4）对项目的招标文件进行审核，对招标书涉及的商务内容和技术内容进行确认。

（5）在协助评标时，对投标单位标书中的质量控制计划进行审查，提出监理意见。

（6）对招标过程进行监控，如招标过程是否存在不公正的现象等。

（7）协助建设单位与中标单位商洽并签订工程合同，在合同中要对工程质量提出明确的要求。

除了上述任务之外，还需要对承建单位以及人员资质进行审核，重点包括以下六个方面。

（1）资质文件是否真实、齐全。

（2）承建单位的资质等级是否与本工程的规模相适应。

（3）承建单位的主要技术领域是否与本工程需要的技术相符合。

（4）拟派往本工程的项目管理人员是否具有工业和信息化部颁发的系统集成项目经理或高级项目经理证书，证书是否真实有效。

（5）其他技术人员的技术经历是否与本工程的技术要求相符合。

（6）承建单位是否建立了完善的质量保证体系。

2）设计阶段质量监理的任务

信息化工程设计阶段的主要任务是使工程设计的各项工作能够在预定的成本、进度、质量目标内予以完成。

设计阶段质量监理的任务包括以下几个方面。

（1）设计阶段初期。了解建设单位建设需求，核对信息化项目安全性的要求，协助建设单位制定项目质量目标规划和安全规划；对各种设计文件提出质量标准。

（2）设计阶段中期。通过跟踪及时发现质量问题，并及时与承建单位协调解决；审查阶段性设计成果，并提出监理意见；审查承建单位提交的总体设计方案，确保总体方案中包括建设单位的所有需求；对整个信息化项目开发的体系结构、开发平台和开发工具的选择、网络安全方案等进行充分论证；对总体设计方案中有关材料和设备进行比较。审查承建单位对关键部位的测试方案，如主机网络系统软硬件测试方案、应用软件开发的模块功能测试方法等。

（3）设计阶段后期。协助承建单位建立和完善针对信息化项目建设的质量保证体系，包括完善计量和质量检测技术与手段；协助总承建单位完善现场质量管理制度，包括现场会议制度、现场质量检验制度、质量统计报表制度和质量事故报告及处理制度等；组织设计文件及设计方案讨论会，熟悉项目设计、实施及开发过程，根据有关设计规范，对承建单位下达质量要求标准。

3）实现阶段质量监理的任务

实现阶段质量监理的任务主要是协助承建单位完善质量控制和工程实现条件的控制，具体内容如下。

（1）关键过程的质量监理。制订阶段性质量监理计划，包括确定控制内容、技术质量标准、检验方法及手段，建立阶段性质量控制责任制和质量检查制度；进行工程各阶段分析，分清主次、抓住关键是阶段性工程结果质量监理的目的；设置阶段性质量监理点，实施跟踪控制是工程质量监理的有效手段；严格控制各过程间的交接检查。主要项目工作各阶段（包括布线中的隐蔽作业）需按有关验收规定经现场监理人员检查、签署验收。

（2）对开发、实施材料与设备进行检查。对信息网络系统所使用的软件、硬件设备及其他材料的数量、质量和规格进行认真检查。使用的产品或者材料应有产品合格证或技术说明书；同时，还应按照有关规定进行抽检。硬件设备到场后应进行检查和验收，主要设备还要开箱查验，并按所附技术说明书及装箱清单进行验收。

（3）协助建设单位对严重质量隐患和质量问题进行处理。在必要的情况下，监理单位可以按照合同行使质量否决权。在下述情况下，总监理工程师有权下达停工令：实施、开发中出现质量异常情况，经提出后承建单位仍不采取改进措施的；或者采取的改进措施不力，还未使质量状况发生好转的；隐蔽作业（指综合布线及系统集成中埋入墙内或地板下的部分）未经现场监理人员查验自行封闭、掩盖的；对已发生的质量事故未进行处理和提出有效的改进措施就继续进行的；擅自变更设计及开发方案自行实施、开发的；没有使用技术合格证的工程材料、没有授权证书的软件，或者擅自替换、变更工程材料及使用盗版软件的；未经技术资质审查的人员进入现场实施、开发的。

（4）工程款支付签署质量认证。承建单位工程进度款的支付申请必须有质量监理方面的认证意见，这既是质量监理的需要，也是成本控制的需要。凡质量、技术方面有法律效力的凭证，只能由项目总监理工程师一人签署。专业质量监理工程师和现场质检员可在有关质量、技术方面的原始凭证上签署，最后由项目总监理工程师核签后方才有效。

4）验收阶段质量监理的任务

验收阶段质量监理的验收工作组由建设单位、承建单位和监理单位共同组成。验收阶段质量监理的任务如下。

（1）验收计划、方案的审查。承建单位提出验收申请后，监理单位首先要对其验收计划和验收方案进行审查，主要审查内容包括验收目标、各方责任、验收内容、验收标准、验收方式。

（2）验收资料的审查。承建单位申请验收时，不同的信息化工程中验收资料可能有所不同,基本审核资料包括承建单位与各方签订的信息系统工程建设合同,需求分析规格说明书,承建单位的设计、实施方案、竣工报告,设计和建设图纸(系统原理图、平面位置图、布线图、系统控制、中心配置图、器材清单),设计方案论证意见,应用软件开发过程文档,系统调试报告(含调试记录),系统测试报告,用户使用说明书,承建单位对建设单位进行培训的报告,承建单位和建设单位的初验报告。

(3)验收中出现的质量问题的处理。对于项目中的关键性技术指标,以及有争议的质量问题,监理机构应要求承建单位出具第三方测试机构的测试报告。第三方测试机构应经建设单位和监理机构同意;对验收中发现的质量问题要由监理机构、承建单位和建设单位共同进行确认;对验收中发现的质量问题进行评估,根据质量问题的性质和影响范围,确定整改要求和整改后的验收方式,必要时组织重新验收;敦促承建单位根据整改要求提出整改方案,并监督整改过程。

(4)验收结论处理。项目验收合格,按有关规定办理资料移交手续,立案归档;项目验收不合格,由验收组签署整改意见(整改通知书)交承建单位,并限期整改完成后再验收。

2. 信息化工程质量监理的方法

1)审查和评审

在各单项工程、分部工程或分项工程开工之前,监理工程师要求承建单位提交单项工程开工报告及组织设计(含技术方案、进度计划等)并进行审查。单项工程开工报告应表明材料、工具设备、劳力及现场管理人员、其他条件等的准备情况,并提供必要的基础资料。

评审的主要目的是本着公正的原则检查项目的当前状态,信息化项目评审一般是在主要的项目关键部分接近完成时进行,如总体设计、编码或测试完成的时候。通过评审,可以及时发现重大问题,并给出处理意见。

(1)评审依据:国家和行业的相关标准、技术规范与其他有关规定;有关部门关于本项目的文件和批示;已经确定的本方案的承前性文件;监理工程师收集的监理信息。

(2)评审范围:一般来讲,信息化项目需要评审的内容包括需求和招标方案、质量控制体系和质量保证计划、总体技术方案、工程实施方案、系统集成方案、有关应用软件开发的重要过程文档、工程验收方案、培训方案与计划、其他需要会审的重要方案。

(3)评审的工作过程:①现场质量工程师接收方案、文档等资料,进行初审,并把初审结果上报总监理工程师;②建设单位和承建单位根据监理意见进行处理,处理结果由现场监理组进行确认,并报总监理工程师签发。

2）测试

测试是信息化工程质量监理最重要的手段之一。信息化项目一般由网络系统、主机系统、应用系统组成，而这些系统的质量如何只有通过实际的测试才能知道，因此测试结果是判断信息化工程质量的有效依据。

在整个质量控制的过程中，承建单位、监理单位、建设单位和第三方测试机构都可能对工程进行测试。承建单位的测试是为了保证工程的质量和进度，监理单位的测试是为了检查和确认工程质量，建设单位的测试是验证系统是否满足业务需要，第三方测试机构的测试是给工程一个客观的质量评价。虽然工作重点不同，但都是为了更好地控制项目质量。

就监理单位而言，主要进行三方面的工作：①监督评审承建单位的测试计划、测试方案、测试实验及测试结果；②对重要环节监理单位要亲自测试；③对委托的第三方测试的结果进行评估。在重要阶段或者验收阶段，一般要请专门的第三方测试机构对项目进行全面的测试。

3）旁站

旁站是指监理人员在项目现场对某些关键部位或关键工序实施全过程现场跟班的监督活动，是监理人员控制工程质量、保证项目目标实现必不可少的重要手段。旁站应在总监理工程师的指导下，由现场监理人员负责具体实施。旁站时间可根据项目进度计划事先做好整体安排，在关键工序实施后再做具体安排。旁站的目的在于保证符合项目标准，尽可能保证建设过程符合国家或国际相关标准。

旁站是出现问题后难以处理的关键过程或关键工序。现场旁站比较适合于网络综合布线、设备开箱检验、机房建设等方面的质量监理，也适合其他与现场地域有直接关系的项目质量监理工作。现场旁站要求现场监理工程师具有深厚的专业知识和项目管理知识，能够纵观全局，对项目阶段或者全过程有深刻的理解，对项目的建设具有较强的观察能力和总结能力。旁站记录是监理工程师或总监理工程师依法行使签字权的重要依据，是对工程质量的签认资料。

监理工程师必须通过旁站，对承建单位的各项建设程序、开发方法进行有效的控制。旁站监督由各专业监理工程师及其助理人员（监理员）担任，实行全方位、全过程、全环节的监理，包括以下主要内容。

检查用于项目的设备、组织人员及其他项目建设条件与批准的单项工程开工报告是否符合；采用全过程旁站、部分时间旁站和巡视等方法检查承建单位的操作方法，对违反技术规范和技术方案的方法与操作行为及时发出警告和做出现场指令。

对重要工序、欠稳定工序和不易测控的工序必须采用全过程旁站，"盯"在现场监督，并在监理独立平行的检验表"结论"栏里填写监理旁站建设所见到的建设情况、鉴定意见及各种自检质保资料的规范化情况等，作为签发承建单位工序检验申请批复单的依据。

4）抽查

发行企业信息化工程监理过程中的抽查主要针对计算机设备、网络设备、软件产品及其他外围设备的到货验收检查，以及对项目实施过程有可能发生质量问题的环节随时进行检查。对于到货验收的抽查，主要是针对大量设备到货情况，在抽查时，要有详细的记录。对于少量设备到货的情况，要逐一检查。对于实施过程的抽查，监理工程师可随时抽查开发文档的编写情况、测试执行情况，对已经完成的代码抽查其是否符合约定等。

二、信息化工程成本监理

信息化工程成本监理是指在工程实施过程中，通过项目成本监理尽量使项目实际发生的成本控制在预算范围之内的一项监理工作。成本监理涉及对于各种能够引起项目成本变化因素的控制（事前控制）、项目实施过程的成本控制（事中控制）和项目实际成本的变动控制（事后控制）三个方面。成本监理还要考虑平衡质量和进度之间的关系，保证各项工作在预算范围内进行。成本监理的基础是事前对项目进行的成本预算。

1. 信息化工程成本监理的任务

不同阶段的成本监理的任务如下。

1）设计阶段成本监理的任务

设计阶段的成本监理必须依照招投标文件、承建合同、审核项目计划、设计方案中所说明的目标、范围、内容、产品和服务，对可能的成本变化，向建设单位提出监理意见；控制设计变更，必要的变更应由三方达成共识，并作为项目备忘录。参与项目总成本目标的分析、论证、审核（在可行性研究的基础上，再进行详细的分析、论证）；对项目总成本切块、分解后进行审核、确认和监督。

2）实施阶段成本监理的任务

督促承建单位编制项目费用总计划，监理人员审核总费用计划的可能性，并监督其执行。对于跨年度的大型工程，还应编制年度费用计划。承建单位还应编制月度费用计划，监理人员据此进行月度费用的控制和跟踪。

总监理工程师应依据承建合同及其补充协议，审核承建单位及其提交的项目阶段性报告和付款申请。满足付款条件时，总监理工程师签发付款意见，送建设单位。

监理人员从目标系统的质量、进度和成本等方面审查工作变更，由变更引起成本的改变应按照合同的相关条款执行。在合同中没有规定的，应在变更实施前与建设单位、承建单位协商确定变更导致的成本变化，并做工作备忘录。

在合同履行过程中，常出现索赔现象。索赔，就是由于当事人一方不履行或不完全履行既定义务，或者由于对方的行为使权利人的利益受到损害时，要求对方补偿的权利。当索赔发生时，监理人员应当及时按照一定的程序处理索赔申请：①申请方应在合同规定的限期内向监理部门提交索赔申请；②总监理工程师指定监理工程师收集与索赔相关的资料；③总监理工程师进行索赔审查，与承建单位和建设单位协商索赔费用；④总监理工程师在承建合同规定的期限内签发索赔通知，或在承建合同规定期限内发出要求申请方提交详细资料的监理通知。需要注意的是，当申请方的索赔要求与工程延期要求相关联时，总监理工程师应综合考虑工程延期和费用索赔的关系，做出费用索赔和工程延期的决定。

3）验收阶段成本监理的任务

验收阶段的成本监理相对比较简单，主要应把握好以下几个方面：总监理工程师审核承建单位提交的阶段性付款申请，根据合同规定的付款条件，签发付款意见；监理工程师协助建设单位进行工程决算、成本评估等工作，参与处理索赔事宜。

2. 成本监理的方法

1）组织方法

组织方法指通过建立一定的组织体系，使成本监理真正落到实处。总监理工程师是项目成本监理的第一责任人，全面组织项目监理部的成本管理工作，及时掌握和分析盈亏状况，并迅速采取有效措施。

其他的监理人员应根据自身监理工作的内容承担相应的监理任务，负责工程技术监理的监理人员是整个工程项目技术和进度控制的人员，应在保证质量、按期完成任务的前提下，帮助建设单位尽可能采取先进技术，以降低工程成本；负责综合管理的监理工程师主管合同实施和合同管理工作，负责工程进度款的申报和催款工作，处理赔偿问题，注重加强合同预算管理。

总监理工程师要和相关监理人员随时分析项目的资金运用情况，提出合理调度资金建议；监理项目部门的其他成员都应精心组织，节约开支。

2）技术方法

监理单位应编制各个阶段的成本监理工作流程图，设计方案评审、设计招标的组织准备对多个可能的主要技术方案做初步的技术经济比较论证，从业务、架构、设计、设备、实验、验收运营等方面进行考虑。

监理单位要审查建设单位的成本计划和成本预算。在项目的实施过程中，会出现与预算不符的问题，要针对成本差异发生的原因，查明责任者，区分情况，分辨轻重缓急，提出改进措施，加以贯彻执行。

在项目设计过程中，进行技术经济比较，需求设计要以节约成本为目的。对设计中的技术问题进行全面的经济分析和审核，确定设计方案评选原则，参加评选。监督承建单位制订先进的、经济合理的技术实施方案，以达到缩短工期、提高质量、降低成本的目的。

3）经济方法

（1）对项目成本进行分解，对影响成本目标实现的风险进行分析。

（2）编制各阶段的详细费用支出计划，费用支出主要包括人工费用、设备费用、软件开发与实施费用。

（3）合理配备承建单位的项目人员组成，节约技术实施管理费用。

（4）审核详细的成本监理计划，用于控制各子项目及各自设计限额。

（5）对设计的进展进行成本跟踪，编制设计阶段详细的费用支出列表，核查工程付款账单，在实施进展过程中进行成本跟踪。

（6）定期向总监理工程师、建设单位提供成本控制报表，审核实施阶段详细的费用支出计划，并监督执行。

4）合同方法

分析比较各种合作模式，从成本控制的角度考虑项目的合同结构，在合同文本中写明成本要控制在约定范围内，用合同条款来约束项目建设不突破成本。对建设单位、承建单位签订的合同进行严格把关，利用合同手段鼓励承建单位采用性价比高的技术方案和实施过程，对承建单位提出的项目报价、人员安排、实施周期、实施方式等进行充分的比较与论证，再进行合同价格的确定。参与合同谈判，向设计单位提出在给定的成本范围内进行方案设计的要求，并以合同措施鼓励设计单位通过广泛调研和科学论证来优化设计。监理单位要参与处理索赔事宜，参与合同修改、补充工作，着重考虑对成本的影响。

三、信息化工程进度监理

信息化工程进度监理是指对信息化工程各阶段的工作程序和持续时间进行检查、调整等一系列活动的总称，在项目实施过程中检查实际进度是否按照要求进行，对出现的偏差分析原因，采取补救措施或调整、修改原计划直至竣工、交付使用。进度监理的基本思路是，比较实际状态和计划之间的差异并做出必要的调整，使项目向着有利的方向发展，其目的是确保项目"时间目标"的实现。

1. 进度监理的任务

1）准备阶段进度监理的任务

参与建设单位招标前的准备工作，协助编制本项目的建设计划，内容包含项目主要内容、组织管理、项目实施阶段划分和项目实施进度等；协助建设单位分析项目的内容及项目周期，并提出安排工程进度的合理建议；对建设合同中所涉及产品和服务的供应周期等做出详细说明，并建议建设单位做出合理安排；监理单位应对招标书中的工程实施计划（包括人员、时间、阶段性工作任务等）及其保障措施提出建议，并在招标书中明确规定；在协助评标时，应对投标文件中的项目进度安排及进度监理措施等进行审查，提出审核意见。

2）设计阶段进度监理的任务

根据工程总工期要求，协助建设单位确定合理的设计时限要求；由粗而细地制订项目进度计划，为项目进度监理提供依据；协调、监督各承建（设计）方进行整体性设计工作，使承建项目能按计划要求进行；提请建设单位按合同要求向承建单位及时、准确、完整地提供设计所需要的基础资料和数据；协调各有关部门，保证设计工作顺利进行，包括根据方案设计制订项目总进度监理计划，督促建设单位提供项目必需的资源并监督执行；编制建设单位软件、材料和设备采购监督计划并进行控制等。

3）实施阶段进度监理的任务

（1）根据工程招标和建设准备阶段的工程信息，进一步完善项目进度计划，并根据此进行阶段性进度监理；审查承建单位的建设进度，确认其可行性和是否满足项目进度计划要求。

（2）审查承建单位进度控制报告，监督承建单位做好进度管理，对进度进行跟踪，掌握建设动态，研究并制定预防工期索赔的措施，处理工期索赔工作。

（3）举行进度协调会，及时协调各方关系，使项目建设顺利进行。

（4）及时处理承建单位提出的工程延期申请，若出现工程建设延期，则应当按照以下流程进行：①做出工程延期批准之前，应与建设单位、承建单位进行协商，共同商议；②及时受理承建单位的工程延期申请，根据工程情况确认其合理、可行后，由总监理工程师签署执行；③阶段性工程延期造成总工程延迟时，应要求承建单位修改总工期，修改后的总工期应经过审查，并报建设单位备案；④工程延期造成费用索赔时，监理应提出建议并按程序处理。

4）验收阶段进度监理的任务

工程验收阶段，进度监理的任务主要有以下几个方面。

（1）审核承建单位项目整改计划的可行性，控制整改进度。

（2）建议建设单位要求承建单位以初验合格报告作为启动试运行的依据。

（3）试运行结束后，建设单位可以根据项目或自身具体情况采取专家评审验收、系统测试等多种形式对项目进行验收。此时，监理单位应建议建设单位要求承建单位以终验合格报告作为工程结束的依据。

2. 进度监理的方法

1）进度监理的基本方法

（1）从工程准备阶段开始直至竣工验收的全过程中，坚持采用动态管理和主动预防进行进度控制。

（2）在充分掌握第一手实际数据的前提下，采用实际值与计划值进行比较的方法进行检查和评价。

（3）运用行政的方法进行进度监理，行政方法主要是指通过承建单位的上级和建设单位的上级，利用其行政权力发布进度指令，进行指导、协调、考核，利用奖惩手段进行监督、督促，实施有效的管理。

（4）发挥经济杠杆作用，用经济手段对工程进度加以影响和制约。

（5）利用管理技术的方法进行控制，如图表控制法（甘特图、工程进度曲线、网络图计划法、"香蕉"曲线图等）。

2）进度监理的其他方法

（1）审查进度计划。承建单位应根据项目建设合同的约定，按时编写项目总进度计划、季度进度计划、月度计划或阶段作业计划，并按时填写《项目进度计划报审表》，报工程监理单位审查。

（2）监控进度计划的实施。在实施计划过程中，监理工程师将对承建单位实际进度情况进行跟踪监督，并对实际情况做出记录。监理工程师应根据检查的结果对工程进度进行分析和评价。

（3）调整工程进度计划。如果工程进度严重偏离计划，总监理工程师应及时签发《监理通知》，并组织监理工程师分析原因，提出研究措施。

（4）编制工程进度报告。在工程进行过程中，监理工程师应根据实际进度及其调整情况进行分析，提供阶段性进度报告、进度月报、进度调整报告等进度报告。

四、信息化工程合同监理

信息化工程合同监理主要指监理单位站在公正的立场，依照法律规定，对信息化工程有关的各类合同的拟定、协商、签署、执行情况进行分析、监督，以达到通过双方签署的合同，实现信息化工程的目标和任务，维护建设单位和承建单位及其他关联方的正当权益。

1. 信息化工程合同监理的任务和原则

合同监理的任务是对工程承建合同的签订、履行、变更、终止或解除进行检查和监督，以保证承建合同的签订、执行的合法性和有效性。

信息化工程合同监理应坚持以下原则。

1）事前预控原则

事前预控的目的是进行信息化项目风险预测，并采取相应的防范对策。要做到这一点，就必须熟悉设计图纸、设计要求、标底，分析合同构成因素，明确项目费用最易突破的部分和环节，从而明确成本控制的重点。另外，要按照合同规定的条件，如期按质、按量供应由建设单位负责的材料、设备，及时提供设计图纸等，避免造成索赔条件。

2）及时纠偏原则

监理单位在监理过程中，应及时纠正承建单位错误和不当的做法及一些违反信息化工程合同约定的行为，如项目进度慢、产品质量有缺陷等，实时给相关方提出意见和建议。

3）充分协商原则

在合同监理过程中，如果合同双方因合同的履行发生争议，如项目变更、延期的提出，合同一方提出索赔要求等，监理工程师应认真研究分析报告，充分听取建设单位和承建单位的意见，主动与双方协商，力求使各方满意。

4）公正处理原则

监理工程师在进行合同监理时，应恪守职业道德，本着客观、公正的原则，以事实为依据，以合同为准绳，做出公正的决定。例如，在索赔过程中，合理的索赔应予以批准，不合理的索赔应予以驳回。

2. 信息化工程合同监理的内容和重点

1）信息化工程合同监理的内容

（1）合同签订的监理。合同签订的监理是指监理单位协助建设单位对与承建单位、设备材料供应单位等之间的合同进行分析、谈判、协商、拟定、签署等。合同分析是合同签订中最重要的内容和环节，是合同签订的前提。监理工程师应对项目建设承建和共同承担风险的合同条款进行仔细的分析解释。同时也要对合同条款的更换、项目延期、成本变化等事件进行仔细分析。合同分析和项目检查等工作要与其联系起来。

（2）合同履行的监理。合同履行的监理是指监理工程师对合同各方关于合同约定的工期、质量和费用、争议解决及索赔处理等工作的监督与调理。合同履行的监理包括合同分析、合同控制、合同监督和项目索赔四个方面。

①合同分析是履约监理的依据，合同分析从执行的角度分析、补充、解释合同，将合同目标和合同规定落实到合同实施的具体问题和具体事情上。

②合同控制是履约监理的方式，合同控制保证合同所约定的各项义务的全面

完成及各项权利的实现，以合同分析的成果为基准，对整个合同履行过程进行全面监督、检查、对比、引导及纠正。

③合同监督就是要经常对合同条款与实际实施情况进行对比，以便根据合同来掌握项目的进展。保证设计、开发、实施的精确性，并符合合同要求。合同监督的另一项内容是检查双方来往的信函和文件，以及会议记录、建设单位指示等。

④项目索赔是在合同的履行过程中，合同一方因对方不履行合同所设定的义务而遭受损失时，向对方提出的赔偿要求。索赔内容包括：根据权利而提出的要求；索赔的款项；根据权利而提出法律上的要求。项目索赔应遵循索赔程序，在索赔证据确凿的情况下，都可以根据合同向承建单位或建设单位提出索赔并得到补偿。

2）信息化工程合同监理的重点

（1）参与合同制定和谈判。了解签订工程承建合同的双方和合同内容，为今后的合同监理奠定基础，掌握合同监理的第一手资料。

（2）理解合同的各个条款，以书面合同为主，尽量少用或者不用口头协议，避免日后的合同争议。监理单位要严格地按照合同办事，履行好自己的职责，以公正的态度来处理各项事情。

（3）促进合同双方履行各自的义务及行使自身的权利。在拟定工程文件、合同、报告、指示等时，应当做到全面、细致、准确、具体，以便作为日后各项事务的依据。

（4）拟定合同时要注意提高各项条款的可操作性，避免日后产生纠纷。在工程变更时，要注意对合同产生的影响，以免带来不必要的损失。

（5）拟定合同条款时，要注意风险的合理分担和转移，同时还要注意语言文字应清楚明白，避免含糊不清、词不达意的现象发生。

五、发行企业信息化工程监理中的组织协调

协调，就是指联结、联合、调和所有的活动及力量。组织协调与目标控制密不可分，组织协调以保证建设单位信息化项目成功实施为目标，是实现信息化项目目标控制不可缺少的方法和手段，是重要的监理措施之一。组织协调涉及建设单位、承建单位等多方关系，它贯穿于信息化工程建设的全过程，贯穿于监理活动的全过程。

1. 信息化工程组织协调的内容

1）系统内部的协调

系统内部的协调，是指信息化项目内部各种关系的协调，如内部的人际关系、

内部的组织关系、内部的需求关系及其他关系的协调等。系统内部关系协调主要包括以下几个方面。

（1）系统内部人际关系的协调。如何提高每个人的工作效率，这在很大程度上取决于人际关系的协调程度，所以监理工程师首先应做好人际关系的协调工作，充分调动系统内部各个成员的积极性，这样才能保证信息化项目的顺利实施。

（2）系统内部组织关系的协调。这里说的组织是指信息化工程项目中若干个子项目组（子项目组负责对应的子系统）。组织关系的协调是指要使这些信息化项目组都能从整个项目的质量、进度和成本监理的目标出发，并积极主动地完成本组的工作，使整个项目处于有序状态。

（3）系统内部需求关系的协调。系统内部需求关系的协调是指在项目实施中，对人员需求、材料需求、硬件设备和软件需求、其他资源需求进行的协调，达到内部需求的平衡，实现内部资源的合理配置。

2）系统外部的协调

系统外部的协调，是指信息化项目建设活动以外的关系协调，其中又以是否具有合同关系为界限而划分为具有合同因素的协调和不具有合同因素（即非合同因素）的协调。

（1）对于系统外部关系中合同因素的协调，主要是协调建设单位与承建单位的关系。在不同的阶段，需要协调的内容也不尽相同。例如，招标阶段的协调、实施和开发准备阶段的协调、实施和开发阶段的协调、交工验收阶段的协调，总包与分包商之间关系的协调。此外，还有建设单位与供应商关系的协调，以及建设单位与设计单位关系的协调。

（2）非合同因素的协调。除了合同方面的组织协调外，还有许多被称为非合同因素或非合同活动的组织协调工作。非合同因素的协调与合同因素的协调相比，涉及的范围更广，非合同因素协调工作涉及社会团体、新闻媒体、服务单位、金融机构、社会团体等组织机构。虽然在信息化建设项目中，与建设单位和承建单位无合同关系，但它们的作用不可低估，对项目建设的某些方面、某些场合起着一定的控制、监督和支持作用，甚至起着很大的决定性作用。

2. 信息化工程组织协调的方法

监理工程师组织协调可采用以下方法。

1）会议协调法

会议协调法是工程监理中最常用的一种协调方法，实践中常用的会议协调法包括监理例会、专业性协调会议等。除定期召开监理例会以外，还应根据需要组织召开一些专业性协调会议，并由监理工程师主持会议。

2）交谈协调法

交谈包括面对面交谈和电话交谈两种形式。无论内部协调还是外部协调，这种方法使用频率都相当高，其作用如下。

（1）保持信息畅通。交谈具有方便性和及时性，所以建设工程参与各方之间及监理机构内部都愿意采用。

（2）寻求协作和帮助。采用交谈方式请求协作和帮助比采用书面方式实现的可能性要大。监理工程师一般都采用交谈方式先发布口头指令，这样，一方面可以使对方及时执行指令，另一方面可以和对方进行交流，了解对方是否正确理解了指令，随后再以书面形式加以确认。

3）书面协调法

当会议或者交谈不方便或不需要时，或者需要精确地表达自己的意见时，需要以书面形式向各方提供详细信息和情况通报的报告、信函和备忘录等；事后对会议记录、交谈内容或口头指令进行书面确认。

4）访问协调法

访问协调法主要用于外部协调中，有走访和邀访两种形式。走访是指监理工程师在项目建设前或建设过程中，对与项目有关的各政府部门、公共事业机构、新闻媒介或工程毗邻单位等进行访问，向他们解释项目的情况，了解他们的意见。

第八章 发行企业信息化风险与控制

第一节 发行企业信息化风险概述

一、发行企业信息化风险定义

信息技术风险就是指对业务造成负面影响的信息技术失效，或者指某些信息技术故障对业务造成负面影响。该定义强调了信息技术作为外在的、引起意外结果的角色对主体业务活动所造成的影响。信息技术风险包括安全性、可用性、能力和合规性四个方面。

企业信息化风险是指企业在信息化进程中产生损失的可能性，是对企业战略目标实现影响程度的大小。企业信息化风险是指企业在使用信息技术的过程中，信息技术因素或与信息技术相关因素导致企业经营不确定、管理不力，并最终导致资金、财产、信誉遭受损失的可能性。

企业信息化风险是指企业在信息化过程中可能发生的影响信息化目标实现的各种损失。和一般的风险相类似，它可以用各种风险发生的可能性（概率）与对目标的影响程度（损失金额）的乘积之和来衡量，即

$$R_{EI} = \sum P_{i,j} L_{i,j}$$

式中，R_{EI} 表示企业信息风险；$P_{i,j}$ 表示第 i 种信息化风险的第 j 种状态发生的可能性（概率）；$L_{i,j}$ 表示第 i 种信息化风险的第 j 种状态发生时对发行企业信息化目标的影响程度（损失金额）。

二、发行企业信息化风险组合管理及过程管理

1. 发行企业信息化风险组合管理

发行企业信息化风险组合管理，就是集合企业所面临的所有重要信息化风险，使用通用的、系统性的方式对这些风险进行管理的综合性方法。越来越多的企业从整个主体范围或组合的角度去考虑风险。使用组合性方法来管理风险的特点就是风险管理主体应当从企业整体的角度出发，考虑所有可能发生并给企业带来损失的风险。

2. 发行企业信息化风险过程管理

发行企业信息化风险过程管理，就是将企业的信息化风险管理看成一个循环反复的过程，在每个特定的过程都采用相应的工具和方法对风险组合进行管理的综合性方法。一般而言，风险管理过程由若干个阶段组成，这些阶段彼此之间是环环相扣、相互联系的。不同的学者和组织对风险管理过程的阶段划分和定义不尽相同。发行企业信息化风险的管理过程由目标设定、风险识别、风险评估和分析、风险应对和控制、风险监控五个基本的风险管理步骤组成。

第二节　发行企业信息化风险的特征与识别

一、发行企业信息化风险的特征

发行企业信息化风险作为企业在各种不确定的环境下面临的风险中的一种，既具有一般风险的共性特征，又具有自己独特的个性特征。

1. 发行企业信息化风险的共性特征

发行企业信息化风险具有以下五种共性特征。

1）客观性特征

就信息化风险而言，它的存在是绝对的、客观的、无法避免的，企业管理者只能发挥自己的主观能动性，主动去识别和评估风险，采取应对措施来降低风险发生的可能性和影响程度，无法做到彻底消除信息化风险。

2）普遍性特征

风险的普遍性是指风险普遍存在于社会、国家、个人和企业等主体之中，由于规模、行业、区域、时间等条件的不同，风险会呈现出多种多样的特点。

3）损失性特征

信息化风险一旦发生，就会给企业带来人力、物力、时间资源的流失和经济价值的减少。如果企业推行的信息化项目不能达到预期的效果，那么企业在这之前投入的巨额预算和人力、物力，花费的宝贵时间都有可能"打水漂"了，同时还会打击企业实施信息化战略的决心，影响企业战略、经营等目标的实现。

4）隐蔽性特征

风险的隐蔽性是指风险往往是无法预见的，风险管理的主体必须采取行动，主动地识别和评估风险。

5）可变性特征

随着科学技术的推广、生产力的提高、社会的发展与时代的进步，信息技术可以说是一把双刃剑，在给企业带来收益的同时也带来了许多不断更新的、更具威胁的风险。

2. 发行企业信息化风险的个性特征

发行企业信息化风险作为企业面对的各种风险中的一种，既具有一般风险的共性，也包括企业主体特征、信息化特征、阶段性特征等区别于一般风险的个性特征。准确地把握发行企业信息化风险的两大特征是有效地识别、评估和控制这一风险的重要前提。

1）企业主体特征

以企业为主体是发行企业信息化风险最基本的特征，由此决定了发行企业信息化风险以下几个方面的内容。

（1）发行企业信息化风险是企业在追求利润的过程中产生的，企业进行信息化建设的最终目的是追求利益，而利益的追逐必然要以承担风险作为代价。

（2）发行企业信息化风险是与企业所处的环境和面临的竞争压力密切相关的，企业的规模、所处行业、性质、文化、组织结构、发展方向、市场份额等因素都影响着信息化风险的内容和程度。

（3）发行企业信息化风险的管理和控制必须由企业的经营和管理人员来完成。风险管理是人生产生活的一种实践活动，在企业的风险管理中做出各项决策的主体是企业的经营和管理人员，因而发行企业信息化风险管理也是"以人为本"的。

2）信息化特征

发行企业信息化风险带有明显的"信息化"标记，它与信息技术的应用密切相关，这是区别于其他企业风险的重要标志。现代信息技术有以下几个明显的特点。

（1）渗透性强，可以广泛渗透到国民经济和社会的各个领域，这一点可以用贝尔定律来描绘。

（2）技术进步快，表现为摩尔定律和吉尔德定律。

（3）应用传播快，将一种信息传播技术推广到5000万人，收音机用了38年，电视用了15年，而互联网仅用了4年。

（4）规模效应明显，即梅特卡夫定律。

企业在利用信息技术来完成信息化进程的这一过程中，无疑要受到这些信息技术定律的影响，使发行企业信息化风险也带上了渗透性强、内容复杂、快速转变等信息化的特征。

3）阶段性特征

大量的研究和事实表明，发行企业信息化是一个阶段性、循序渐进的过程，不是一朝一夕就能完成的。发行企业信息化是一个有计划、分步骤进行的中长期系统工程，最初可能是企业希望借助计算机对某个部门进行电子化的数据管理来提高工作效率，进而在做好组织和技术上的准备工作之后，根据规范的业务流程来设计适用于企业整体的计算机集成制造系统（computer/contemporary integrated manufacturing systems，CIMS）、ERP 等综合性信息系统。在完成内部信息化之后，信息管理可能继续延伸到企业外部，如企业与供应链上的合作伙伴之间进行的数据交流与共享、整个产业链的信息资源整合等。在这样一个过程中，发行企业信息化风险的集中领域可能遵循着"企业部门—企业整体—供应链—产业链"这样一个发展轨迹，而鉴于目前我国发行企业信息化的基本现状，我们现阶段所讨论更多的是"企业部门—企业整体"这一层次的信息化风险。

此外，就单个信息系统在企业的导入或信息化项目管理的过程来看，发行企业信息化风险也具有阶段性的特征，由于信息系统的开发大多数是采用生命周期法，通常划分为五个阶段：规划阶段、分析阶段、设计阶段、实施阶段和运行阶段。在不同的阶段重点关注的信息化风险也是有差别的，如在规划阶段会面临动机不明、组织和技术准备不足的启动风险，在实施阶段要特别关注项目进度风险、预算风险、系统质量风险，而在运行阶段则要注重对信息安全风险、设施安全风险、用户操作风险等进行控制。

二、发行企业信息化风险的识别

1. 发行企业信息化风险的识别概述

风险会在发行企业信息化过程中的哪些环节发生？以何种方式出现？发生的时候对企业及其信息化目标有什么样的或多大的影响？企业该如何控制？信息化风险的识别和控制就是要解决这些关键问题。对于发行企业信息化风险而言，管理者通过观测一些重要变量的变化情况，如国家宏观经济政策的变动、信息技术的更新、政府机构发布的新的信息化法规、信息技术产品和服务价格的变动、企业商管人员的变动、产品结构的调整、开发商的信誉、客户的信用记录等，可以科学和客观地认识其中潜在的风险及其特性。同时，管理者还应当填写风险识别表，将识别的信息化风险及其特性进行分类和归档。

2. 发行企业信息化风险的识别方法

最常用的风险识别方法包括头脑风暴法（brainstorming）、流程图法（flow chart）、现场调查法（field survey）、鱼骨图法（fishbone chart）、事故树法（event tree）、风险检查表（risk checklist）、风险因素分析法（preliminary hazard analysis）、情景分析法（scene analysis）、基于内外部竞争环境和竞争条件下的态势（strengths、weaknesses、opportunities、threats，SWOT）分析法、风险分解结构法（risk breakdown structure，RBS）等。企业应当根据各种方法的特点和自身的情况选择合适的方法，以下主要介绍流程图法、头脑风暴法、现场调查法、鱼骨图法四种识别方法。

1）流程图法

风险控制流程的基础是各项业务流程，控制流程与业务流程是相吻合的。对于企业所发生的各种业务，特别是经常发生和反复发生的业务可以采用流程图来进行描述。流程图法是采用特定的符号，辅之以简要的文字、数字或图形，以业务流程线加以连接，将某项业务的处理程序、内部控制制度、关键风险控制点反映出来，是企业实务中用来描述业务流程、内部控制流程、风险管理流程时普遍采用的方法。

流程图法的优点在于能够直观、全面地描绘一个特殊活动过程，反映与业务流程环环相扣的内部控制和关键风险控制点，对审计人员、业务人员、技术人员的工作都有很好的指导意义；缺点在于绘制流程图具有一定的技术难度，需要花费一定的时间和精力，而且流程图往往过分注重业务方面，导致其他一些业务流程之外的重要风险难以描绘出来。

2）头脑风暴法

头脑风暴法又称智力激励法、自由思考法，能够提高群体决策的创造性和准确性，因而应用范围极广，也适用于发行企业信息化风险的识别。以信息化项目的风险识别为例，头脑风暴法的开展可以通过以下几个步骤进行。

（1）准备阶段。项目的负责人应担任整个过程的主持工作，并事先对信息化项目的风险进行一定的研究，设定解决问题所要达到的目标。同时选定参加会议人员，既要有来自经营部门和技术部门的中级管理者，还需要来自企业外部的管理、法律、信息技术等领域的专家。然后将会议的时间（以 20～60min 为宜）、地点、所要解决的问题（识别该项目的所有重大风险）、可供参考的资料和设想、需要达到的目标等事宜一并提前通知与会人员，让大家做好充分的准备。

（2）热身阶段。这个阶段的目的是创造一种自由、宽松、祥和的氛围，使大家得以放松，进入一种无拘无束的状态。主持人宣布开会后，先说明会议的规则，然后随便谈点有趣的话题或问题，让大家的思维处于轻松和活跃的状态。

（3）明确问题。负责人简明扼要地介绍需要解决的问题，切忌过分周全和深入，以免过多的信息限制大家的想象空间，干扰大家的创造性思维。

（4）重新表述问题。经过一段时间的讨论之后，大家对亟待解决的问题有了一定程度的理解。这时，为了使大家对项目的风险表述具有新角度、新思维，负责人或记录员要记录大家的发言，并进行整理。通过归纳总结，找出富有代表性的见解，以及具有启发性的表述，供下一阶段进行参考。

（5）畅谈阶段。让大家畅所欲言，将项目可能涉及的各项风险及其特性进行记录和整理，同时在交流过程中要注意遵循自由畅谈、延迟评判、禁止批评、追求数量等基本原则，负责人根据这些原则对与会者进行适当引导。

（6）筛选阶段。会议召开之后的一两天内，负责人应向与会者了解会后的新想法和新思路，以补充会议记录。然后根据大家的想法整理若干方案，根据可识别性、相关性、重大性等标准确定最后的风险识别方案，而这一方案可以说是群体智慧的结晶。

实践经验证明，头脑风暴法可以排除折中方案，对所讨论的问题通过客观、连续的分析，找到一组切实可行的方案。

3）现场调查法

现场调查法是一种常用的风险识别方法，风险管理人员通过亲临现场直接观察被调查单位的设备、工序、操作、流程等内容，询问和记录有关人员情况，以此了解该单位的生产、经营和管理活动及其行为方式，查明其中可能存在的风险隐患。其优点在于可以获得第一手资料，及时发现潜在的损失风险并督促有关部门采取措施进行改进。缺点在于耗时较多，管理成本较高，容易引起现场工作人员的反感，调查结果有赖于调查人员的风险识别能力和水平。

现场调查法的过程一般分为以下三个阶段。

（1）准备阶段。在进行现场调查之前，应当做好充分周全的准备工作。确定调查内容和编制调查表格及问卷是重点，这些内容、标准不容易把握，对此而言调查人员的业务素质和经验积累尤为重要。

（2）现场调查和访问阶段。调查人员可以采用隐蔽式或逐步暴露式的方法进入风险现场进行调查，同时要注意观察、了解现场的每一个角落，防止遗漏可能存在的风险隐患，要密切注意那些经常引发风险事故的工作环境与流程活动，把"看到的、听到的、想到的"所有细节都记录下来。与那些熟悉发行企业信息化环境及信息技术过程的各类人员进行访谈，也是一个识别可能的信息化风险的重要内容。

（3）资料整理和报告阶段。现场调查结束之后，调查人员可以采用相关表格来记录调查结果，再对这些资料进行整理并撰写和提交调查报告。

4）鱼骨图法

鱼骨图法也称石川法，是一种通过现象看本质的诊断工具和分析方法，鱼骨图法能够帮助使用者掌握事件的因果关系，清晰地认识到导致问题的主原因和子原因，通过逐层分析的方法把问题追溯到最根本的原因上。在风险管理中，导致风险发生的原因也可以归纳为主原因和子原因，因而可以将风险事故的原因勾画成形似鱼骨的图。鱼骨图法的优点是比较简捷实用、直观形象；缺点是管理者的观念、对风险要素重要性的判断等主观因素会影响使用鱼骨图法进行风险识别的结论。

绘制鱼骨图的基本步骤如下。

（1）确定风险事故。在图纸的右端画一个方块，代表"鱼头"，写上所要分析的信息化风险事件。

（2）从左至右画一条水平线，作为风险因素分析的椎骨。

（3）与水平线呈 45°角画一条斜线，作为影响风险事件发生的主要原因的肋骨。

（4）列出影响肋骨形成的各种可能原因，并将这些原因以小鱼刺的形式分别画在每一条肋骨上。

（5）分析和测定主原因与子原因之间的相互关系，对信息化风险事件结果具有显著影响的风险因素应当做出标记,进而寻找具体的解决办法和风险控制措施。

第三节　发行企业信息化风险的评估和分析

信息化风险的评估在风险管理过程中起到风险识别和风险控制的桥梁作用。在准确识别与发行企业信息化目标相关的各项风险之后，管理者还需对这些风险从可能性和影响程度两个方面进行评估。发行企业信息化风险的评估又可以分为风险度量和风险分析两个过程。

1. 发行企业信息化风险度量

风险度量是在风险识别的基础上对风险采用各种定性和定量的方法进行度量，能够让管理者在企业风险管理过程中做到"心中有数"，为之后的风险决策和分析、选择合适的风险应对策略、实施风险控制活动提供重要的依据。风险度量的方法有很多，总体上可分为定性度量法和定量度量法两种。无论哪种风险度量方法都各有所长，但又不可避免地受到风险管理主体的主观影响。

1）定性度量法

定性度量法是针对风险的可能性及其影响进行定性描述的风险度量方法，也是人们在日常生活中经常运用的风险度量方法。

2）定量度量法

定量度量法是针对风险的可能性及其影响，采用各种数理统计指标进行定量分析和评价的方法，通常使用的风险定量指标如下。

（1）概率。损失概率用以描述风险损失发生的可能性大小，一般反映了风险的客观特性，取决于风险事件内在的客观因素。按照大数定律，概率是当观测次数或样本点个数无限增加时，事件发生频率的极限值。

关于损失概率在风险衡量中的应用，有两种常见的说法：时间性说法和空间性说法。前者是指一段时间内风险发生的概率。例如，以月为单位，企业信息系统发生重大故障的概率为 0.1%，则一年内发生的概率为 1.2%。后者侧重于特定时期内遭受损失的风险单位数，是众多风险单位在空间上的平均结果。在实际运用中，管理者可以从时间和空间两个角度出发，将时间序列和截面数据结合起来以衡量风险的大小。

（2）期望值。期望值是较为常见的用以反映风险损失价值这一随机变量的平均水平的参数。

如果风险损失 X 这一随机变量的分布是离散的，其结果只有 N 种可能状态，对状态 x_i（$i = 1, 2, 3, \cdots, N$）以一定概率 P_i（$P_i > 0$，且 $\sum_{i=1}^{N} P_i = 1$）出现，那么这一损失的期望值为

$$\mu = E(X) = \sum_{i=1}^{N} P_i x_i$$

如果风险损失 X 这一随机变量的分布是连续的，其密度函数为 $f(x)$，满足 $\int_{-\infty}^{+\infty} f(x)\mathrm{d}x = 1$，那么这一损失的期望值为

$$\mu = E(X) = \int_{-\infty}^{+\infty} xf(x)\mathrm{d}x$$

（3）方差和标准差。方差和标准差是用来衡量风险大小最经常使用的指标。具体来说，方差、标准差越大，表明风险的各种可能结果距离期望值就越远，波动程度和风险也就越大；方差、标准差越小，表明风险的各种可能结果距离期望值就越近，波动程度和风险也就越小。

如果风险损失 X 这一随机变量的分布是离散的，那么其方差的计算公式为

$$\sigma^2 = \sum_{i=1}^{N} P_i (X_i - \mu)^2 x_i$$

标准差的计算公式为

$$\sigma = \sqrt{\sum_{i=1}^{N} P_i (X_i - \mu)^2 x_i}$$

如果风险损失 X 这一随机变量的分布是连续的，那么其方差的计算公式为

$$\sigma^2 = \int_{-\infty}^{+\infty} (x - \mu)^2 f(x)\mathrm{d}x$$

（4）变异系数。变异系数是标准差与期望值之比，也称"标准差率"或"平均差异系数"。其计算公式如下：

$$\mathrm{CV} = \frac{\sigma}{\mu}$$

式中，μ 为平均值；σ 为标准差。

它可以用来反映风险的稳定性，弥补方差和标准差只考虑风险损失价值的绝

对值变化和偏离的不足。对于不同的企业而言，因为其经营规模和资产规模不同，对风险具有不同的承受能力，所以对风险的稳定性进行度量具有重要意义。在这种情况下，管理者可以使用变异系数来反映风险的稳定性。若事故偏离预期损失的方差或标准差越大，说明风险导致损失变化的相对程度越剧烈，此时管理者有必要调整自己的风险管理策略。对于变异系数大小没有一个确切的标准，可以根据实际需要在一定范围内灵活确定。

（5）其他指标。其他一些风险度量的指标包括风险价值（value at risk，VaR）、峰度、偏度、损失度、β 值、最大可能损失、最大可信损失等。

2. 发行企业信息化风险分析

风险分析是结合企业特定条件（如企业生命周期、信息化战略）对识别和评估出来的风险及其特征进行进一步分析，深化对不同风险类别及其特征的了解和把握，为制定风险应对策略和风险控制方案提供依据。

一般而言，风险分析的方法和工具有概率与影响矩阵（probability/impact matrix）、情景分析法、决策树法（decision tree）、蒙特卡罗法（Monte Carlo method）、关键风险指标分析、压力测试（stress testing）、层次分析法（analytic hierarchy process，AHP）、计划评审法（program evaluation and review technique，PERT）、标杆分析法（benchmarking）、敏感性分析法（sensitivity analysis）等。企业可以根据信息化风险的特点和自身的情况选择合适的方法与工具，以下主要介绍概率与影响矩阵、决策树法、层次分析法、压力测试四种方法。

1）概率与影响矩阵

管理者可以通过概率与影响矩阵将每一项风险的概率和影响描绘出来，继而建立风险报警机制，确定对各项风险进行管理的优先顺序和应对策略。概率与影响矩阵可以说是目前最为实用可行和广泛应用于风险预警与分析的工具和方法。企业必须从战略的高度出发来管理这类风险，所采取的应对策略和控制活动取决于风险的属性和企业的风险偏好及容量。

2）决策树法

决策树法是最常用的风险管理决策分析方法之一。该方法通过使用树形图和概率论的基本原理，将风险管理目的与可供采取的各种措施、手段及其可能出现的概率，以及可能产生的影响系统地展示出来，以寻求最佳的风险管理措施和手段。该方法的特点是层次分明、直观易懂、绘制和计算手续简便，且能够处理多阶段决策的问题。

决策树由五个要素构成：①决策节点，用方框表示，为某项决策的出发点；②方案枝，某项决策的若干可供选择的方案，用从决策节点引出的若干条直线表示；③状态节点，方案在实施过程中由于存在风险和不确定性，可能出现多种机会或状态，这个随机机会点用与方案枝末端相连的圆圈表示；④概率枝，每条概率枝代表一个自然状态，用从状态节点引出的若干条直线表示，同时可以在上面标明客观状态的内容及其出现概率；⑤结果点，方案在各种自然状态下所获得的结果（收益或损失），用与概率枝末端相连的三角形表示，其后可以列出方案在各种状态下所获得的收益或损失的期望值。

3）层次分析法

层次分析法是将与决策有关的元素分解为目标、准则、方案等一系列层次结构，在此基础上利用较少的定量信息使决策的思维过程数学化，从而为多目标、多准则或无结构特性的复杂决策问题提供简便的决策。它具有思路清晰、方法简便、富有成效、系统性强等特点。

4）压力测试

压力测试是指评估那些在极端影响事件的情景下，单个或多个风险因素对现有的信息技术流程与业务流程运作的影响，使企业了解自己的风险状况和抵御能力。压力测试通常可以用于应用软件、信息技术设施、门户网站、客户响应速度和能力、员工心理等众多与发行企业信息化密切相关的方面，用来分析那些与概率技术一并使用的分布假设没有捕捉到的低可能性、高影响事件的结果，目的是防止和应对重大损失事件的出现。

第四节　发行企业信息化风险的应对和控制

一、发行企业信息化风险的应对

风险应对是指在确定了决策主体经营活动中存在的风险，并分析出风险概率及其风险影响程度的基础上，根据风险性质和决策主体对风险的承受能力而制订的回避、承受、降低或者分担风险等相应防范计划。将风险应对分为规避（avoidance）、降低（reduction）、转移（sharing）和保留（acceptance）四种基本策略。

1. 风险规避

风险规避为通过事先预测和采取控制措施，对风险的诱因（发生条件）进行消除和调整，使目标免受影响。

2. 风险降低

风险降低为通过采取措施来降低风险发生概率或影响程度，使风险总值降低到企业可以接受的程度。这是一种积极的，可以分为事前、事中、事后三个阶段的风险控制策略。事前控制的主要目的在于降低风险的发生概率，事中控制的主要目的在于降低风险发生时对信息化目标的影响程度，事后控制的主要目的在于使风险发生后的损失最小化。

3. 风险转移

风险转移为不主动去控制风险，而是通过合同或非合同的方式将风险及其对应的权利转嫁给第三方或受让人（个人或单位），这是一种事前的、积极的风险应对策略，企业在决定采取这项策略时，还要考虑其支付的费用，如购买保险时需要支付保费。

4. 风险保留

风险保留即对风险不采取措施，接受其造成的结果，或者考虑该风险发生之后再采取应急计划进行处理。这种风险应对策略分为无计划保留和有计划的自我保留两种情况，前者是消极的，后者是积极的。

二、发行企业信息化风险的控制

信息化风险的控制是指风险管理者采取各种具体的措施和方法，以降低各项信息化风险对企业目标的影响程度。

由于风险因素和来源不同，不同类型的信息化风险的可控程度也存在差异。系统风险通常涉及政治、法律、经济、社会、文化等一般宏观环境的关键因素，这些因素对发行企业信息化及其风险的影响是宏观性的，企业很难对其施加自己的影响，因而此类外因风险对发行企业信息化的威胁也是难以控制和消除的。

经营风险与特定企业的行业类型、竞争对手、市场地位、消费者、融资者、劳动力市场等因素密切相关，这些因素也具有外部性，但相对系统风险而言较为容易受企业影响和控制。而其他来源的信息化风险可以通过各种方法进行一定程度的控制，这也是发行企业信息化风险控制的主要对象。根据成本效益原则，对发行企业信息化的风险管理，要求首先识别发行企业信息化的关键过程，分析主要风险控制点，将有限的企业资源合理分配到各个关键控制点上，以实现最优控制，而不是进行盲目的全面控制。

下面针对发行企业信息化规划与组织、获取与实施、交付与支持、监控四个阶段的前三个阶段的风险和关键控制点，介绍相对应的风险控制活动和具体措施。

1. 规划与组织阶段的风险控制

1）进行信息战略规划，设置首席信息官

信息战略规划是企业关于信息技术应用的长期发展规划的战略，它以企业目标、战略或目的、业务流程以及信息需求为基础，识别并选择所需要的信息系统，进而确定建设和实施计划的过程，是企业战略规划的重要组成部分。同时它也是信息化风险控制的焦点，描述了企业高层领导对发行企业信息化的总体的认识以及支持的程度。企业应当成立信息战略规划委员会，其成员应当包括高级管理层、业务管理部门以及信息技术部门的代表，定期召开战略规划会议并应做好详细的会议记录。

首席信息官，美国权威的 *CIO* 杂志对其的定义为：首席信息官是负责一个公司（或企业）信息技术和系统的所有领域的最高领导者。一个称职的首席信息官对整个企业的总体战略、业务需要以及信息技术的获取、实施都是非常重要的。职责是首席信息官的核心内容，即首席信息官应该做好哪些事情。我国著名的战略信息管理专家霍国庆教授认为，首席信息官的职责就是战略信息管理。可以从两个角度去理解和分析：①领域，首席信息官的职责主要包括信息技术、信息资源和电子商务三个领域的战略管理；②内容，首席信息官的职责包括制定和指导实施信息战略，建立和重组组织信息，组建和优化信息队伍，创建和完善企业信息文化等方面的内容。

2）组织与管理控制

发行企业信息化是一项复杂的系统工程，它的实施意味着企业经营模式与管理理念的变革，需要对企业的业务流程、管理方式与组织结构进行重新整合以应对信息化的要求。

组织与管理控制是指通过组织结构的设置、人员的分工、岗位职责的制定、权限的划分等形式进行的控制，其基本目标是建立恰当的组织机构和职责分离制度，以达到相互牵制和监督，减少舞弊和错误行为的发生。其主要内容包括以下几个方面。

（1）组织结构设置控制。组织结构的设置应当贯彻精简、合理的原则，能够反映企业的目标与计划，同时要注意信息技术带来的组织结构趋于扁平化、部门之间横向沟通是否流畅等问题。

（2）内审制度。设立内审部门，监督和评价各个组织部门的日常运作以及内部控制制度的有效性。

（3）风险管理制度。设立风险评估小组（可由系统分析员、内审小组、系统用户等人员组成），定期对系统进行风险评估和缺陷分析，并提出应对措施。

（4）项目管理制度。设立项目小组（可由供应商、业务部门、信息技术部门共同组成），明确各成员职责分工，对项目的进度、质量、成本等内容进行全面控制和管理。

（5）人员管理控制。实施业务考核制度，对特殊企业（如金融企业）的重要岗位可实行岗位轮换制度。

（6）分离不相容职责。一般而言，业务授权、执行、记录和资产保管四项基本职责应予以分开。

3）信息技术控制

信息技术控制是指企业为使信息技术在企业中发挥好服务于业务自身和未来发展的需要而实施的控制。其主要内容包括以下几个方面。

（1）技术方案既要能够支持企业的信息化战略，又要能够符合企业当前的信息技术吸收能力和应用能力。

（2）为保证系统建设的先进性和项目进度的顺利进展，在整个信息系统生命周期必须确保能够采用先进的项目管理、目标管理、软件工程管理等技术和方法。

（3）具有高度的可伸缩性，能够满足今后大规模、大容量、多业务的网络运营需求，同时能为实时性要求更高的业务提供特殊的处理方法。

（4）系统的技术方案应当符合行业和国际标准，保证与其他系统具备一定程度的可集成性。

4）制订合理预算方案和人力资源方案

在信息化项目开展之前要做好财务分析与规划，制订合理的预算方案，方案中要包括资金的筹集安排、信息技术成本驱动因素的分析、专项基金的建立、如何按项目进度来分配资金等重要内容。预算编制之后也不应当是一成不变的，要根据项目的进展情况及时做出调整，包括预算与实际支出之间的差异分析、后续资金的投入安排、不合理预算的削减等。

要降低人力资源调配失当的风险就必须制订合理的人力资源方案。一方面，企业需对信息技术人力资源进行规划，加强人才引进与储备，制定具有竞争力和吸引力的薪酬体系，引进和储备人才，同时利用劳动合同和竞业限制协议对信息技术和业务核心人员的退出进行约束。另一方面，企业应当对各类技术、管理人员及信息系统用户进行定期或者不定期的岗位轮换、在职培训与再教育制度，采用公平和效率兼顾的绩效评价体系对员工的表现、成绩等进行考核，不断提高其技能水平、文化素质和道德修养。

2. 获取与实施阶段的风险控制

1）软、硬件选型控制

软、硬件选型控制是指企业在信息化的过程中，通过选择合适的软、硬件类型来避免由于选型不当造成的风险。软、硬件选型需要有科学的标准和依据。目前市场上提供的软、硬件产品种类很多，各有侧重、各有所长。因而对于软、硬件的好坏不能一概而论，企业应当熟悉自己的实际情况和业务需要，考察不同类型的软、硬件的价格、功能、时效性、售后服务与支持、厂商的信誉和稳定性、适用企业等特点，不盲目攀比和跟风，选择适合自己的软、硬件，避免资金的浪费和其他不必要的风险。

2）系统生命周期控制

系统生命周期控制是针对信息系统生命周期的全过程实施的控制，主要包括系统开发控制、系统维护控制和系统变更控制。

（1）系统开发控制。系统开发控制是指在系统开发过程中，为保障信息系统的效率、效果、安全、可靠，对系统分析、系统设计和系统实施过程所进行的控制。其基本内容包括需求控制、授权控制、质量控制、系统测试与转换控制、文档管理控制。

许多研究表明，信息系统开发阶段最大的风险是开发的系统与建设单位的需求不一致，因而系统开发之前承建单位应当进行详细的需求分析并做好与业务部门的沟通工作，同时建设单位应当积极参与到信息系统开发的工作当中并传达自己的需求和意见。系统开发的每个阶段的完成都必须经过高管或主管人员的审批和通过，并授权下一阶段的工作开展。在整个系统开发过程中，建设单位及承建单位都必须实施严格的质量控制，建设单位应当指定至少一名专业人员专职负责项目的质量监督工作，承建单位应当对阶段性产品及合同完成情况进行审查和及时做出改进。在系统上线之前必须进行适当的系统测试工作，建设单位、承建单位及相关业务部门应组成专门的独立于开发人员的系统测试小组并提出可行的测试方案，以确保系统测试在独立的环境中进行。对各个阶段形成的相应文档，如开发控制管理手册、系统分析说明书、系统设计说明书、程序编写标准、测试计划标准、系统上线规划等，必须加以妥善分类和保管。

（2）系统维护控制。系统维护控制是指在系统投入使用后，为完善系统、提高系统的性能和适应新的业务与客户需求，对硬件设备、应用软件、代码和数据维护过程所进行的控制。

硬件设备的维护主要是指对主机及外部设备的日常维护和管理、故障检修、易耗损部件的更换、某些设备功能的扩展等。

应用软件的维护主要是指软件中的某些模块或文档根据业务和客户需求的变化而做出修改。

代码的维护主要是指对系统中各种代码进行增加、删除、修改以及设置新的代码。

数据的维护主要是指对系统中数据的增加、删除、转储、恢复、结构调整等。

（3）系统变更控制。系统变更控制是指系统维护工作应当具备一套严密的标准流程，并建立相关的文档。当需要对系统中的任意部分进行修改时，相关人员应当以正式的书面形式向主管人员或维护部门提出申请，经过审批、授权之后由维护人员进行修改。经过修改的部分需要由技术人员进行测试和验收，维护人员对所做的修改进行登记归档，并及时更新系统文档。

3. 交付与支持阶段的风险控制

1）外包风险控制

外包风险控制的基本内容包括进行外包决策、挑选合适的外包商、通过完善的合同限制外包商的投机行为以及管理外包关系。

进行外包决策是外包风险控制的先决环节。企业应当明白自己对信息技术的需求，了解自己的信息技术吸收能力和应用能力，组织技术、业务、管理、法律、会计师、项目负责人等专家进行可行性分析和战略规划，做好是否外包、整理外包或者部分外包等外包决策。

挑选合适的外包商是成功进行外包的关键环节。在选择外包商时，应当采取"广撒网"的方法，通过各种途径找到足够多的外包商候选人，并向他们发出邀请或者工作说明。根据候选人的回复进行筛选，审查其报价合理性、财务状况、信誉、技术水平、以往承接项目完成情况等内容，优先考虑那些企业所熟悉或者有过合作经历的、在行业中实力雄厚、拥有良好信用和信誉的、项目方案性价比高的外包服务商，确定最终合同谈判对象。

一份较为完备的合同对信息技术服务外包的成功至关重要。企业在制定和签署外包合同时应注意以下两点。

（1）完善外包合同的管理制度，包括外包合同的管理部门及职责界定、签署方式和审批流程、移交及执行管理制度、定期复核和调整机制、变更和纠纷的处理方式等管理制度。

（2）完善业务外包合同的内容，包括合同的适用范围，术语界定，服务的最低标准，外包商人员、技术、设备的配备要求，激励与惩罚机制，考核标准，知识产权及敏感信息保密，是否允许分包，对分包商及第三方造成损害的责任承担，付款方式和时间，纠纷解决机制与法律适用，合同变更终止、解除条件和不可抗力等。

2）操作控制

操作控制主要是通过建立和实施各项操作管理制度，对系统的使用和操作程序做出规定，使各类操作人员按照制度和规程操作使用系统，来确保信息系统的正常运行。通常包括建立上机守则、操作手册、日志记录三个部分。

（1）上机守则，是指为了机房的安全和秩序，对机房工作的一般性规定。具体内容包括对进出人员以及可携带物品的限制、操作人员的进出时间及相关进入手续、操作人员的日常工作性质及范围、对设备损坏的赔偿及违纪行为的处罚、交接班管理制度等。

（2）操作手册，是指对计算机业务处理程序及其过程的具体操作步骤进行描述和指导的书面文件，是各个用户进行上机操作的指南和依据。具休内容包括操作流程图、操作命令及其使用、各类设备的用途和使用方法、系统登录和退出方法、各个模块的功能说明和操作指引、一般故障及其处理、数据备份与恢复制度、对系统的定期检测与维护等。

（3）日志记录，是指对系统各类操作事件的实时记录，能够反映系统的日常工作情况和用户的具体操作过程，体现系统的完备性与可控性。通常在开发和设计信息系统时会采用系统自动生成日志文件的方法来记录各个用户终端标识的辨认、应用程序的调用、存读盘的操作和时间、数据的修改情况等重要信息。通过审查日志可以及时检查系统错误发生的原因、监控非法访问和操作时入侵者留下的痕迹、撤销不正确的操作事项等来控制操作风险。

3）安全控制

安全控制是指企业为了保障信息系统安全可靠地运行而采取的各项安全措施。通常包括物理安全控制、软件安全控制和网络安全控制三个部分。

（1）物理安全控制，是企业为了确保信息技术设施和信息载体免受人为和自然灾害等因素的影响而设置合适的物理安全环境的控制。控制措施主要有以下几种。

①选择合适的地理位置安放设施，确保防火、防水、防盗、防磁等安全控制措施到位，购置不间断电源、发电机等电力应急设备。

②对机房等重要信息技术设施场所进行进出控制和实时监控，只允许经过授权的员工进入，限制外来人员和闲杂人员进入。

③定期清洁机房和设备，使产生灰尘等污染物的作业远离机房，禁止在机房内进餐和喝饮料。

④购买保险，保险虽然不是物理安全措施，但它是一种行之有效的转移风险和补偿损失的风险控制手段。

（2）软件安全控制，是指企业为了确保软件系统免受系统漏洞、计算机病毒、非法访问等因素的威胁和影响而实施的控制。控制措施主要有以下几种。

①选择和安装安全可靠的正版操作系统与数据库系统软件及相关的应用软件，及时下载和安装系统漏洞补丁，升级应用软件的版本。

②系统软件和应用软件都应当由专人负责，并对运行情况进行详细、准确的记录，限制未经允许和授权的人员运行。

③在台式计算机和服务器上都要安装反病毒软件并及时更新防病毒数据库，开展预防计算机病毒的宣传和教育工作。

④建立安全事件和系统故障的报告及相应的处理处罚制度，建立定性和定量分析事件与故障的类型、强度和损失金额的机制。

（3）网络安全控制，是指企业为了确保信息系统免受网络攻击手段的影响和威胁而实施的控制。控制措施主要有以下几种。

①实施网络安全监控和入侵测试，前者可以及时发现网络安全隐患并进行报警，后者可以对网络恶意攻击和非法操作进行实时主动的跟踪和拦截。

②网络漏洞扫描，通过使用漏洞扫描工具以及模拟网络攻击及时发现漏洞并进行修补。

③防火墙技术和反病毒软件，前者是设置在外部网络和内部网络之间的一道屏障，能够有效阻止外部入侵和非法访问，后者能够针对各种计算机病毒提供有效防护。

④加密技术和数字证书，通过对称和非对称两种算法对信息进行加密和解密，加密技术可以保证信息传输的安全、完整、可靠，数字证书能够为网络通信的双方提供身份认证，可以使电子邮件、在线交易的安全得到保障。

4）数据资源控制

信息系统中的数据资源是企业非常重要的无形资产，保障数据资源的安全可靠是保持企业正常运营和竞争优势的必要条件。而数据资源面临的威胁主要来自两个方面：一是系统内外部人员的非法访问；二是系统故障、误操作或人为破坏造成的数据文件损坏。因此企业必须做好数据的访问控制和备份控制两项风险控制工作。

（1）访问控制，是指建立严格的数据访问控制措施，防止对系统数据资源未经授权的非法访问。应当建立严格的计算机资源授权制度，明确每个用户的安全级别和身份，通过密码和身份认证确保数据资源的接触和访问仅限于经过授权的用户。对数据资源进行权限管理，根据岗位、工作性质、涉及内容等为每个用户设置一定的权限，通过权限设置对数据访问范围进行限制。建立数据库访问日志，对系统运行的事件类型、用户身份、操作事件、访问范围等重要内容进行实时监控和记录。

（2）备份控制，是指建立备份和恢复制度，对系统软件和数据文件进行备份，一旦系统发生故障或数据文件受损，就使用备份文件来恢复系统和数据。对系统数据要定期及时地备份并建立备份清单，重要文件必须多份复制，异地存放，妥善保管。对备份介质要经常检查测试，发现损坏时要立即更换，同时对重要介质的借阅要建立严格的审批制度。

5）应用控制

应用控制是指针对信息系统具体处理过程进行的控制，主要包括输入控制、处理控制和输出控制。信息系统在应用过程中，很有可能存在很多问题和隐患，如程序逻辑错误、计算错误、用错文件和记录、操作员疏忽大意而输错数据、非法处理数据等。因而良好和严密的应用控制对于发行企业信息化也是不可或缺的。

（1）输入控制，是指企业为了保证输入系统的数据的正确性、完整性和可靠性而实施的控制。在信息技术环境下，输入数据一旦有错，系统只能按照错误的数据进行处理，输出结果也肯定会出错。可以说，输入控制是应用控制最为关键的环节。控制措施包括数据采集控制、顺序编号控制、数据总量控制、数据转换控制、程序逻辑检验控制、试算平衡控制、错误修正控制等。

（2）处理控制，是指企业为了保证数据处理的正确性、完整性而实施的控制。处理控制主要通过将预先设计好的计算机程序嵌入系统，在数据处理活动（数据验证、比较、合并、排序、文件更新和维护、访问、纠错等）中，由这些程序进行自动控制来实现。控制措施包括处理授权控制、处理时序性控制、处理安全控制、范围控制、主文件控制、截止程序控制、常数控制、断点技术控制等。

（3）输出控制，是指企业为了保证输出信息的正确性、可靠性而实施的控制。输出控制通常包括人工控制和自动控制两种形式。例如，对系统打印输出的文件由人工用肉眼进行检查，系统可以通过预设的程序检查输出报表之间的钩稽关系。输出控制的控制措施主要包括输出授权控制、总数核对控制、钩稽关系检验控制、输出结果审核、输出报告分发和保管控制、输出差错更正控制、对重要数据进行处理的规定等。

6）灾难恢复控制

灾难恢复控制是指企业为了减少灾难带来的损失和保证信息系统所支持的关键业务能够在灾难发生后恢复和继续运作而实施的控制。灾难恢复控制的基本内容包括建立完善的系统配置信息数据库、建立备用站点和设施、建立灾难恢复队伍、建立故障报告制度、建立灾难恢复预案、建立灾难恢复演练等。

保存完善的系统配置信息数据是灾难发生时进行恢复的必要条件，企业需要一个全面的数据库来记录服务器型号、硬件存储阵列配置、机器名称、网络 IP 配置等重要的系统配置信息数据。一个具备过硬的专业素质和丰富的实践经验的灾难恢复队伍相当于灾难恢复计划与控制中的"大脑"，同时队伍中的各成员应明确自己的角色和责任。如果财力和物力允许，企业应尽可能地建立备用站点和设施，备用站点尽量远离主站点以避免同一区域性灾难，备用设施也应远离机房保管存放。对于通信事故、一般故障、重大故障等引发的业务中断事件，信息系统管理部门应在故障恢复后的 24h 之内编写故障分析报告，并向相关责任人汇报。完整的灾难恢复预案应定义灾难恢复过程中所需的任务、数据和资源，确定灾难发生时优先恢复的重要应用系统，详细说明每个恢复流程的步骤。最后企业还需根据自己的实际情况，有计划、有组织地进行各种灾难场景的恢复演练，以此测试和验证灾难恢复计划的完整、实用、有效。

第九章　发行企业信息化绩效与信息技术竞争能力评价

第一节　发行企业信息化绩效评价

一、信息化绩效评价的概念

1. 绩效的概念

对于绩效的概念，可以有多种不同的理解。学术界对绩效的内涵普遍存在着两种基本观点，一种认为"绩效是活动的结果"，另一种认为"绩效是行为的表现"。

绩效具有以下几点特征。

（1）绩效是人们行为的结果，是目标的完成程度，是客观存在的，而不是观念中的东西。

（2）绩效必须具有实际的效果，无效劳动的结果不能称为绩效。

（3）绩效是一定的主体作用于一定的客体所表现出来的效用，即它是在工作过程中产生的。

（4）绩效应当体现投入与产出的对比关系。

（5）绩效应当有一定的可度量性。

2. 信息化绩效

1）信息化绩效的概念

信息化绩效是信息化业务价值的综合体现。基于对绩效概念的辨析，结合信息化的特点，可以把信息化绩效理解为：信息化绩效是一定范围内信息化运行过程的状况及运行结果。信息化运行过程是指组织通过有效配置信息技术、信息设备、信息资源及有效开发和利用信息资源以促进组织目标实现的过程。信息化运行结果是指信息化的实施对组织目标实现的贡献程度。信息化绩效不仅仅是一种信息化建设的结果性反应，而且包含着信息化进程中战略实施、管理控制、项目管理的综合情况。

2）信息化绩效的基本特征

（1）信息化绩效的间接性。信息化投资是复杂的，信息化投资的收益往往又是无形的，所以信息化投资的收益是间接性的收益，而并非像有形资产的投资那样容易检测，并且项目的成果主要表现为有形资产的直接产出。信息化项目的收益往往是看不见摸不着的，很少能在财务报表中得到直接体现。因此，不能直接采用传统的财务指标评价方法来评价信息技术的绩效。

（2）信息化绩效的长期性。信息化建设项目的实施，将对组织的业务流程、组织机构、组织文化带来深刻的影响，这种影响是缓慢、长期的。另外，信息化具有很强的渗透性，可以渗透到劳动者、劳动对象和劳动工具三个劳动的基本要素之中，通过劳动者素质的提高、劳动工具的改进及对劳动对象认识的加深，即劳动要素的改变而影响组织绩效，所以信息化绩效具有长期性的特征。

（3）信息化绩效的互补性。信息化建设项目的推进，往往伴随着组织管理和业务的变革。在信息化过程中信息技术和信息资源常常也不是单独发挥作用的，而是先渗透到生产的各个要素之中，并随之要求组织的各个方面，如业务流程、组织结构、管理模式、管理方法等组织的许多方面发生变革。因此，很难区分哪些效益是由信息化直接产生的，哪些效益又是由组织管理的变革带来的。所以只能把信息化绩效看成信息化与组织管理的变革两个方面互补作用的结果。

3. 信息化绩效评价

信息化绩效评价是指采用一定的方法对信息化建设与应用的成绩和所产生的效果进行评价。根据评价范围和层次的不同，可以把信息化绩效评价划分为宏观评价和微观评价两大类型。宏观层面的信息化绩效评价是对一定区域或行业信息化绩效的评价。微观层面的信息化绩效评价是对企业或其他社会组织的信息化绩效进行评价。

二、信息化绩效评价的意义

在信息化实施过程中，存在着"信息技术生产率悖论"与"信息技术增值论"的纷争。

"信息技术生产率悖论"的观点主要基于许多公司呈现出的对计算机的大量投资却没有提升生产率的现象，以及政府公布的劳动生产率统计数据也没有稳定增长的迹象。1987年，诺贝尔经济学奖得主罗伯特·索洛说："你可以在世界任何角落和生活的各个领域看到'计算机时代'的影子，但是在经济统计年鉴上除外。"对信息技术的大规模投资没能提升生产力水平质疑，后来逐渐演变为著名的"生产率悖论"。

"信息技术增值论"的观点是根据美国 *Interactive Week* 杂志和麻省理工学院的电子商务研究中心合作对美国的电子商务排名 500 强的企业调查得来的。研究发现，以 IBM 为代表的厂商已经用新标准来测量电子商务投入回报。他们从供应链、客户、资源利用等角度进行分析，充分利用了一些在传统观念上被视为"企业外部"的因素来思考问题。例如，现在公司订单处理的总量中，有 30%是公司下班以后自动进行的，虽然企业没有增加收入，但是方便了上下游企业和客户。这种情况财务报表没有反映，但是这种"外部性"无疑增加了企业的竞争力。

除了"信息技术生产率悖论"与"信息技术增值论"的纷争之外，信息化实施过程中还存在着信息化与管理脱节的现象，信息技术投资与企业战略不匹配，很多信息资源被错误地配置。存在着大量企业热衷于开发管理信息系统、争相建设 ERP 项目却陷入屡遭失败境地的现象。上述现象的存在，与信息化绩效评价不足有着密切的关系。开展信息化绩效评价，可以在一定程度上有效克服上述困境，因此信息化绩效评价具有重要的现实意义。

三、信息化绩效评价的方法

信息化绩效评价是一项十分复杂的工作，需要采用科学有效的评价方法，才有可能取得满意的评价效果，达到评价目的。从目前评价科学的发展趋势来看，普遍采用多指标的综合评价方法，如层次分析法、模糊综合评价法、数据包络分析法等。

1　层次分析法

下面介绍层次分析法的一般步骤。

（1）把要解决的系统问题分层系列化。根据问题的性质和要达到的目标，将问题分解成不同的组成因素，按照因素之间的相互影响和隶属关系将其分层聚类组合，构建一个递阶的、有序的层次结构模型。

（2）依据专家对客观事物的判断，对模型中每一层次因素的重要性给予定量表示，再利用数学方法确定每层次中全部因素相对重要性的次序权值。

（3）通过综合计算各层次因素的相对重要性权值，得到最低层相对于最高层的相对重要性次序的组合权值，并以此结果作为评价或选择方案的依据。

（4）检验判断的逻辑一致性。对判断矩阵进行一致性检验，只有判断矩阵具有满意的一致性，运用层次分析法得出的结论才具有合理性。

上述步骤中，各因素相对重要性的次序权值用相应判断矩阵的正规化特征向量的各个分量表示，即通过：

$$AW = \lambda_{\max} W$$

求出正规化特征向量 $W = [W_1, W_2, \cdots, W_n]$，并求出 $\lambda_{\max}$。

用判断矩阵的正规化特征向量的各个分量 $W_1, W_2, \cdots, W_n$ 表示各因素相对重要性的次序权值，将 $\lambda_{\max}$ 的值代入式子 $\mathrm{CI} = (\lambda_{\max} - n)/(n-1)$，计算判断矩阵的一致性指标，进而进行一致性检验。

上述式子中，A 为判断矩阵，W 为判断矩阵的特征向量，$\lambda_{\max}$ 为判断矩阵的最大特征根，n 为判断矩阵的阶数。

2. 模糊综合评价法

在信息化绩效评价的过程中，将涉及多个评价因素，如果只考虑主要因素，则会丢失一些重要信息，难以全面反映评价对象的真实状况，使评价结果偏差较大。为了尽量全面地考虑评价因素，可以采用模糊综合评价法。

模糊综合评价法的基本原理是：利用模糊集和隶属度函数等概念，应用模糊变换原理，采用定性与定量相结合的方法，从多个方面对事物隶属等级状况进行整体的评价。

1）信息化绩效模糊综合评价的数学模型

假设运用模糊综合评价法对某企业的信息化绩效进行评价，则评价的步骤和数学模型如下。

（1）确定模糊的评价因素集。设对某企业的信息化绩效进行评价的指标因素为 n 个，分别记作 $\mu_1, \mu_2, \mu_3, \cdots, \mu_n$，则这 n 个评价指标因素就构成一个评价因素集合 U：

$$U = \{\mu_1, \mu_2, \mu_3, \cdots, \mu_n\}$$

例如，对某企业的信息化战略实施绩效进行评价，可以从信息技术价值贡献（μ_1）、信息技术用户满意度（μ_2）、信息技术的内部过程（μ_3）、信息技术的学习与革新（μ_4）四个方面（因素）进行评价，则评价因素集合为

$$U = \left\{ \begin{array}{l} \text{信息技术价值贡献，信息技术用户满态度，信息技术的内部过程，} \\ \text{信息技术的学习与革新} \end{array} \right.$$

（2）确定评价等级集合。若根据评价的需要，将评价等级划分为 m 个等级（如高、中、低；很好、好、一般、差），分别记作 $v_1, v_2, v_3, \cdots, v_m$，则 m 个评价等级就构成一个评价等级集合 V：

$$V = \{v_1, v_2, v_3, \cdots, v_m\}$$

（3）确定权重系数集合。确定权重系数在模糊综合评价中是一件十分重要的工作，根据各评价指标因素在整个评价指标体系中的相对重要性来确定权重系数。确定权重系数可以采用评价专家共同讨论确定、两两比较法、层次分析法等。确定了各评价指标因素的权重系数后，就可以得到权重集合：

$$A = \{a_1, a_2, a_3, \cdots, a_n\}, \quad a_i \in [0,1], \quad \sum a_i = 1$$

（4）填写评价因素判断表，统计专家评价结果。聘请若干名专家对各评价对象相对于各评价因素所属等级做出判断，然后统计专家评价结果，统计的具体方法是：在同一因素中，把选择相同等级的人数相加，再除以专家的总人数，就可以得到各因素对于各等级的隶属度。

（5）建立模糊关系矩阵。根据各因素对于各等级的隶属度，建立各因素与各等级之间的模糊关系矩阵：

$$R = \begin{bmatrix} r_{11} & r_{12} & \cdots & r_{1m} \\ r_{21} & r_{22} & \cdots & r_{2m} \\ \vdots & \vdots & & \vdots \\ r_{n1} & r_{n2} & \cdots & r_{nm} \end{bmatrix}$$

（6）建立综合模糊评价模型。根据前面所述的模糊集合和模糊矩阵，可以建立如下的综合模糊评价模型：

$$B = A \cdot R = [b_1, b_2, \cdots, b_m]$$

式中，$b_1, b_2, \cdots, b_m$ 为对评价因素的综合评价结果。

2）信息化绩效模糊综合评价模型的应用

假设有三家同类企业（x_1，x_2，x_3）实施了信息化建设项目，一段时间后，需要对其信息化绩效进行评价，并选出信息化绩效最优的企业。现在选择"以发行企业信息化战略实施为基础"的信息化绩效评价为例，说明信息化绩效模糊综合评价模型的应用。

（1）确定评价因素集合。对企业的信息化战略实施绩效进行评价，可以从信息技术价值贡献（μ_1）、信息技术用户满意度（μ_2）、信息技术的内部过程（μ_3）、信息技术的学习与革新（μ_4）四个方面（因素）进行，则评价指标因素集合为

$$U = \{\mu_1, \mu_2, \mu_3, \mu_4\}$$

评价指标因素是指人们评价问题时的着眼点，选择评价因素的基本原则是以实现评价目标为目的，以较少的评价因素来较全面地概括和描述问题，进而对评价对象做出较为科学合理的评价。

（2）确定模糊的评价等级集合。根据评价的需要，可以将评价等级划分为三个等级（如高、中、低，大、中、小等），则评价等级就构成一个评价等级集合 V：

$$V = \{高，中，低\} \ 或 \{大，中，小\}$$

（3）确定权重集合。各评价指标因素在整个评价指标体系中的重要性是各不相同的，指标权重系数取决于指标所反映的评价内容的重要性和指标本身信息的可信赖程度。权重系数由评价专家共同讨论确定，有两两比较法或层次分析法，确定了各评价指标因素的权重系数后，就可以得到权重集合。设权重集合为

$$A = \{0.40, 0.25, 0.20, 0.15\}$$

（4）专家评价。聘请若干名专家组成评价专家组，对各个评价对象的每一个评价指标因素做出等级评价，然后评价组织者对评价结果进行统计。

统计含义是：赞成某种评价的专家人数与专家总人数的比值。例如，对于甲发行企业信息化的价值贡献，60%的专家认为价值贡献大，30%的专家认为价值贡献为中等，10%的专家认为价值贡献小。

（5）建立模糊关系矩阵，即建立各因素与各等级之间的模糊关系矩阵。

对于甲企业：

$$R_{甲} = \begin{bmatrix} 0.6 & 0.3 & 0.1 \\ 0.7 & 0.2 & 0.1 \\ 0.5 & 0.3 & 0.2 \\ 0.4 & 0.3 & 0.3 \end{bmatrix}$$

对于乙企业：

$$R_{乙} = \begin{bmatrix} 0.5 & 0.4 & 0.1 \\ 0.6 & 0.3 & 0.1 \\ 0.7 & 0.2 & 0.1 \\ 0.6 & 0.3 & 0.1 \end{bmatrix}$$

对于丙企业：

$$R_{丙} = \begin{bmatrix} 0.2 & 0.5 & 0.3 \\ 0.8 & 0.1 & 0.1 \\ 0.4 & 0.4 & 0.2 \\ 0.5 & 0.3 & 0.2 \end{bmatrix}$$

（6）综合评价。对于评价对象，模糊综合评价结果为 $B = A \cdot R$，则有甲发行企业信息化绩效的模糊综合评价结果为

$$B_{甲} = A \cdot R_{甲} = \{0.40, 0.25, 0.20, 0.15\} \begin{bmatrix} 0.6 & 0.3 & 0.1 \\ 0.7 & 0.2 & 0.1 \\ 0.5 & 0.3 & 0.2 \\ 0.4 & 0.3 & 0.3 \end{bmatrix}$$

经计算，得

$$B_{甲} = [0.575, 0.275, 0.145]$$

同理可得

$$B_{乙} = A \cdot R_{乙} = [0.580, 0.320, 0.100]$$

$$B_{丙} = A \cdot R_{丙} = [0.435, 0.350, 0.215]$$

（7）对结果进行归一化处理。对上一步骤的计算结果进行归一化处理，得出具有可比性的综合评价结果：

$$B_{甲} = [0.578, 0.276, 0.146]$$

$$B_{乙} = [0.580, 0.320, 0.100]$$

$$B_{丙} = [0.435, 0.350, 0.215]$$

按照最大隶属原则，可以得出各发行企业信息化绩效的评价等级：甲、乙、丙三家企业的信息化绩效的评价等级都为高等。从结果中可以做出判断，乙企业的信息化绩效为最优。

3. 数据包络分析法

1）数据包络分析法概述

数据包络分析法是美国著名运筹学家查恩斯（A.Charnes）、库伯（W.W.Cooper）和罗兹（E.Rhodes）于1978年首先提出的一种多目标决策方法（Rardin，2018）。主要采用数学规划方法，利用观察到的有效样本数据，对决策单元进行生产有效性评价并处理其他多目标决策问题，它可用于评价单位（部门或企业）内部各个运作单位的相对效率。

数据包络分析法的基本原理就是通过保持决策单元的输入或输出不变，借助于数学规划将决策单元投影到数据包络的分析法，并通过比较决策单元偏离数据包络分析前沿面的程度来评价它们的相对有效性。数据包络分析法有效避开了计算每项服务的标准成本，因为它可以把多种投入和多种产出转化为效率比率的分子和分母，而不需要转换成相同的货币单位。因此，用数据包络分析法衡量绩效可以清晰地说明投入和产出的组合。

数据包络分析法在避免主观因素影响、简化算法、减少误差等方面有着不可低估的优越性。数据包络分析法一出现就以其独有的特点和优势受到人们的关注，不论在理论研究还是在实际应用方面都得到迅速发展，并取得多方面的成果，现已成为管理科学、系统工程和决策分析、评价技术等领域中一种常用而且重要的分析工具和研究手段。

2）数据包络分析法的优点

（1）各输入、输出向量对应的权重是通过对效率指数进行优化来决定的，从最有利于决策单元的角度进行评价，从而避免了确定各指标在优先意义上的权重。

（2）假定每个输入都关联一个或多个输出，而且输入和输出之间确实存在某种关系，使用数据包络分析法则不用确定这种关系的显式表达式。

（3）数据包络分析法常用于被评价决策单元群体条件下的有效生产前沿分析，而不是像一般传统的统计模型那样将有效的和非有效的决策单元混在一起进行分析，着眼于平均状态的描述，从而使研究结果更具理想性。

（4）数据包络分析法致力于每个决策单元的优化。通过多次优化运算得到每个 DMU[①]的优化解，而不是对 DMU 的整体进行单一优化，从而得到更切合实际的评价值。

（5）数据包络分析法可以直接采用统计数据进行运算，具有简明性和易操作性。

（6）数据包络分析法通过最佳 DMU 子集的选择，可以为决策者提供众多有效的管理信息，从而为决策和控制提供依据。

3）数据包络分析法的缺点

任何方法都不可能尽善尽美，数据分析包络法也具有局限性。

（1）被评价的对象之间要求同质性较高，否则评价效果不佳。

（2）由于是非随机方式，为考虑随机误差，所有投入、产出的资料都必须尽量精确，资料错误将导致评价结果的正确性受到影响，效率值也将受到影响。

（3）数据包络分析法对评价单位的投入和产出要素变动具有敏感性，变量的选择将会影响评价的结果；如果有极端值出现，数据包络分析法的分析结果将因此有显著改变。

（4）数据包络分析法只能评价效率的相对性，即相对有效率或相对无效率，而并不是绝对的效率评价。

四、信息化绩效评价指标体系

1. 构建信息化绩效评价指标体系的原则

信息化绩效具有间接性、长期性、互补性等特点，在构建信息化绩效评价指标体系时，应遵循以下几个原则。

1）反映信息化整体和运营情况

信息化绩效评价指标体系应能有效地反映出信息化的全貌，以及实施信息化之后的运行状况，具有系统性和有效性，才能比较全面地检测出信息化绩效的实际状况，并能对信息化绩效做出合理的价值判断和等级评定，进而对信息化工作起到引导作用。

2）反映业务流程的绩效

信息化建设的过程必然会伴随着业务流程的重组，甚至组织结构的变革，从而给业务流程带来深刻的变化。信息化管理要求重组业务流程，随着信息化管理的推进，原有"金字塔"形的组织结构将被扁平化的动态网络结构所取代，原来在组织结构中起着上传下达信息作用的中间管理层被信息系统所

---

① digital mockup，数字样机，与物理样机相对，可测量，可模拟运动，可分析，就是对产品的数模进行多角度检查。

取代，信息传递和交流的速度大大提高，业务流程经重组后形成了能够适应信息化管理的流程。

3）采用实时性、动态性指标

在以往的信息化绩效评价过程中，过于重视财务绩效指标，而对非财务指标不够重视。诚然，财务绩效指标是衡量信息化绩效的核心指标，但传统的财务绩效指标存在诸多不足。

（1）传统的财务绩效指标与发展战略存在非相关性，管理者无法通过财务报表来掌握发展的方向、了解战略的实施情况，因而也就无法及时修正发展战略。

（2）传统的财务绩效指标具有滞后性，无法通过财务报表及时了解战略实施过程中存在的问题。财务绩效指标是战略实施一段时间后才能统计出来的，它反映的是过去的经营效果，无法反映现在和将来。实际上，传统的财务绩效指标是一个事后的、静态的指标，难以满足信息化绩效评价的需要。因此，还应采用实时、动态的指标。

4）平衡长期目标和短期目标

在构建信息化绩效评价指标体系时，应兼顾长期目标和短期目标，也就是说，评价指标应既能反映出长期目标也能反映出短期目标。传统的绩效考核体系仅仅关注财务方面的指标，而财务指标只反映结果，不反映过程，具有短期性。评价的导向性原则要求在构建信息化绩效评价指标体系时，要平衡长期目标和短期目标。

5）定量指标与定性指标相结合

定量指标的优势在于数量化、确定性、易于处理、说服力强。但是，因为信息化具有较强的牵引力、渗透力、增值力的特性，信息化投资具有复杂性、高风险、收益无形性等特点，所以信息化绩效呈现出收益间接性、长期性和互补性的特点。在构建信息化绩效评价指标体系时，根据实际情况，既要设计定量指标也要设计定性指标。

6）考虑信息化利益相关者的目标

实施信息化应该为利益相关者带来好处。例如，在实施发行企业信息化的过程中，各利益相关者所关注的目标有所不同：股东希望增加收益，及时获得企业运行的相关信息；客户希望享受到优质的产品与服务；经营者希望通过信息化建设来强化管理，提高绩效；员工希望获得信息共享和自我发展；而供应商则希望通过信息化手段实现相互协作和有效沟通。所以在构建信息化绩效评价指标体系时，应根据信息化利益相关者所追求的目标，设计相关评价指标。

2. 发行企业信息化绩效评价指标体系的构建

国家信息化测评中心于 2003 年正式推出了中国第一个面向效益的信息化指标体系《发行企业信息化测评指标体系》，以全面评价中国境内各企业的信息化发展和应用水平。该基本指标从 21 个方面对企业信息化状况进行了客观描述，主要用于社会统计调查和监测，如表 9-1 所示。

表 9-1 中国企业信息化测评基本指标

序号	一级指标	二级指标	指标解释	指标数据构成
1	战略地位	信息化重视度/分	反映企业对信息化的重视程度和信息化战略落实情况	发行企业信息化工作最高领导者的地位；首席信息官职位的级别设置；信息化规划和预算的制定情况
2	基础建设	信息化投入总额占固定资产投资比例/%	反映企业对信息化的投入力度	软件、硬件、网络、信息化人力资源、通信设备等投入
3		每百人计算机拥有量/台	反映信息化基础设备状况	大、中、小型机；服务器；工作站；个人计算机
4		网络性能水平/分	反映信息化基础设备状况	企业网络的出口带宽
5		计算机联网率/%	反映信息化协同应用的条件	接入企业内部网的计算机的比例
6	应用状况	信息采集的信息化手段覆盖率/%	反映企业有效获取外部信息的能力	采集政策法规、市场、销售、技术、管理、人力资源信息时信息化手段的应用状况
7		办公自动化系统应用程度/分	反映企业在网络应用基础上的办公自动化状况	是否实现了日程安排、发文、管理、会议管理、信息发布、业务讨论、电子邮件、信息流程的跟踪与监控等
8		决策信息化水平/分	信息技术对重大决策的支持水平	是否有数据分析处理系统、方案优选系统、人工智能专家系统等
9		核心业务流程信息化水平/分	核心业务流程信息化的深广度	主要业务流程的覆盖及质量水平
10		企业门户网站建设水平/分	反映企业资源整合状况	服务对象覆盖的范围；可提供的服务内容
11		网络营销应用率/%	反映企业经营信息化水平	网上采购率；网上销售率
12		管理信息化的应用水平/分	反映信息资源的管理与利用状况	管理信息化应用覆盖率及数据整合水平
13	人力资源	人力资源指数	反映企业实现信息化的总体人力资源条件	大专学历以上的员工占员工总数的比例
14		信息化技能普及率/%	反映人力资源的信息化应用能力	掌握专业信息技术应用技术的员工的比例；非专业信息技术人员的信息化培训覆盖率
15		学习的电子化水平/分	反映企业的学习能力和文化转变	电子化学习的员工覆盖率；电子化学习中可供选择的学习领域
16	安全	用于信息安全的费用占全部信息化投入的比例/%	反映发行企业信息化安全水平	用于信息安全的费用，包含软件、硬件、培训、人力资源支出
17		信息化安全措施应用率/%	反映发行企业信息化安全水平	信息备份、防非法入侵、防病毒、信息安全制度与安全意识培养等措施的应用状况

续表

序号	一级指标	二级指标	指标解释	指标数据构成
18	效益指数	库存资金占有率/%	反映发行企业信息化效益状况	库存平均占用的资金与全部流动资金的比例
19		资金运转效率/（次/年）	反映发行企业信息化效益状况	企业流动资金每年的周转次数
20		企业财务决算时间/日	反映发行企业信息化响应水平	从决算指令的发出到完成一次完整的企业决算所需的最短时间
21		增长指数	反映企业绩效	销售收入增长率、利润增长率

3. 以发行企业信息化战略实施为基础的绩效评价指标体系的构建

发行企业信息化在实施的过程中往往分成几个不同的层次：战略层、控制层和执行层，分别对应于企业的战略管理层、信息部门和具体的项目组。因此，发行企业信息化绩效的评价也可以根据不同管理层所关注的重点划分为三类，即分别从战略层面（以信息化战略实施为基础）、管理控制层面（以信息化管理控制为基础）和项目层面（以信息化项目管理为基础）对发行企业信息化过程的绩效进行评价，形成一套完整的信息化绩效管理评价体系。

下面以平衡记分卡为分析工具，构建以发行企业信息化战略实施为基础的绩效评价指标体系。平衡记分卡是一种评价企业的综合记分指标体系，是一系列财务绩效衡量指标与非财务绩效衡量指标的综合体，其重点关注企业组织战略目标的实现。

根据分析框架，建立发行企业信息化绩效评价指标体系，从财务、客户、内部业务流程、学习与创新四个方面结合评价发行企业信息化绩效，实现企业长期目标与短期目标、内部客户衡量与外部客户衡量、领先指标与滞后指标、成果与成果动因之间的平衡。财务绩效指标是企业的终极目标，是衡量发行企业信息化绩效的核心指标，是企业经营能力的最终体现。内部业务流程是基础，客户是关键，学习与创新是核心。由此而构建的以发行企业信息化战略实施为基础的绩效评价指标体系如表9-2所示。

表 9-2　以发行企业信息化战略实施为基础的绩效评价指标体系

一级指标	二级指标	三级指标
信息技术价值贡献	企业使命目标	使命改善的百分数（成本、时间、质量、数量）
		对信息技术解决方案与服务的贡献
		信息技术收益实现情况与预期的比较

续表

一级指标	二级指标	三级指标
信息技术价值贡献	组合分析与管理	信息技术投资举措评审与采纳的比例
		旧信息技术应用淘汰率
		应用淘汰计划达到的百分数
		核心应用模块的可重用性
		新信息技术投资占信息技术总投资的百分比
	财务与投资绩效	内部提供的服务成本与行业标准的百分比
		信息技术目标预算占运营预算的比例
		净现值、内部收益率、投资回报、净资产回收等
信息技术用户满意度	信息技术资源的使用	跨组织资源的使用比例
		跨部门共享数据库与应用的百分比
		具备互操作能力的软硬件百分比
	客户参与度	使用整合的项目团队的项目比例
		联合信息技术客户与供应商的服务水平协议的比例
	客户满意度	客户对产品交付的满意比例
		客户对问题解决的满意比例
		客户对信息技术管理与支持的比例
		客户对信息技术培训的支持比例
		及时启动的产品比例
		满足服务级别协议的比例
	业务支持过程	信息技术解决方案支持过程改进计划的比例
		通过培训使用新的信息技术解决方案的比例
		新用户在经过初步培训后能够使用信息技术应用的比例
信息技术内部过程	应用开发与维护	每人每小时交付的功能点数
		在用户接受的每百个功能点中的缺陷数
		每百个功能点中的关键失败数
		解决关键缺陷的平均时间
		开发周期
	项目绩效	项目按时按目标完成的百分数
		满足功能需要的项目比例
		使用标准方法论开发的项目比例
		分析与设计

一级指标	二级指标	三级指标
信息技术内部过程	基础设施可用性	计算可用的百分比
		通信可用的百分比
		应用可用的百分比
		联机系统可用的百分比
	企业基础设施的标准化程度	每年被审计查出与标准偏差的数目
		系统中使用的基础设施的增加数
		相关标准培训比例
信息技术学习与创新	工作队伍能力与开发	在使用新技术中受到培训的员工比例
		专业人员的比例
		信息技术人员进行管理培训的比例
		信息技术预算是否有培训和发展员工的比例
	先进技术的使用	对先进技术掌握熟练的员工比例
		用于支持先进技术经验的资金数
	方法论的同步性	应用方法是否新颖
		熟悉先进应用技术的员工比例
		使用认可的方法与工具的项目比例
	客户满意度与保留	员工对现存技术与操作环境支持表示满意的比例
		员工的交易额

第二节　信息技术竞争能力的评价

本节针对信息技术竞争能力中的 ERP 能力、电子商务能力、CRM 能力进行讨论，主要给出它们的概念模型和评价的基本内容。

一、ERP 能力

越来越多的企业已把信息化管理作为提升企业管理水平的重要工具。代表新管理思想、理念与方法的 ERP 系统不仅是一套软件，更是信息时代企业实现现代化、科学化管理的有力工具，从某种意义上说是衡量企业管理现代化的一个标尺。

1. ERP 系统概述

ERP 是 20 世纪 90 年代发展起来的一个全新的企业管理系统。该概念最初是由美国的 Gartner Group 公司提出的，其主要宗旨是将企业的各方面资源（人力、资金、信息、物料、设备、时间、技术）充分调配、平衡和优化，为企业提高资金运营水平、建立高效率供应链、提高客户服务水平提供强有力的工具，同时为高层管理人员经营决策提供科学的依据，建立企业竞争优势，提高企业的市场竞争力。

在 ERP 实施带来巨大效益的同时，必须看到它更是一场高风险的管理革命。据统计，我国实施 ERP 的企业中仅有约 15%能按照预算成功实施，实现系统集成，约有 50%的企业遭到失败。对近 20 年来实施 ERP 的近千家企业进行抽样调查发现，绝大多数企业仅仅是完成总体规划，从手工向计算机辅助过渡，信息存在"孤岛"，没有实现全面共享。ERP 系统的规模和复杂度导致其实施困难，许多 ERP 实施投入了足够的技术与资本，却难以收获期望的价值。期望收益与实际产出之间有极大的反差，迫切需要从业务流程角度进行关键因素的理念和实证研究。

2. ERP 能力模型

1）能力与资源的比较

能力是指利用内部资源，执行一系列任务，达到期望产出的企业技能，通常产生于战略、功能或子功能领域内物质的、人力的、技术的资源组合。资源一般来说是稀缺的、独特的、无可替代的资产，能够通过帮助企业实现战略，提高效率和效益，实现企业运营增值。

虽然在资源和能力之间没有预先定义的功能性联系，但大家普遍认为，资源是可见但不一定有形的资产，能够被独立估价和交易；而能力是不可见且一定是无形的，而且不可独立被估价和交易。当企业能够比竞争对手更有效地选择、配置资源以构造能力时，经济租产生，并且"资源选择"和"能力构造"是"互补"的，而并非必然独立的商业活动。当资源作为基本的分析单元时，企业可以把这些资源重组为一种唯一的配置，从而构造出一种能力使输入转换为输出，产生更大的价值。

2）能力的分类

企业的各种能力根据其复杂度的不同，处于不同的层面：战略层、功能层或操作层。战略层的能力需要战略性的资源，这些资源是高价值的、稀缺的、无法完全复制的、不可替换的，能够带来持续的竞争优势。功能层或操作层的能力则是补充性、使能性的，能够为竞争提供支持但不足以构成竞争优势。而功能层能力构造则主要是面向操作和流程的，强调功能/商业流程层面的提升。

3）ERP 能力模型涉及的资源

（1）信息系统资源。信息系统资源已经被证明是一种占用的资源，在研究 ERP 能力构造时，主要涉及三类对 ERP 能力有重要影响的信息系统资源，它们是知识资源、关系资源和信息技术基础设施资源。这些资源以不同的状态分布在企业各处，它们的存在与否将造成 ERP 能力及其产出的显著不同。

①知识资源。一个企业的知识资源是指其在构造信息技术能力时使用的特有的技术、专长、观点、经验以及知识资产。其中，知识资产可以分为显性知识和隐性知识两大类。隐性知识只存在于人力资源的意识中，而显性知识则嵌入在组织流程、惯例、规章制度、产品和流程技术中。知识资源很少移动，不易获得。

有两类知识资源对 ERP 能力的构造非常重要，它们是业务流程知识和项目管理知识。业务流程知识指与给定的 ERP 实施应用领域相关的知识，对于准确捕捉应用系统的需求、跨价值链的数据和流程集成，以及系统性能评价是非常必要的。系统需要多种类的专家支持，仅由内部人员组成的团队无法满足这种知识要求，第三方咨询力量的介入就是自然而然的事了。这也成为 ERP 实施的关键成功因素之一。

项目管理知识包括可靠的服务、管理项目等所需要的专长、经验、技能、规则和标准等。项目管理是企业的一种通用技能，针对信息技术项目的管理知识已经成为企业项目管理的主要内容之一。这些业务、技术和项目管理知识在信息技术团队和业务用户的互动过程中通过"边干边学"的形式不断积累、不断演化，最终成为企业操作级的知识资产，不断固化，并在团队的协作学习和工作实践中共享。卓越的项目管理也被认为是 ERP 实施中非常关键的成功要素。

②关系资源。关系资源指信息技术与业务单位管理者之间关于信息技术应用开发的风险与责任共享。关系资源中，最重要的资源之一是开发团队与业务单位之间由长期合作产生的并将影响双方知识共享行为的信任关系。在 ERP 二次开发过程中，为保证 ERP 的开发质量，信任关系将直接影响客户对业务关系的评价行为，信任关系的建立需要较长的时期，它也是企业社会资本的重要组成部分。

关系资源中，另一个重要的资源是用户参与。通过用户参与能够帮助定义系统功能和设计需求，并能够制定出满足用户需求的标准。在缺乏用户参与的情况下，信息系统的开发很难成功，多数最终会失败。高层用户的参与对信息系统开发更为关键。我国有"一把手工程"的说法，就是在信息系统开发过程中，高层管理者最能把握信息系统的开发目标，也是最终的受益者，其行为也高度影响着其他用户的参与。

③信息技术基础设施资源。信息技术基础设施资源指一个组织共享的信息技术资产，包括硬件、软件、网络、数据库、数据中心等。它们是一个企业信息技

术架构的基础，而信息技术架构支撑着企业所有的应用系统和用户组。从战略资源、构造战略层面的能力来看，信息技术基础设施资源是可见的、广泛应用的、可模仿的、容易获得的，因而难以产生长期经济租，也难以成为获取竞争优势的源泉。但是，可靠的信息技术基础设施资源可以确保信息技术架构成功地反映企业成长的需求，增强信息技术架构的核心作用。

（2）ERP能力。ERP能力取决于ERP的功能范围、组织范围和地理范围的作用能力。

ERP功能范围是指ERP运行中涉及的业务流程。参与运营的ERP功能模块越多，ERP提供的功能范围能力就越强，将产生更多的协作效应。例如，如果单独使用生产计划、生产管理、营销管理等ERP功能模块，其作用是有限的；而如果这些核心功能模块能够协同运行，其产生的效益将远远大于各个模块单独运行效益之和。这种应用集成实现了ERP功能范围能力的实时部署，加速了应用模块之间的数据交换、监控和跨单元的业务管理，使企业实现端到端的全业务自动化运行。

使用ERP的部门涉及系统能够触及的组织机构，如各部门、分/子公司、整个公司、多个公司等。单个部门的ERP效益也是有限的，而多个部门同时协作使用ERP系统，将产生更多的协作效应。

（3）业务流程输出。根据资源基础理论（resource based view，RBV），业务流程为验证信息技术的商业价值提供了一种情境，也提供了构造和物化组织能力的媒介。因为信息技术投资产生的效益首先体现在功能或操作层，通过不同的输出形式反映业务流程的效率、效益、灵活性的提升，所以，基于流程的观点研究信息技术能力构造是非常有意义的。

在功能或操作层，信息技术产生的商业价值反映在业务流程的三个独立而又互补的方面：一是自动化效应，指信息技术能力能够降低流程成本，节约物质和人力消耗；二是信息化效应，指信息技术能力在信息存储、处理和传播方面的作用；三是变革效应，指信息技术能力为业务流程的创新和变革提供的便利与支持。除了操作效益外，信息技术的价值还可以在更高战术或战略层面、基础架构层和组织层面找到（陈建斌，2010）。

从业务流程管理的角度看，ERP执行的结果是成本降低、生产周期缩短、产出效率和质量提高以及客户服务提升。ERP能力提高了业务流程的效率（通过成本减少、生产周期缩短、产出增加、提高质量和改善服务）、效益（通过改善决策和规划过程、资源管理和部署）、灵活性（通过构造灵活的信息技术基础设施减少信息技术成本，细分产品和服务，建立和维持与外部客户、供应商的连接）。

二、电子商务能力

1. 电子商务概述

1）电子商务概念

电子商务是在 Internet 开放的网络环境下，基于 B/S 应用方式，实现消费者的网上购物、商户之间的网上交易和在线电子支付的一种新型的商业运营模式。

电子商务可以分为三个方面：信息服务、交易和支付，主要内容包括产品推送信息、电子选购和交易、电子交易凭证的交换、电子支付与结算以及售后的网上服务等。其主要交易类型有企业与个人的交易（B2C 方式）和企业之间的交易（B2B 方式）两种。参与电子商务的实体有四类：客户（个人消费者或企业）、商户（包括销售商、制造商、储运商）、银行（包括发卡行、收单行）及认证中心。

从贸易活动的角度分析，电子商务可以在多个环节实现，由此也可以将电子商务分为两个层次，一是低层次的电子商务，如电子商情、电子贸易、电子合同等；二是高层次的电子商务，也是最完整的电子商务，是利用互联网进行全部的贸易活动，即在网上将信息流、商流、资金流和部分物流完整地实现。也就是说，企业可以从寻找客户开始一直到洽谈、订货、在线付（收）款、开具电子发票、电子报关、电子纳税等都通过互联网一气呵成。

要实现完整的电子商务还会涉及很多方面，除了买家、卖家外，还要有银行或金融机构、政府机构、认证机构、配送中心等机构的参与。因为参与电子商务的各方在物理上是互不谋面的，所以整个电子商务过程并不是物理世界商务活动的翻版，网上银行、在线电子支付等条件和数据加密、电子签名等技术在电子商务中发挥着重要的、不可或缺的作用。

2）电子商务的战略价值

（1）电子商务将传统的商务流程电子化、数字化，一方面以电子流代替了实物流，可以大量减少人力、物力，降低成本；另一方面突破了时间和空间的限制，使交易活动可以在任何时间、任何地点进行，从而大大提高了效率。

（2）电子商务所具有的开放性和全球性特点，为企业创造了更多的贸易机会。

（3）电子商务使企业可以以相近的成本进入全球电子化市场，使中小企业有可能拥有和大企业一样的信息资源，提高了中小企业的竞争能力。

（4）电子商务重新定义了传统流通模式，减少了中间环节，使生产者和消费者的直接交易成为可能，从而在一定程度上改变了整个社会经济运行的方式。

（5）电子商务一方面破除了时空的壁垒，另一方面又提供了丰富的信息资源，为各种社会经济要素的重新组合提供了更多的可能，这将影响到社会的经济布局和结构。

3）电子商务实施

企业实施电子商务分为不同的情况。一些中小企业在感到有必要时可以从企业系统的任何一个地方开始启动电子商务过程，可以利用企业原有的商业或技术，也可以从头进行系统级的电子商务规划和设计。例如，有的企业可能会在解决如何处理多余的存货时想到开始利用电子商务，而另一个企业则可能会选择通过实施电子商务战略来提高客户服务的水平。这是中小企业的一个灵活的优势，而大企业则不同，要想进行电子商务就必须进行系统级的全盘规划。

对于电子商务可能给企业带来的利益回报必须在商业后果和技术可行性两方面进行评估。这两方面会影响企业实施电子商务的态度和决心。一个对自己的市场竞争能力充满信心的公司未必就能够很好地应用新的电子商务技术，这样的一个公司在决策时重点考虑的就是投资电子商务风险问题。而另一个想通过使用新的电子商务手段来扩大自己的竞争优势的公司，在实施电子商务时步子可能会更大一些。

企业实施电子商务，既是时代的要求，也是企业自身发展的必然趋势。在信息时代能纵横驰骋的，其信息化也必然具有独特的优势。高级企业信息管理师掌握本发行企业信息化的现状和发展方向，了解发行企业信息化战略，熟悉电子商务系统的各种技术、理念，有责任适时为企业发展电子商务提出建议和方案，促进企业电子商务系统的尽早实现。

2. 电子商务能力的概念模型

根据资源基础理论，企业的电子商务能力是指企业通过互联网与客户、商务伙伴进行互动、完成商务的企业能力，具体包括一个企业利用互联网共享信息、促进交易、提升客户服务、加强后端集成等战略能力。信息技术资源代表支持电子商务能力运转的一系列计算机软件、硬件、数据库、网络等资源，是以组织多层面的数据处理架构和网络为核心配置而成的信息技术能力基础。电子商务能力与信息技术资源之间具有相互作用的效果，通过相互作用可以转化为企业绩效等优势资源。

资源基础理论认为，研究电子商务能力的目的是使企业做好在信息技术和电子商务方面的投资，从而创建独特的基于互联网的商务能力，提升企业的电子商务效能。资产基础理论认为，不管这些技术如何貌似常规产品，在摒除了各个应用系统之间的障碍，把零散的技术产品集成为一个企业开展电子商务的技术平台后，它被赋予了企业特有的个性和知识资产，是与企业业务紧密结合的一部分，因而可以带来竞争优势，而不是常规可交易的单纯技术或产品。

三、CRM 能力

1. CRM 概述

CRM 是指以客户为中心实现销售、市场营销和客户服务的企业业务流程自动化，并确保前台应用系统能够改进客户满意度、增加客户忠诚度，以达到使企业获利和发展的最终目标。具体体现为以下两个要点。

（1）CRM 是完善客户体验，将企业的资源最大化的有效手段。CRM 不是产品，也不是一个产品组合，而是涉及企业内许多独立部门的商业理念。它需要一个"以客户为中心"的商业模式，并被集成了前台和后台办公系统的一整套应用系统所支持。这些整合的应用系统确保了更令人满意的客户体验，而客户满意度直接关系到企业能否获得更多的利润。

（2）服务客户的理念是 CRM 的核心。企业要得到持续的发展，拥有忠诚的客户是最重要的。根据美国营销学者赖克海德和萨瑟的理论，一个公司如果将其客户流失率降低 5%，利润就能增加 25%～85%。对现有客户和潜在客户的培养与挖掘被认为是企业获得进一步成功的关键。有资料显示，发展一个新客户要比保留一个老客户多付出 5 倍的投入。投资于现有客户，使其满意度增加会对客户忠诚度有直接的影响，进而影响企业的最终效益。

2. CRM 的理论依据

1）交易费用原理

客户交易费用是企业与客户进行交易所需的成本。交易双方欲达成购买产品或服务的协议，必须相互了解，将可能提供的交易机会告诉对方，这种信息的获得和传递需要耗费时间与资源。如果这样的专用资产能在一个很长时期内不受干扰地运营，这些投资就一定会带来预期的回报。CRM 正是从长期的投资回报考虑，连接企业与客户之间不可或缺的相互关系，这种依赖关系越持久，双方从此获得的收益也越大。

2）消费者剩余原理

消费者剩余是指消费者消费一定数量的某种商品愿意支付的最高价格与这些商品的实际市场价格之间的差额，实际上是人们从消费的商品中所得到的净收益，可以认为它是购买商品的价值再减去为了得到商品而放弃的部分。消费者购买商品或服务所得到的消费者剩余越多，越容易促成产品或服务的销售。消费者剩余一方面来自产品本身的结构与功能，另一方面则来自消费过程的体验和售后服务。

3）收益递增原理

经济学中有一个重要的原理即收益递增原理。亚当·斯密认为，当分工与专业化的深度和广度增加时，平均收益随之增长，而平均收益又带来创新机会的增长，促进新工具的设计和推广，进一步导致了分工与专业化。这一"收入与分工"共同演化的过程，同样可以用来解释 CRM 的盈利原理。

4）竞争战略理论

在任何一种特定的行业中，拥有比较竞争优势的企业比他们的竞争对手更能吸引客户，赚取更高的利润。与客户建立良好的合作关系是企业保持比较竞争优势的基础。根据迈克尔·波特的竞争战略理论，企业欲保持竞争优势有三种战略可供选择：差别化战略、低成本战略及目标集聚战略。CRM 能使企业很好地实施差别化战略，在客户心中建立独特的价值。

3. CRM 能力的概念模型

随着人们对客户的经济和社会价值的认识逐步深入，很多企业都试图通过 CRM 方面的投资获得收益。CRM 被认为是创造竞争优势、改善企业绩效的重要手段之一。全球企业在 CRM 方面的投资数以亿计，企业虽然认识到了客户关系的重要性，却不知道如何在日常运营中管理这种关系。CRM 可以定义为反映了企业系统规范地建立、维持、提升和重建有价值的客户关系的能力集合，是为双方创造超值的企业核心流程。能力是复杂技术与组织学习的集合体，是构造企业竞争优势的关键因素，不同种类的市场能力是企业绩效最重要的驱动力。

CRM 能力是一个高层、多维的能力体系，根据相关文献及实践研究，确定 CRM 能力的 4 个关键能力，每个能力都支持 CRM 流程中的一种 CRM 活动，它们是客户知识管理能力、客户交互管理能力、客户关系升级能力和客户关系赢回能力。

客户知识是有组织的、结构化的客户信息。客户知识管理是指关于创建、存储、获取和应用客户知识的组织流程。该流程使企业能够获得、创建和升级实时客户知识，帮助企业更深入地理解客户需求，提供更好的产品或服务。客户知识管理能力是指那些直接作用于收集和分析客户信息，生产和发布客户知识，构造和维持客户关系平台，最大化组织效益的业务活动。这些能力无法在市场上购买，而只能通过业务流程产生。它是 CRM 成功的重要力量之一。

客户交互管理能力是指企业用来识别、获得、维持既有客户和潜在价值客户的那些技能。"客户获取"包括首次购买以及购买前后的相关活动。成功的客户获取投入不仅能够激发短期购买行为，也能提升长期购买力。客户获取之后的客户保持更是客户价值的重要源泉。因为获取一个新客户所需成本远远高于保持一个现有客户的成本。潜在高价值客户的保持更是 CRM 实践中的难题之一。明确的客户保持项目、客户保持预算和客户保持专职人员是获得客户保持效益的重要保障。

客户关系升级能力是指企业在详细的客户数据分析之后，向现有客户实施升级销售（销售更昂贵的产品）和交叉销售（销售附加的产品或服务）的业务流程。忠诚客户会比新客户消费更多，这称为"附加销售"（add-on selling）。附加销售包括交叉销售、升级销售、增量销售（购买更多同样的产品或服务）。

客户关系赢回能力是客户因多种原因较长时间未发生交互后，将新产品推送等交互信息触达到这些客户，从而赢回和激活客户，进一步产生销售活动的能力。

CRM 能力的四个重要组成，形成了 CRM 的一个完整的业务流程，以客户知识管理为支持，从客户交互管理到客户关系升级、客户关系赢回，覆盖了 CRM 的主要功能领域，是企业营销、销售和服务职能领域的高度抽象，基于资源基础理论对企业传统业务领域进行了全新的整理和认识。

第十章　发行企业信息化管理案例

——上海新华传媒 CNONIX 国家标准的应用及云服务平台的建立

第一节　上海新华传媒的信息化及标准化建设

上海新华传媒连锁有限公司（简称"新华传媒"）是国内出版发行业第一家上市公司，是国家文化体制改革和出版发行业金融体制改革的先进单位，是全国出版物发行标准技术委员会成员，是中国出版物在线信息交换（China online information exchange for publications，CNONIX）标准应用与推广战略合作邀约单位。

新华传媒信息化应用中从点到面，再发展成网是一个逐步发展、不断提高的过程。在信息化的建设过程中不断解决存在的以下问题。

（1）对上市企业来说，企业的经营利润一度成为各方关注的重点，新华传媒在图书网络经营的投入和产出中，也迫于企业利润的压力有过调整和反复。传统企业的互联网应用在资金、人才方面和互联网企业相比都存在着竞争上的劣势。

（2）目前企业的信息化应用是基于企业的业务应用，存在着重系统轻数据的情况。数据不统一且缺乏规范性，缺乏数据资源的统一管理和有效利用，系统间数据标准不统一导致数据不一致，不能有效地指导业务经营和提供领导决策。各系统之间的数据部分也是相互独立的，以客户信息资源为例，门店的会员、网上的会员、微信的会员等缺乏有效的整合。

（3）有效的信息技术治理机制是信息化建设成功的制度保障。在进行信息系统建设的同时，新华传媒也在同步完善治理机制，优化制度和流程，但信息技术治理体系仍然存在问题，包括信息技术与企业发展战略、与业务一致性不够；信息技术投资的业务价值难以衡量；信息技术成本难以持续降低等。

（4）企业流程及数据的标准化和规范化程度低。公司未建立起清晰、规范的流程体系，对流程的描述不规范，企业业务流程缺乏系统、完整的规划；大量管理流程和业务流程存在缺失、重复和低效的现象；跨部门业务规则不统一、流程协同效率低、责任难以区分；流程没有被严格地执行。

（5）系统建设缺乏整体规划，系统多而分散，不仅管理困难而且产生大量的

"信息孤岛"。公司信息化系统建设起步早，投入大，信息系统只能满足阶段性业务需求，企业缺乏信息系统建设工作的全局整体规划。

随着信息化建设的不断深入，在 2011~2015 年中，公司通过技术改造完善了其 ERP 系统和物流仓储管理系统（warehouse management system，WMS），图书经营实现了单品单批次管理，在供应商结算上实现了按销结算。在实体书店销售下滑的风浪中，积极筹措符合互联网发展要求的线上到线下（online to offline，O2O）营销的平台建设，对公司组织和流程进行重组与调整，成立了负责线上业务的云端拓展部，在实体门店开通了微信支付和"一城书集"微信公众号，初步实现了线上线下互动的图书新营销模式。

特别是公司在 CNONIX 国家标准的推广应用中，建立了基于国家标准的云服务平台，统一了业务和数据标准，使公司信息系统之间按统一标准进行交换，并和图书业务的上下游进行出版物数字信息之间的传送与交换。

通过国家标准的进一步贯彻和应用推广，目前企业主营业务的信息系统已全部采用符合国家标准的数据进行通信。信息标准化已成为连锁公司主营经营活动必不可少的基础和手段。随着各个层面、方面应用的完善，整个公司的信息化、标准化管理逐步完善，逐步实现上下游价值链一体化、多层面垂直一体化、各项主营业务的财务业务一体化，并最终使主营业务得到立"体"化支撑。

随着公司信息化、标准化效益的初步显现，组织的信息化意识逐步增强，信息化逐步向业务驱动转化，业务和信息技术部门在业务与管理创新方面的合作日趋紧密，信息技术与业务的一致性大大提升。公司新成立的云端拓展部就是一个既包含业务又包含互联网技术的部门。伴随着外部环境的深度变革和信息化的创新应用，信息化建设在图书出版发行业正逐步迈入战略驱动模式阶段，业务和信息技术深度融合、深度协同。

第二节　新华传媒的信息化建设的规划

一、信息化建设的规划的总体思想

新华传媒信息化发展的总体思想是以创新为动力、以整合为方法、以标准为核心、以数据为基础、以机制为保障进行企业业务的流程再造。

对传统的出版发行企业，创新包括创新图书发行的业务和服务模式、技术创新、流程创新。整合是对企业已有的 ERP、WMS、O2O 平台等信息系统整合，使之符合图书出版发行行业的互联网发展要求。

标准是信息系统的建设符合国家 CNONIX 的标准，能和行业的 CNONIX 数据中心及第三方企业进行无缝的数据交换与共享。

数据是将各系统之间的数据进行有效的整合,扩展数据来源,整合多种渠道、多种类型的数据源。引入低成本、易操作的数据存储、分析工具,为大量数据的分析和挖掘提供技术基础,加强数据的治理和管控工作,做好数据质量管理、安全管理工作,在整个组织范围内优化数据标准,健全元数据,增强数据的一致性。

机制建设主要是完善信息安全机制、完善数据管理机制、完善信息技术组织机制。

二、国有图书发行企业流程再造原则

(1) 系统性原则:国有图书发行企业的流程再造首先是个系统工程,如果只是某一环节进行再造,一般不但不会产生理想的效果,有时还会适得其反,事倍功半。因此,流程再造应该是对业务和管理的各个方面进行全面再造,这里不但要求对出版物的进发货、营销、库存管理和内部调剂等各个环节进行再造,还要对企业的管控模式、组织架构和管理制度进行彻底翻新,使企业获得企业组织的整体效益最佳。新华传媒通过供应商平台的建设彻底改变了原有的图书进发货模式,建立了以订单(plan order)驱动的业务模型。通过业务流程再造大大提高了图书新品的发货速度。

(2) 价值创新原则:我国的国有图书发行企业要在竞争依然激烈的环境下实现可持续发展并有所超越,就要改变传统思维,找到一种可以改变现有游戏规则的方法,即培养企业的创新思维,创造别具一格的商业模式。价值创新强调一件产品可以为客户解决什么问题,将重点放在谁是它们所提供的产品或服务的"非消费者"上,而不仅仅是产品具备什么样的功能。价值创新者要找到创新的方法,使这些"非消费者"成为其产品或服务的消费者。图书不是生活必需品,其市场规模与图书发行企业的产品和营销手段密切相关,因此,如何挖掘新的需求是流程再造时需要考虑的问题。

(3) 以客户为中心原则:不管是加强管理还是改善企业流程,不管是创新价值还是使用信息化手段,本质上讲都是为了满足客户需求。因此,国有图书发行企业的流程再造时刻要记住自己的终极目标——为读者提供更好的服务。新华传媒通过 CRM 系统的建设,实现了会员的统一管理和服务。

三、新华传媒流程再造的目标

1. 促进企业战略转型

从以图书产品为导向,将部分计划体制的业务模式向以市场为导向、资源配置灵活和运营敏捷的市场化模式转变,向以战略及运营管理为核心、集管理与服务于一体的运营型集团转变。企业流程再造是社会经济、技术发展的必然选择，再造后的企业流程也必须满足新的环境，因此流程再造的目的是要促进企业战略转型。

2. 实现信息管理高度集成化

新华传媒信息系统包括教材教辅系统，图书、文创产品系统，物流管理系统，CRM 系统，财务管理系统，办公自动化系统，线上销售平台等。流程再造要实现这些系统信息资源完全共享，需要对所有信息数据进行统一编码、统一管理、统一呈现。业务环节的信息是企业最宝贵的资源，因此要对这些资源进行有效合理的配置，统一规划，实现完全共享，其中也包括客户资源。要将各业务部门、业务环节的客户资源纳入统一的系统进行管理，实现客户资源的共享。新华传媒通过基于 CNONIX 标准的数据中心的建立，实现数据的标准化和数据的统一管理与统一呈现。

3. 实现商流、物流、资金流的协同

新华传媒将商流、物流、资金流作为一个整体进行再造，实现"三流"的无缝对接和完全统一。"三流"对接和统一广泛运用于图书上下游的数据交换与共享中，一切业务活动首先从图书采购计划开始，为了保障订单计划顺利完成，形成良好的物流，而资金流主要是为了完成商务活动的账务管理，同时深入分析商业活动的成本效益，以实现利润最大化。

4. 实现与上下游商务协同

市场的竞争是激烈的，然而新时期的竞争早已不是企业之间的直接竞争，而是产业链之间的竞争，这种竞争更加复杂和惊险。图书发行企业处于整个出版产业链的中部，上游为出版社及其他供应商，下游为图书馆、大型企业客户和读者。为此，流程再造要以企业自身为中心点，充分考虑上游出版商、下游图书馆等客户在整个流程中的地位和作用，充分利用上下游资源，同时也为上下游提供有用的信息，从而实现整个图书供应链的流程再造，提高出版产业链效率，促进出版业的发展。

5. 实现商业智能

新华传媒在流程再造中尽量把简单的、烦琐枯燥的、机械的工作交由机器来处理。由于图书品种十分丰富，而且需要极快地周转，这就要求具备复杂的智能化商流模块，系统具有"智能退货模型""门店智能添配模型"等强大的在线分析系统。在物流系统方面，合理地进行物流流程重新规划、设计，智能复核称重等智能化及部分作业的自动化，在门店实现自助购买。

6. 优化企业流程和组织结构

企业原有业务模式和流程是流程再造的基础。流程再造需要深入了解原作业指挥系统和物流执行系统的各个环节及它们之间的联系，对原有企业流程去粗取精，保留原来的合理流程，修订相关的规章制度，并以流程为目标导向来设计和组织新的组织框架。再造企业流程的目的是使企业流程更简单、更科学化，组织架构更合理、更高效。

目前，一场以云计算、大数据、物联网、移动应用、人工智能控制技术为核心技术的应用风起云涌，它将重塑国有图书发行企业的信息化应用模式。如何形成崭新的世界观，并将思考和行动付诸变革是信息化应用规划的关键。传统信息技术的架构，服务化、智能化、自适应、随需而变是其主要特征，主要要素是网络、计算、存储、基础架构、操作系统和系统软件。新一代的信息技术是以移动应用、云计算、大数据、物联网和人工智能为代表的信息技术；传统信息技术的本质是信息技术，而新一代的信息技术本质是智慧技术；传统信息技术的价值仅仅是支持传统商业效率提升工具，新一代的信息技术是颠覆传统商业逻辑、组织逻辑、行政逻辑，建立新逻辑。新的技术将会和应用创新进一步交错互动、螺旋式演化，解决信息化现存的难题，推动业务创新和信息化应用持续走向深入。

目前，移动互联网和数字阅读的兴起正在演化为一场作用广泛、影响深远的颠覆性革命，新的业态和新的商业模式不断涌现，纸媒、零售、电信、金融等行业先后受到冲击。移动互联网和数字阅读的创新，新业务形态、新商业模式的不断涌现，对传统图书出版发行行业的发展和转型升级形成倒逼机制。随着移动互联网和数字阅读的兴起，信息系统也将快速进入移动互联和人工智能时代，图书发行企业为适应移动互联网时代的发展变化，实现业务创新和转型，企业信息化建设和业务流程再造是业务发展的重中之重。

第三节　CNONIX 国家标准的应用及云服务平台的建立

一、CNONIX 国家标准

《中国出版物在线信息交换 图书产品信息格式规范》GB/T 30330—2013（后面简写为 CNONIX 国家标准）是出版发行行业内重要的出版物信息统一的基础标

准，对于整合行业信息、优化业务流程、促进行业的信息化和数字化转型具有极大的推动作用。CNONIX 国家标准的应用实施有利于建立一个统一开放、竞争有序、健康繁荣的出版物市场；有利于提高新闻出版行业的经济效益和社会管理水平；有利于改善流通手段和市场环境；有利于实现信息共享、网络互联互通、优化资源配置；也有利于增强整个图书出版发行的综合实力和核心竞争力。

上海新华传媒从行业发展战略和解决企业自身业务流程标准化出发，建立企业自身的 CNONIX 云服务平台，为行业 CNONIX 标准提供应用示范。同时整合符合 CNONIX 标准的图书元数据内容，为行业和政府决策部门提供数据分析。新华传媒利用自身在传统图书和数字内容发行建设与大数据分析技术上的优势，通过平台的建设，不仅为行业提供纸质图书的元数据，成为地区性的数据加工服务企业，而且在数据分析服务上为出版发行 CNONIX 的数据分析探索更加智能化的行业数据服务平台。

随着出版发行企业的数字化转型的深入，企业的变革将从数据开始，数据的资产型特征越来越受到关注和重视。新华传媒通过该系统的建设，探索了从数据规划、数据开发、数据集成、数据运营到数据资产管理的过程，以标准的应用为起点，为企业的数字化转型奠定技术基础。

二、CNONIX 云服务平台的建设

1. 云平台建设总体框架

云平台建设总体框架如图 10-1 所示。

新华传媒 CNONIX 云服务平台是企业内的服务平台，行业 CNONIX 数据服务平台上接行业中国出版物 CNONIX 云平台，共享和下载使用行业的 CNONIX 元数据内容，下接企业和各个业务信息系统，是企业连接和共享行业 CNONIX 元数据内容的通道和桥梁；同时平台提供录入、采集、整理、加工基于 CNONIX 标准的图书产品信息的元数据内容的工具，为图书出版发行行业建立符合 CNONIX 标准的图书书目信息服务。

服务平台的总体建设目标为：通过建设新华传媒 CNONIX 云服务平台，建立为行业提供符合 CNONIX 标准的图书出版发行元数据的服务体系，提高企业自身的信息化程度和生产力水平。探索数字内容的 CNONIX 的数据元采集和交换，推动数字内容发行产业链的形成。为行业和政府决策部门提供符合 CNONIX 标准的行业数据分析，提高出版发行行业的效益，降低行业的成本和减少出版发行行业的资源浪费。通过数据采集、数据加工和数据清洗，使 CNONIX 标准在行业中发挥更大的作用，同时建立数据加工和服务团队。

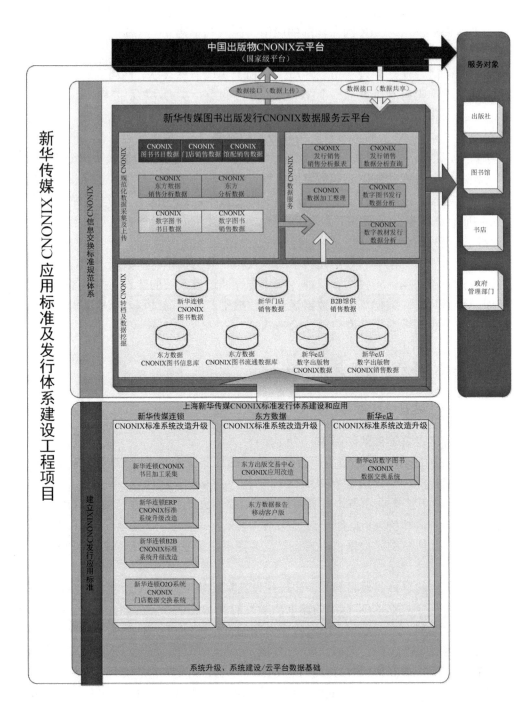

图 10-1　云平台建设总体框架

2. 系统建设内容

建设依托数据中心发布的 CNONIX 标准转换机制，通过四大具体服务：数据采集、数据加工、数据管理和数据服务等形成 CNONIX 云服务平台；同时，依托数据中心的数据，通过具体业务模型实现数据分析平台，包括出版、发行方的业务数据分析；并在此基础上与现有的现行业大数据中心销售数据进行整合，拓展数据分析平台的服务。

数据中心的数据主要由 ERP 平台、公司供应商平台、图书馆馆配数据、原数据中心数据、总局数据中心、电商网络采集数据、第三方数据等各环节产生。数据中心将各方数据汇总存储后，进行数据加工补录等操作，建立书目主数据和各类型数据的存储关系，并依据字段优先级关系维护数据主表。

数据中心在存储数据的基础上进行数据清洗、建模、展现，完成发行行业数据服务模型的建立。打造 CNONIX 区域中心，为供应链上下游提供优质的数据服务。

三、平台详细说明

1）数据中心数据采集加工——供应商平台改造
改造后供应商平台的业务流程如图 10-2 所示。

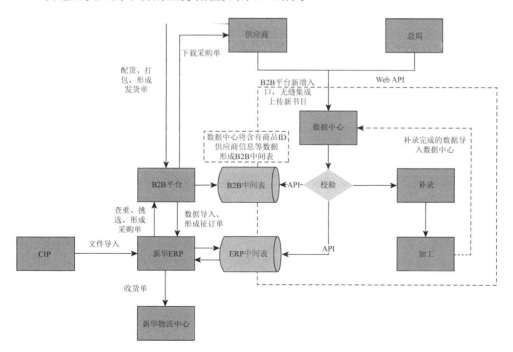

图 10-2　改造后供应商平台的业务流程

入口：在保持原有业务流程的原则下，方便供应商用户使用供应商平台进行业务操作，改造后的供应商平台，用户在书目维护下进行新书发布时，通过新增入口无缝进入数据中心的数据上传页面，页面设计与原页面保持一致，保留原操作流程，方便用户进行业务操作，如图 10-3 所示。

图 10-3　数据中心数据上传页面

图 10-3 所示的操作界面的左上角是应用系统的名称（供应商服务中心），中间显示最新的业务通知，使业务人员在打开系统登录后立即知道最新的业务活动，下面是操作按钮，按钮下的显示框显示操作的结果，展示操作后相应的图书信息。

操作界面的左面的列表是图书书目内容的分类，有标识符项的字段、书名项的字段、图书分类项的字段等 13 类。左下方的提示框提示在输入各字段内容时的要求和注意事项，右面的输入框显示书目各类的信息输入的内容。

添加单品：单击"添加单品"按钮进入添加单品页面，页面右侧为信息录入框，包含 75 个待录入的字段信息（待定），页面左侧将现有 75 个字段按字段内容分为 13 大类：1. 业务项字段；2. 标识项字段；3. 书名项字段；4. 丛书项字段；5. 作者项字段；6. 版本项字段；7. 描述项字段；8. 分类项字段；9. 资源项字段；10. 作者介绍字段；11. 章节目录字段；12. 内容提要字段；13. 读者对象字段；如图 10-4 所示。单击某个字段选项，页面跳转到该字段位置；单击"确定"按钮后，若该字段内有必填项未填写的，该字段名会标红，未填写项会标红。同时对不需要录入的信息进行录入的屏蔽，对数据的准确性进行有限性检查。

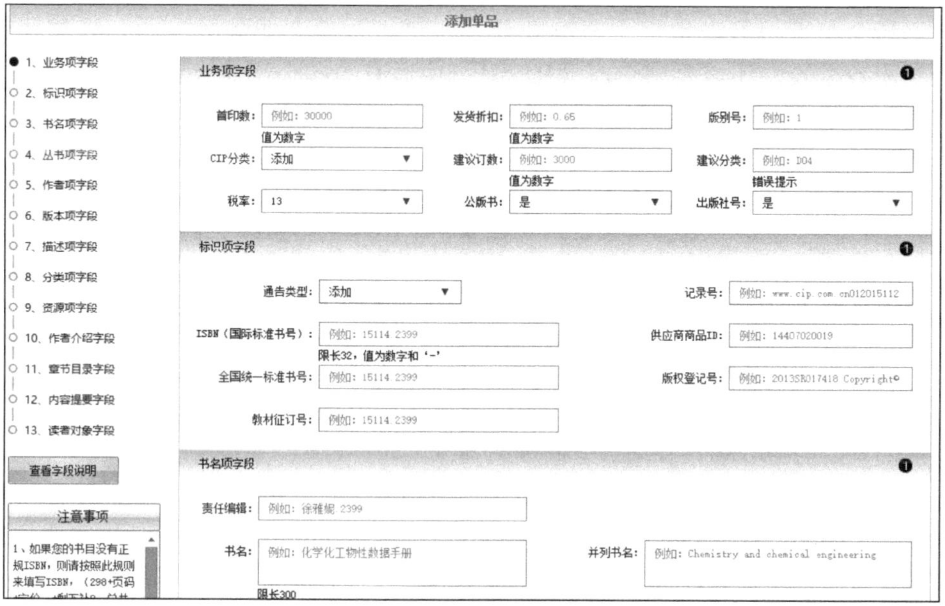

图 10-4　数据中心添加单品页面

批量导入：单击"批量导入"按钮进入批量导入页面，首次使用时，先下载标准征订模板，包括 Excel、Marc、Calis、图书在版编目（cataloguing in publication，CIP）、XML 等格式。选中"CNONIX 标准"规则，单击"确定"按钮，进入文件上传页面，支持文件包格式（支持 zip 格式文件，Excel 加图片形成压缩包）上传与识别，上传后页面进行目标字段和原字段的对比预览，单击"下一步"按钮预览该批上传的书目信息，确认无误后单击"正式提交"按钮，如图 10-5 所示。

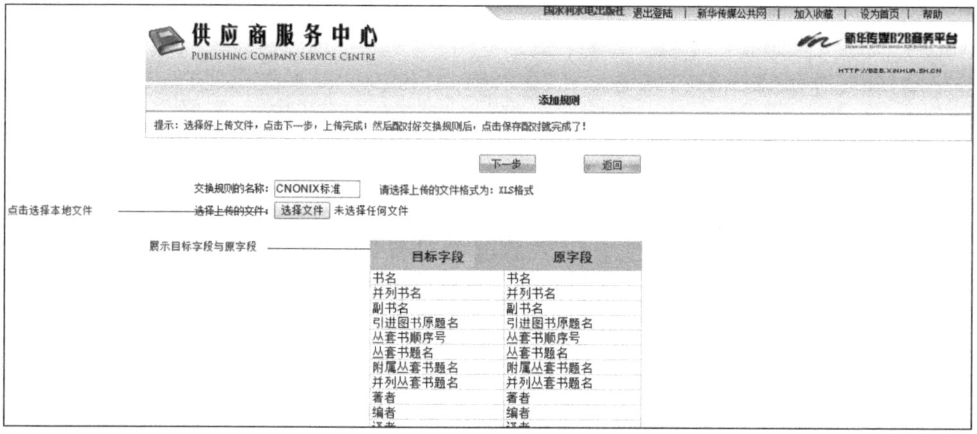

图 10-5　数据中心批量导入页面

后台处理：搭建数据中心的业务表，可支持整个业务的流通，除需要建立相应数据表，还需要同步原 ERP 系统中原有的各个字典表和用户信息表。需要同步的原 ERP 字典表包括：开本、装帧、建议分类、CIP 分类、版别、用户等表。

供应商上传书目信息后进行校验，无论校验成功与否都进入数据表（供应商上传书目临时表），经过二次操作、预览后单击"正式提交"按钮，正式提交后进入多来源明细表，取多来源 ID 及书目信息进入中间表。图片存储方式以.jpg 文件的格式进行存储。

建立中间转存表：数据中心接口负责将供应商平台的中间转存表的数据读取到数据中心，同时将数据中心的数据回写到中间转存表的操作。中间转存表分为供应商平台的征订单表和征订单明细两部分。

供应商平台的数据处理：数据中心接收到供应商平台上传的书目数据后，统一存储至数据中心并建立书目主数据和各类型数据的存储关系，并依据字段优先级关系维护数据主表，各类型数据来源有总局、供应商、ERP、网络采集、图书馆、第三方数据等。

数据存储后，数据中心将多来源明细 ID、供应商信息等数据信息形成供应商中间转存表，供应商中间转存表包含多来源明细 ID 与供应商平台业务所需字段，供应商平台获取中间转存表数据进行原有业务的正常操作。

2）数据中心数据转化、验证、交换

数据中心将接收到的数据按照优先逻辑转化成 CNONIX 原始主数据，优先级逻辑可以进行配置。书目的各项数据按照优先级次序替换到相应的数据项中。通过客户端工具可查看各数据状态，判断信息是否需要补录，数据中心将补录完成的书目数据推送到与 ERP 对接的接口库当中的指定表，供 ERP 抓取。

系统对补录完成的数据进行 CNONIX 标准校验；通过验证的书目更改状态可上报行业数据服务平台。

通过数据中心客户端工具，进入数据中心补录模块，一共包含 75 个字段，通过输入条形码（扫码＋手工输入），页面为现有的补录页面（现有人员操作）＋剩余待补录页面（数据中心），获取该图书的已存数据信息。依据图书版权页 CIP 数据与其他信息来源，核对商品名称，手动录入关键字、中图分类、营销分类、定价等字段信息，手动测量图书厚度并录入，上传封面、封底等副文本信息，如图 10-6 所示。

若该字段内有必填项未填写的，该字段名会标红，未填写项会标红；同时对不需要录入的信息进行录入屏蔽，对数据的准确性进行有限性检查。

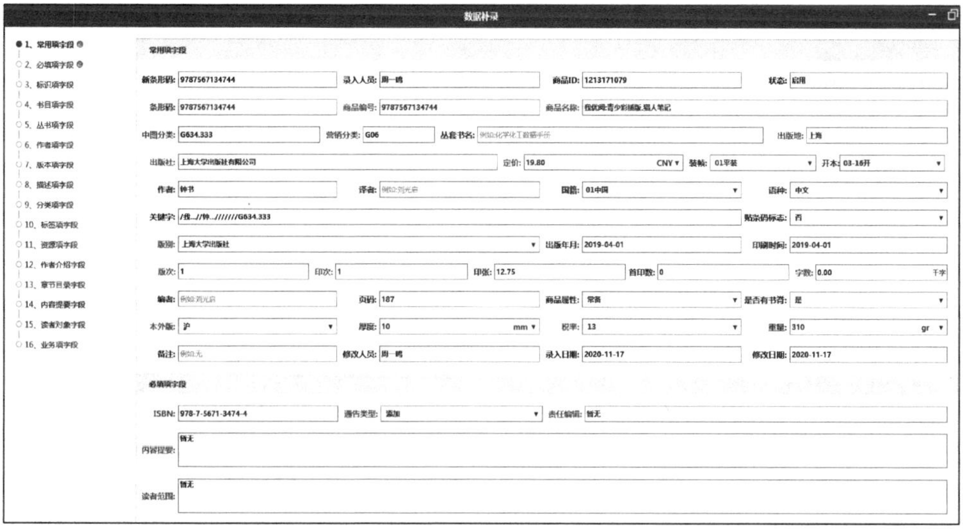

图 10-6 数据录入页面

字段信息：CNONIX 数据中心不仅整合了图书书目的标准字段、网络出版字段，更结合了上海新华传媒业务中所需要的字段，形成了全面的 75 个字段。既满足了 CNONIX 的标准，也可以提供给供应商平台、一城书集、书目图书馆机读格式（machine-readable cataloging（catalogue），MARC）等信息系统使用。数据中心按不同系统的要求调用所存的相关字段的数据，满足业务需求。

3）ERP 业务系统对接 CNONIX 标准的升级

ERP 业务流程：从 ERP 数据库中将带着征订目录 ID 的数据同步到 ERP 新建的中间转存表；数据中心通过中间转存表抓取数据，并对数据进行存储。对数据中有 ERP 机内码的书目数据不生成新 ERP 机内码。

（1）首先 ERP 数据根据征订代码 ID 插入中间转存表。

（2）数据中心通过中间转存表抓取数据，并对数据进行存储。

（3）按照中间转存表中的征订代码 ID 查找到数据中心数据库中相应的图书征订单的数据，从 ERP 数据库中将带着征订目录 ID 的订单数据同步到 ERP 新建的中间转存表，并将对应的数据中心存储的订单 ID 返回给 ERP。

（4）在数据中心提供的独立界面上通过机器和人工对书目数据的补录形成完整的书目数据。

（5）数据中心将符合 CNONIX 标准的书目数据同步至中间转存表，同时对 ERP 的各项业务操作提供标准书目。

ERP 中间转存表业务流程如图 10-7 所示。

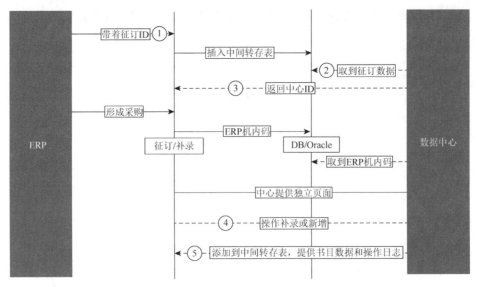

图 10-7　ERP 中间转存表业务流程

4）ERP 数据对接

数据中心抓取数据后，进行数据清洗，得到一个完整的数据项，并建立书目主数据和各类型数据的存储关系，将处理后的数据返回到中间转存表。

其中，多来源表根据国际标准书号（international standard book number，ISBN）＋图书定价进行数据查找拼接，如果存在同来源的数据则进行人工处理，否则进行数据拼接，如图 10-8 所示。

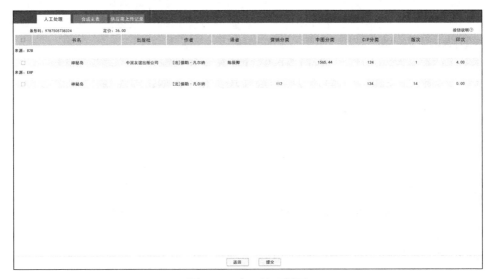

图 10-8　人工处理界面

　　拼接后数据进入数据中心书目数据主表，通过关键字进行判断是否存在，如果存在则进行人工处理，否则进行数据添加。

　　在原 ERP 补录信息后，到 ERP 的商品信息表后，通过 Mlog 日志推送同步到数据中心的书目信息主表。数据中心接口负责从 ERP 中间转存表读取到数据中心数据库，同时将数据中心的数据回写到中间转存表。中间转存表分为 ERP 的征订单表和征订单明细表。数据中心对接 MARC 数据，在保留原有的操作流程不变的前提下，ERP 提供 MRAC 加工所需的字段，方便 MARC 加工。数据中心将以上加工后的数据发送到中间转存表，由原有程序导出到增加字段后的 MARC 文件，然后 MARC 做加工的同时，将完成的数据通过提供的接口上传至数据中心。

　　完成 CNONIX 标准书目数据的录入、处理、存储后，在数据中心的管理界面上可以显示已处理的数据和待处理的数据，见图 10-9。

图 10-9　合成主表界面

5）发行行业的数据分析

　　发行行业基于 ERP 系统中的进货数据、销售数据、库存数据，在供应商、品种、门店等维度进行数据分析；其中表现形式包括表格分析、数据排行、柱状走势、饼图占比、环比、同比对比等直观的可视化效果。

　　数据中心的数据分析架构如图 10-10 所示。

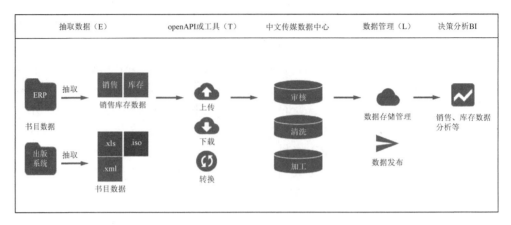

图 10-10　数据中心的数据分析架构

　　数据分析平台将通过数据仓库技术（extract-transform-load，ETL）完成抽取、转换、加载过程，将解析并清洗好的数据先进行业务模型建立，然后进行数据的可视化服务。

　　数据分析包括供应商维度、品类维度等多个维度。

　　（1）行业图书销售数据整合。行业销售数据定时（每月）推送导出的相应文件到指定服务器上。推送文件以文件传输协议（file transfer protocol，FTP）方式进行上传；上传存放目录中存放书目、出版社、分类、门店等基础信息；同时存放销售数据。行业销售数据的书目分类是自定义的分类，应与数据中心分类建立对照关系表。数据中心分类是根据中图分类的一级分类定义的用于数据中心书目数据的分类。书目信息与现数据中心提供的书目进行整合（去重），并标示行业销售数据来源。

　　数据中心 API 用于关联书目数据、分类数据、销售数据，按清洗后的格式存储在数据中心的书目表、销售表中。

　　（2）行业信息数据的交换。采用统一的信息标准和数据接口实现；数据交换通过高效的互联网进行；数据交换采用标准交换模式，由各地信息采集点定时与主数据库进行交换，并提供进行人工审核的功能。行业信息数据存储采用高速、稳定、可靠的海量存储硬件；数据库的设计充分考虑数据量以及数据处理量的庞大，采用分布式数据存储的方式；数据安全通过可靠的备份和灾难恢复方案实现。

　　（3）行业数据库的数据挖掘。行业标准信息数据库建立后，为提高数据挖掘效率，根据数据的使用方式设计粗加工数据的格式，使原始数据和粗加工数据并存，并根据先进的算法保持两类数据的同步；数据挖掘由行业专家提供数据使用模式和参数，形成多选式菜单的模式进行智能化数据挖掘。

依托上海新华传媒数据中心的数据，建立业务模型，数据挖掘由行业专家提供数据使用模式和参数，形成多选式菜单的模式进行智能化数据挖掘。在数据采集、数据加工、数据管理、数据服务的基础上构建上海新华传媒 CNONIX 云服务平台。

四、技术整体架构图

技术整体架构图如图 10-11 所示。

1. 架构整体说明

由于数据中心建设涉及很多平台，为了更好地完成各个平台的业务流转和信息共享交互，本系统软件统一采用面向服务架构（service-oriented architecture, SOA）的架构方式进行搭建，系统具有标准体系和安全体系的支撑。

数据层：以 CNONIX 数据为核心，依托成熟的数据库管理系统和云存储平台，按照统一的标准，建立集出版数据、发行数据、物流数据等为一体的 CNONIX 核心数据库，并提供业务系统运行所需的基础数据、管理数据支撑数据库。

支撑层：通过任务调度、线程处理中心，以异步数据同步更新机制将各环境的数据处理分发至相关的业务节点。

应用服务层：根据业务数据，建立相关的管理信息系统、信息服务平台和图书信息综合统计分析系统，通过 Web API 等机制与企业内部的其他系统的关联表进行异构。

展现层：客户端程序采用微软最新 Windows 的用户界面框架的 WPF（windows presentation foundation）进行开发设计，个人计算机端采用万维网联盟最新的前端标准样式框架 CSS3（cascading style sheets level 3）标准的编程工具；移动端利用超文本标记语言（hyper text markup language 5，HTML5）作为微信与移动终端等的编程语言。

安全保障：建立基础设施层、数据访问层、信息交换层、应用层四个层次的安全体系。自有 ORM[①]框架会自动过滤结构化查询语言（structured query language，SQL）注入，API 有白名单机制和请求异常流量与用户监控。

----

① ORM（object relational mapping）框架采用元数据来描述对象与关系映射的细节，元数据一般采用 XML 格式，并且存放在专门的对象-映射文件中。

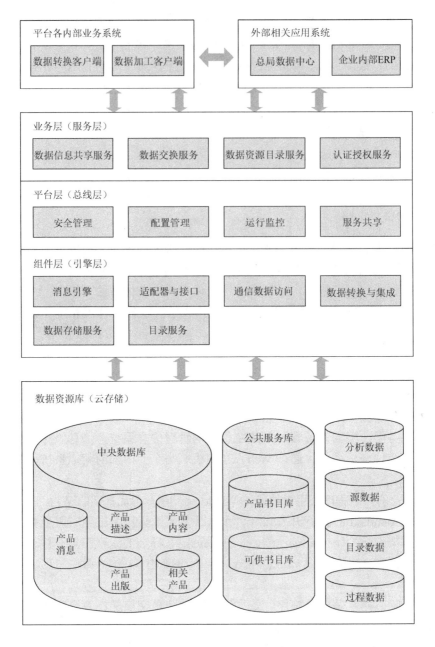

图 10-11　技术整体架构图

标准体系：以《中国出版物在线信息交换标准应用示范工程》标准体系框架为基础，建立出版物协同服务标准体系框架，包括工程建设相关技术规范、数据交换内容与格式，以及基础数据库标准。在标准数据体系下，实现非关系型数据库的应用并将非标准的数据进行海量存储和处理。

2. 非结构化数据存储方案

对于网站页面使用的一些图片、文件、音频、视频，在用户访问不同的 Web 服务器时，需保持一致性，所以需要专门存放这些数据的服务器（共享存储），让每台 Web 服务器都来此拿取。

对 Web 服务器来说，不管是 Apache、互联网信息服务（internet information services，IIS）还是其他容器，图片是最消耗资源的，系统中我们将图片与页面进行存储分离，以降低提供页面访问请求的服务器系统压力，并且可保证系统不会因为图片问题而崩溃。这部分数据较大，系统需提供大容量的磁盘。

数据中心采用 Hadoop 分布式文件系统（hadoop distributed file system，HDFS）作为存储方案。HDFS 被调整为支持大文件的方式，提供很高的聚合数据带宽，采用高吞吐量（high throughput）来访问应用程序的数据，使一个集群可支持数百个节点和千万级别的文件。另外，HDFS 是一个主从结构，一个 HDFS 集群是一个管理文件命名空间和调节客户端访问文件的主服务器，包括数据节点，通常用一个机器来管理对应节点的存储。

HDFS 的内部机制是将一个文件分割成一个或多个块，这些块被存储在一组数据节点中。名字节点用来操作文件命名空间的文件或目录操作，如打开、关闭、重命名等，它同时确定块与数据节点的映射。数据节点负责来自文件系统客户的读写请求。数据节点同时还要执行块的创建、删除和来自名字节点的块复制指令。

3. 任务调度与监控

在云平台建设过程中，任务调度和监控是整个平台运行的基础，各项复杂的采集、交换、清洗、计算、展现、推送、下载等内容，均会分解为各种作业任务，任务的高效执行和监控是整个平台运转的核心。任务调度采用了基于 Quartz 的多任务调度架构，其模块的架构 Quartz 任务调度本身涉及多线程并发、运行时间规则制定和解析、场景保持与恢复、线程池维护等诸多方面的工作。如果直接使用自定义线程这种原始办法，开发任务调度程序是一项颇具挑战性的工作。Open Symphony 所提供的 Quartz 被众多项目作为任务调度的解决方案，Quartz 在提供巨大灵活性的同时并未牺牲其简单性，它提供的强大功能可以应付绝大多数的调度需求。

4. 性能需求

1）并发用户数

平台支持不少于 200 个注册用户,支持不少于 100 个注册用户同时使用加工、采集、统计分析、交换功能。

2）响应时间

在千万级数据量的情况下, 系统检索的响应时间小于 1s。基于局域网环境,用户界面单一操作的系统响应时间小于 2s。

3）数据精度

系统需确保复合出版数据传递数据能够持续传递, 全流程范围内正确率达到 99%以上。

4）存储容量

全国出版物发行增量大约为每年 20 万种,按照每一种图书生成一条 CNONIX 数据信息记录,为了保证平台中各个子系统的修改数据都有据可查, 平均一条 CNONIX 数据产生约 200 条销售库存数据。

自平台开始服务以后每年的数据增量应该是：20 万种发行物产生的数据量约为 $200\,000 \times 200 = 40\,000\,000$。

平台建设初期容量以 3 年的数据总量为准, 大约合计一亿两千万条记录。

5）非结构化数据存储量

本系统包括的非结构化数据为图书出版物的成书的封面、封底、版权页、样张等图片信息。按照每年新增出版物类型约 20 万种, 每种图书产品产生 10 张图片数据, 每张图片数据为 3MB 计算, 年度数量约为 $200\,000 \times 3MB \times 10 \approx 6TB$。

3 年数量总量约为 18TB,考虑存储冗余安全和水位线,物理容量需求为 50TB。

五、平台建设后的成效

（1）项目建成后, 数据可作为资产向行业数据服务平台提供每年 8 万余条经过清洗符合 CNONIX 标准的图书书目数据,可大大减少行业内的重复数据加工。使行业内的数据统计更趋于一致, 使数据成为资产而具有价值。

（2）通过图书出版发行数据的共享和分析,优化企业图书业务的进发货流程,为企业库存控制、进货成本控制、加快图书流转提供技术支撑。

（3）项目采用统一的 CONIX 标准, 为企业积累了大量的书目、销售、库存、市场分析等数据, 在当今"互联网＋"的时代, 数据就是生产力,企业可以通过这些数据开拓新型的业务,为企业创造更多的经济效益。通过共享 CNONIX 元数据和信息系统的标准化改造，可加快企业内的数据交换，使信息系统之间的数据流通更顺畅，缩短图书进发货和配发的时间，促进零售店的销售增长。

（4）CNONIX 标准在数据对接中的应用。目前各上游出版机构和下游发行机构之间的交易单据标准各不相同，每个出版机构与发行机构之间都有自己的一套交易标准，现有的交易模式不仅成本高，而且难以适应未来多对多的交易模式。为进一步广泛应用 CNONIX 标准，应统一行业内电子单证交易标准，实现电子单证交换的平台化转变，构建新型行业供应链交换模式。在 CNONIX 数据服务平台建设完成后，通过接口开发和电子数据交换（electronic data interchange，EDI）系统改造，已实现了和国家出版社的业务电子单证的对接。为行业的电子单证平台模式交换服务开展实用性尝试。

参 考 文 献

陈德良，郭零兵，胡令，等. 2013. 信息系统理论与实践. 北京：人民邮电出版社.

陈建斌. 2010. IT 能力与企业信息化. 北京：电子工业出版社.

范玉顺. 2015. i 时代信息化战略管理方法. 北京：清华大学出版社.

郝杰忠. 2000. 管理信息系统的开发与应用. 北京：机械工业出版社.

贾君枝. 2007. 信息资源战略管理理论与实践. 北京：科学出版社.

李冠，何明祥，徐建国. 2014. 现代企业信息化与管理. 北京：清华大学出版社.

廖勇. 2016. 对企业信息化规划方法研究. 科技经济导报，（13）：201.

秦岭，张志清. 2007. 信息系统与企业管理战略匹配问题研究. 中国管理信息化（综合版），10（6）：12-15.

王玉珍. 2014. 管理信息系统理论与实践. 北京：清华大学出版社.

杨青，黄丽华，何崟. 2003. 企业规划与信息系统规划战略一致性实证研究. 管理科学学报，6（4）：43-54.

原海英. 2011. 基于信息技术的柔性组织构建：以虚拟企业为例. 上海：上海财经大学出版社.

邹国彪. 2012. 我国国有图书发行企业信息化建设研究. 广州：暨南大学出版社.

Martin J. 1989. 信息工程与总体数据规划. 高复先，吴曙光，译. 北京：人民交通出版社.

Rardin R L. 2018. 运筹学（原书第 2 版）. 肖勇波，梁湧，译. 北京：机械工业出版社.